本书是2022年国家社科基金"铸牢中华民族共[
牢中华民族共同体意识视域下北部边疆安全建设机[
的阶段性成果

经济管理学术文库·经济类

共同富裕度量及其影响因素分析
——基于西部典型省区的数据

Measurement and Influencing Factors Analysis of
Common Prosperity
Based on Typical Provinces from the Western Region of China

薛继亮　等／著

经济管理出版社
ECONOMY & MANAGEMENT PUBLISHING HOUSE

图书在版编目（CIP）数据

共同富裕度量及其影响因素分析：基于西部典型省区的数据/薛继亮等著 .—北京：经济管理出版社，2023. 10

ISBN 978-7-5096-9398-8

Ⅰ.①共… Ⅱ.①薛… Ⅲ.①共同富裕—影响因素—分析—西北地区 ②共同富裕—影响因素—分析—西南地区 Ⅳ.①F127

中国国家版本馆 CIP 数据核字（2023）第 204949 号

组稿编辑：杨　雪
责任编辑：杨　雪
助理编辑：王　蕾
责任印制：黄章平
责任校对：王淑卿

出版发行：经济管理出版社
　　　　　（北京市海淀区北蜂窝 8 号中雅大厦 A 座 11 层　100038）
网　　址：www. E-mp. com. cn
电　　话：（010）51915602
印　　刷：唐山昊达印刷有限公司
经　　销：新华书店
开　　本：720mm×1000mm/16
印　　张：14. 5
字　　数：252 千字
版　　次：2023 年 10 月第 1 版　　2023 年 10 月第 1 次印刷
书　　号：ISBN 978-7-5096-9398-8
定　　价：78. 00 元

撰写组成员

薛继亮　杨晓霞　薄　婧　鲍欣欣

涂坤鹏　张丰哲　暴文博　杨羽佳

前　言

　　共同富裕是中国共产党领导社会主义现代化建设一以贯之的初心和使命，是中国共产党人坚持发展为了人民、发展依靠人民、发展成果由人民共享政治宣言的核心内容。党的十八大以来，尤其是消除绝对贫困以来，以习近平同志为核心的党中央把实现全体人民共同富裕摆在更加重要的位置，团结带领全国各族人民，着力促进全体人民共同富裕。在这样的时代背景下，实现西部典型省区共同富裕不仅彰显了中国共产党人的初心和使命，还体现了负责任大国的历史担当，是提高发展平衡性、协调性、包容性的必然选择。

　　基于此，本书通过构建共同富裕评价指标体系，对我国西部典型省区的共同富裕水平进行测度，并对其影响因素进行分析。具体章节内容如下：

　　第一章为绪论，系统阐述了本书的研究背景、研究目的与研究意义、文献综述、研究方法以及研究思路与研究框架，从共同富裕的内涵标准、共同富裕的特征、共同富裕的实现路径、共同富裕的量化方法、推进共同富裕的工具措施等方面全方位、多角度总结了国内外共同富裕的相关研究成果，为本书的进一步研究奠定了理论基础。

　　第二章从多角度阐述了共同富裕的相关理论，包括共同富裕的理论发展、共同富裕的内涵与特征、共同富裕的测度方法以及共同富裕的理论认识与现实困境。其中，共同富裕的理论认识包括全民富裕和全域富裕、"两个同步"和逐步共富；共同富裕面临的现实困境包括不平衡不充分发展问题、收入和消费差距明显、民生保障存在短板、人口红利逐渐消失等问题。

　　第三章利用我国西部典型省区的数据，构建西部典型省区共同富裕指标体系、测度共同富裕指数并对其影响因素进行分析。为了使测度结果更为准确，本章从富裕程度、共享程度两个层面和物质富裕、精神富裕、共享程度三个层面分别构建共同富裕指标体系，结果显示两种方法测度结果差异较小，证明了所构建体系的稳健性。进一步分析共同富裕指数可以看到，西部典型省区共同富裕发展水平呈平稳上升的趋势，且波动幅度较小，然而，区域内共同富裕的发展水平存在明显差距；西部典型省区内部位于东部的省份的共同富裕发展水平优于西部地区的共同富裕发展水平。从不同时间跨度下的发展趋势来看，包括宁夏回族自治区、青海省、云南省、贵州省在内省区的共同富裕指数总体呈稳步提升的态势，波动幅度较小，这主要与各省区的经济高质量发展水平、收入水平、社会保障水平以及民生事业的发展等因素息息相关；从第一种指标体系下的分项指数结果评价来看，以 2020 年为例，西部典型省区的富裕指数的取值范围在 69.42~80.77，共享指数的取值范围在 43.58~80.59，共享程度层面的短板问题凸显。部分共同富裕程度较高的地区共享程度反而较低，可能原因是城乡差距的拉大导致共享指数的下降，表明了当前形势下保障社会总财富及收入合理分配的重要性。

第四章对宁夏回族自治区的共同富裕指数进行测度，并对其影响因素进行分析。结果显示，从整体来看，宁夏回族自治区的共同富裕发展水平整体呈平稳发展的趋势，仅有小幅度变动，然而，五个城市的共同富裕的发展水平存在明显差距，在两种不同的指标下得出了相同的结果。在第一种指标体系下，以2020 年为例，共同富裕程度最高的城市为银川市，共同富裕程度最低的城市为吴忠市。由于资源禀赋以及经济发展状况不一，不同城市的共同富裕发展进程不同。只有银川市和固原市能达到宁夏回族自治区总体共同富裕水平，其余城市的共同富裕程度并未达到总体水平。从不同时间跨度下的发展趋势来看，银川市的共同富裕发展水平在 2011~2020 年始终位于宁夏回族自治区的首位，远远高于其他城市的共同富裕指数，而吴忠市的共同富裕发展水平一直位于宁夏回族自治区的末尾，且共同富裕指数整体呈下降态势。其他三个城市的共同富裕指数在 2011~2020 年没有大幅度的变动。根据两种指标下得出的结论可以发现，教育、城镇化水平、卫生健康以及基础性民生建设四方面可以为扎实推动宁夏回族自治区共同富裕取得有效性进展注入新动力。

第五章对内蒙古自治区的共同富裕指数进行测度，并对其影响因素进行分析。结果显示，从整体来看，内蒙古自治区共同富裕发展水平呈平稳上升的趋势，且波动幅度较小，然而，内蒙古自治区内各城市间共同富裕的发展水平存在明显差距。内蒙古自治区内部位于中部的城市的共同富裕发展水平优于西部地区的共同富裕发展水平。从不同时间跨度下的发展趋势来看，包括呼和浩特市、包头市以及乌海市在内的大多数城市的共同富裕指数总体呈稳步提升的态势，波动幅度较小，这主要与各城市的经济高质量发展水平、对教育事业的持续投入、对完善收入分配结构以及民生事业的发展等因素息息相关；包头市的共同富裕发展水平在 2016~2020 年呈稳步增长的态势，且一直位于内蒙古自治区的领先地位；巴彦淖尔市的共同富裕发展水平在 2011~2020 年呈下降的趋势，这主要受到经济大环境的影响，收入分配制度不合理、基础物质条件匮乏、教育与医疗资源相对集中于呼和浩特市和包头市、养老等公共服务水平不高以及财政支出结构失衡等因素的制约。从第一种指标体系下的分项指数结果评价来看，2020 年内蒙古自治区的富裕指数的取值范围在 52.65~86.90，共享指数的取值范围在 48.85~97.56，共享程度层面的短板问题凸显，各城市间的共享差距较大。部分共同富裕程度较高的地区共享程度反而较低，可能原因是民生性财政支出差距大，表明了当前形势下保障社会总财富及收入合理分配的重要性。

第六章对广西壮族自治区的共同富裕指数进行测度，并对其影响因素进行分析。结果显示，从整体来看，广西壮族自治区在共同富裕道路上存在的主要问题是经济高质量发展水平低下、城乡差距明显、社会保障存在短板、各城市之间发展差距大以及基本公共服务设施建设不完善等。广西壮族自治区因其特殊的地缘环境，导致其与中东部地区的经济发展步调不一致，并且 14 个城市之间发展步调也不一致。因此，促进经济高质量发展对于提升广西整体经济发展水平具有关键作用。此外，经济增长的同时涌现出城乡收入及消费差距较大等问题，逐步成为广西壮族自治区共同富裕发展过程中不容忽视的问题。

第七章对贵州省的共同富裕指数进行测度，并对其影响因素进行分析。结果显示，从当前贵州省共同富裕发展阶段所面临的困境来看，贵州省在共同富裕道路上存在的最大制约是发展不足、"蛋糕"不够大，要正确认识和把握共同富裕，千方百计抓发展，把"蛋糕"做得更大、质量做得更好。贵州省应健全多层次社会保障体系。当前要"向更加整体综合的制度保障和服务保障拓展，确保多层次社会保障制度发展的平衡性和可持续性"。要统筹城乡共同发展,"坚持应保尽保原则,按照兜底线、织密网、建机制的要求,加快健全覆盖全民、统筹城乡、公平统一、可持续的多层次社会保障体系",尤其要积极调动社会力量参与的积极性,充分发挥企业、慈善组织的力量,推动社会救助与福利事业的发展;通过向市场购买服务的方式不断完善各类社会组织多层次的发展需求,从而构建一个各类社会主体积极参与的社会保障体系。

第八章对青海省的共同富裕指数进行测度,并对其影响因素进行分析。结果显示,从整体来看,青海省共同富裕发展水平基本呈上升趋势,且波动幅度较小,然而,省内各城市共同富裕的发展水平存在明显差距。从不同时间跨度下的发展趋势来看,包括黄南州、海南州、果洛州、玉树州和海西州在内的大多数城市的共同富裕指数在2011~2020年呈下降态势,且波动幅度较小,而省会西宁市的共同富裕发展水平在2011~2020年呈稳步上升的态势且高于青海省总体共同富裕水平。从第一种指标体系下的分项指数结果评价来看,以2020年为例,青海省各城市的富裕指数的取值范围在46.63~91.17,共享指数的取值范围在42.93~99.98,各城市之间存在巨大差异。部分共同富裕程度较高的城市共享程度反而较低,可能原因是城乡差距的拉大导致共享指数的下降,表明了当前形势下保障社会总财富及收入合理分配的重要性。

第九章对云南省的共同富裕指数进行测度,并对其影响因素进行分析。结果显示,从总体水平来看,云南省共同富裕水平发展缓慢。一方面,云南省少数民族人口规模巨大、相对贫困人口数量多导致共同富裕进程发展缓慢;另一方面,2020年以前云南省经济水平长期滞后于全国平均水平,导致部分地区贫困率高企、贫困程度深。从分项指标测评来看,云南省在富裕维度方面体现出较大的差异性,同时在共享维度方面存在两极分化现象。从不同指标体系对比来看,云南省的共同富裕整体水平在第二种指标体系下随时间推移的发展趋势与第一种指标体系的发展趋势保持一致。从制约云南省共同富裕发展的因素来看,其中包括要素流动限制、自然禀赋差异、人文环境差异、空间均衡关系、语言助力、金融财政专项扶贫资金投入不足,以及易地搬迁扶贫资金投入收效甚微,风险控制欠缺与金融脱贫监督管理机制不完善。

第十章论证提升西部典型省区的共同富裕水平的路径和对策建议。从提升西部典型省区共同富裕水平的路径出发,寻找提升西部典型省区共同富裕水平的政策建议。

目　录

第一章　绪论

第一节　研究背景

党的二十大报告中指出，中国式现代化是全体人民共同富裕的现代化。共同富裕是中国特色社会主义的本质要求，也是一个长期的历史过程。党的十八大以来，以习近平同志为核心的党中央把握发展阶段新变化，把逐步实现全体人民共同富裕摆在了更加重要的位置上，推动区域协调发展、采取有力措施保障和改善民生、打赢脱贫攻坚战，为推动共同富裕的发展创造了良好的条件。

共同富裕，是全体人民共同富裕，是一个民族都不能少的富裕。为适应我国社会主要矛盾的变化，更好满足人民日益增长的美好生活需要，必须把促进全体人民共同富裕作为为人民谋幸福的着力点。全国各族人民共同团结奋斗，扎实推进共同富裕，有助于进一步铸牢中华民族共同体意识。2021年8月，习近平总书记在中央民族工作会议上强调，"支持各民族发展经济、改善民生，实现共同发展、共同富裕"，"民族地区要立足资源禀赋、发展条件、比较优势等实际，找准把握新发展阶段、贯彻新发展理念、融入新发展格局、实现高质量发展、促进共同富裕的切入点和发力点"。因此，推进西部地区实现共同富裕，是新时代党的民族工作高质量发展的题中应有之义，对于铸牢中华民族共同体意识具有深远意义。

第二节　研究目的与研究意义

新中国成立以来，在党中央亲切关怀和全国人民的大力支持下，西部地区干部群众奋发努力，经济社会发展迅速，许多贫困落后地区实现了"一步千年"的伟大跨越。但西部地区发展不平衡、不充分的问题依然相对突出。在普遍性地消除绝对贫困之后，各民族群众对缩小贫富差距、实现共同富裕提出了更高的要求。习近平总书记指出："要完善差别化区域支持政策，支持民族地区全面深化改革开放，提升自我发展能力。"① 与此同时，政府加大对西部地区基础设施建设投入，加快调整产业结构，增强了各族群众的获得感、幸福感、安全感。必须加快西部地区发展，促进实现共同富裕，为铸牢中华民族共同体意识夯实基础。一方面，提升西部地区基本公共服务均等化水平和基础设施通达程度，扩大西部地区对外开放，促使其主动服务和融入新发展格局；另一方面，继续发扬在脱贫攻坚和全面建成小康社会进程中各族儿女手足相亲、守望相助的精神。

一、为铸牢中华民族共同体意识奠定基础

在经济发展进程中，由于各民族所处的区位、拥有的资源、生产力发展水平不一样，导致了各民族经济社会发展的不平衡不充分问题。多年来，尽管西部地区取得了快速发展，但是物质基础相对薄弱的客观事实不容忽视，必须及时缩小西部地区的发展差距。我国是一个民族众多、地域发展不平衡的国家。要实现社会主义现代化，西部地区的现代化不可或缺。党的十九届五中全会强调"扎实推动共同富裕"，在描绘 2035 年基本实现社会主义现代化远景目标时，明确提出"全体人民共同富裕取得更为明显的实质性进展"。在共同富裕的道路上，各民族对美好生活的追求不断得到实现，中华民族的凝聚力会更加强大，中华民族共同体意识会更加深入人心。铸牢中华民族共同体意识，需要切实夯实物质基础，确保改革发展成果更多更公平惠及各族人民。发展是解决

---

① 2021 年 8 月，习近平总书记在中央民族工作会议上发表重要讲话。

西部地区各种问题的"总钥匙"，正如习近平总书记所指出："增强民族团结的核心问题，就是要积极创造条件，千方百计加快少数民族和民族地区经济社会发展，促进各民族共同繁荣发展。"① 一方面，进一步完善差别化区域支持政策，持续加大对西部地区尤其是边疆西部地区支持力度，优化转移支付和对口支援机制，实施好促进西部地区和人口较少民族发展、兴边富民行动等规划，切实推动少数民族和西部地区发展；另一方面，增强西部地区自我发展能力和可持续发展能力，特别是要激发欠发达地区少数民族群众的内生动力，强化教育和文化投入，革除"等、靠、要"的思想和"懒、散、慢"的心理，推动西部地区加快现代化建设步伐，让各族人民共创美好未来。

二、增强中华民族共同体的向心力

共同富裕是中国特色社会主义的本质要求，是中国式现代化的重要特征。各民族团结一心，是实现共同富裕的根基所在。推动共同富裕，明确了新时代西部地区发展建设目标，将各族群众对发展的期待凝聚为共同的前进方向。推动共同富裕，有助于激励各族人民向着第二个百年奋斗目标坚定前行，进一步把思想和行动统一到党中央重大决策部署上来，凝聚起全面建设社会主义现代化国家的磅礴伟力。在实现共同富裕的道路上，要树立全体人民共同富裕的总体概念，从全局上把握"实现14亿人共同富裕"的"一体"，同时也要深刻认识到各民族的具体需求，充分考虑不同民族、不同地区的实际，突出区域化和精准性政策支持，实现发展、分配方式上的"多元"，为促进共同富裕打造合理格局。努力推进共同富裕重大战略部署，让各族群众感受到改革发展带来的实实在在的好处，在共享发展成果的获得感中坚定跟党走的信念，积极投身于社会主义现代化强国建设，坚持共同团结奋斗、共同繁荣发展。

三、助力乡村振兴的实现

促进西部地区共同富裕，最艰巨、最繁重的任务仍然在农村。必须下大力气巩固拓展脱贫攻坚成果，全面推进乡村振兴，加快农业产业化，盘活农村资产，增加各族农民财产性收入，使更多的农村居民勤劳致富。要加强农村基础

---

① 2014年3月，习近平总书记看望出席全国政协十二届二次会议少数民族界委员，并参加联组讨论。

设施和公共服务体系建设，改善农村人居环境，实现农业强、农村美、农民富。把防止规模性返贫作为巩固拓展脱贫攻坚成果同乡村振兴有效衔接的底线任务，严格落实"四个不摘"要求，健全防止返贫动态监测机制和帮扶机制，消除各族群众的后顾之忧。产业振兴是西部地区实现乡村振兴的物质基础。实现产业振兴是促进农民增收、农业增效、农村可持续发展的有效途径。没有产业，发展繁荣都是空谈。一方面，我国的西部地区大部分分布在偏僻而广袤的山村和高原地区，地广人稀、交通落后，自然条件较为恶劣；另一方面，西部地区大多矿产和动植物资源丰富，风光优美，有条件根据自身情况发展特色产业。加快推进西部地区乡村振兴，意味着要推动乡村产业振兴、人才振兴、文化振兴、生态振兴、组织振兴，五大振兴缺一不可。针对一些西部地区的沿边特点，进一步完善好沿边开发开放的政策体系，深入推进固边兴边富民行动。只有加快西部地区发展，实现共同富裕，才能为铸牢中华民族共同体意识夯实基础。

第三节 文献综述

一、共同富裕的内涵和特征研究

（一）共同富裕的内涵研究

党的十九届五中全会明确提出，到2035年"全体人民共同富裕目标取得更为明显的实质性进展"，"十四五"规划提出，"制定促进共同富裕行动纲要"，由此进入实质性推动共同富裕阶段，共同富裕也正式由理念目标迈入现实要求。实现共同繁荣是所有国家追求的目标，从国际比较视野来看它具有全球普遍性（Ferreira et al.，2018）。但理论上每个国家的历史地理、发展阶段和禀赋特征等都存在差别，特定的共享发展目标更是千差万别。中国特色的共同富裕目标，与其他国家有共同之处，但也有本质差异。共同富裕是社会主义的本质特征，是区别于资本主义国家的最主要方面（邓小平，1993）。要统筹发展和共享的关系，按照经济社会发展规律循序渐进地推进，通过增长的方式来逐步实现共同富裕，体现分城乡、分区域、分阶段的发展过程，并最终促进全体人民都迈入共同富裕。

共同富裕是从低层次到高层次的过程富裕，共同富裕并不是固定不变的，而是随着生产力发展不断充实新内容的动态过程。共同富裕是部分到整体的逐步富裕，实现共同富裕是一个客观的物质积累过程，需要分步骤、有秩序地进行（邓小平，1993）。可见实现共同富裕是一个动态的、非同时富裕的过程，共同富裕内涵标准随时间也会有所变化。一般认为，中国特色的精神富裕与物质富裕程度紧密相关，在社会主义初级阶段，短期内共同富裕的核心主要还是在物质富裕方面。在具体内涵上，李实（2020a）认为，在中低收入发展阶段，小康目标需要更多聚焦收入增长，而在即将迈入高收入国家的阶段，则要更加关注人的全面发展，教育、医疗、健康和人力资本积累应成为共同富裕的核心内涵。

共同富裕是全体人民的富裕，既包含不贫穷的含义，又体现的并非是少数人或者是一部分人的富裕。简新华（2022）认为，实现共同富裕就是要从根本上解决贫困问题，实现真正意义上的社会公平和所有人的自由全面的发展。段娟（2017）认为，共同富裕并不是平均富裕，由于存在地区发展条件差异及人群人力资本水平差异，现实中很难实现平均富裕，共同富裕是社会差距相对较小且可管理、可调整的富裕。黎丽萍（2013）指出，共同富裕在特定的历史时期有着不同的内涵，在全面建成小康社会这一历史时期，既体现在求富、致富、共富和幸福四个方面，又体现在物质、精神、政治、社会和生态多个领域。石燕（2016）指出，共同富裕不仅仅是社会主义社会经济、政治、文化、生态和社会各方面的目标，其中也包含着社会主义社会人的本质力量实现的目标，共同富裕是当代中国人民群众诉求的现实幸福。于成文和王敏（2015）认为，社会主义共同富裕是社会财富"总量"与"个量"目标的统一，是社会发展过程性和阶段性的统一，是社会成员生活普遍富裕和收入适度差距的统一。范从来（2017）指出，共享发展是共同富裕道路的新阶段，共同富裕的实现不是单一的如何"切蛋糕"的制度安排，而是在"做大蛋糕"的基础上共享发展成果，是发展和分配的统一。李炳炎和杨善奇（2014）认为，共同富裕是社会主义的目的和根本原则，以人为本是共同富裕的本质和核心，全面发展是共同富裕的必然要求，协调发展是共同富裕的实现途径，可持续发展是共同富裕的发展方式。吴贵春（2016）强调，"共同富裕"理论不仅是解决共同富裕的利益问题，还蕴含着"友善"核心价值观的思想，共同富裕的实现需要良好的社会环境支撑和价值观念认同,"友善"精神的弘扬能为实现共同富裕提供精神动力。

理论上共同富裕是普遍富裕基础上的差别富裕,是消除两极分化和贫穷基础之上的普遍富裕。董全瑞(2001)提出共同富裕的四条底线标准是,一部分人收入的增加不能以另一部分人收入的减少为条件,社会经济活动公正地对待生产要素所有者尤其是劳动力要素所有者,社会分配给每个人的所得部分在增加,经济发展进程增加了所有人的机会。李实(2020b)提出,全体人民收入、财产、公共服务水平高,收入差距、财产差距、公共服务差距、人的发展能力差距小,就被认为是接近共同富裕社会。大多数研究认为,共同富裕本质上包含国民总体富裕和全体居民共享富裕两个方面,分别对应经济的稳定增长和收入的合理分配(王与君,1999)。韩喜平和杨威(2014)提出,共同富裕是一个理想的全体人民共同享有高度的物质财富和精神财富的终极的社会形态,是物质利益价值和强大的精神价值的有机统一,是马克思主义思想中关于人类社会未来发展的一个终极目标,是人类社会发展到最高阶段的一个标志。万海远(2022)认为,中国特色的共同富裕明显区别于西方福利主义,它强调以人民为中心,注重人的全面发展和个体的自我发展,强调共同富裕是"渐进富裕",是一个长期目标,是增进全体人民不断共享的过程,是践行从"国富到民富再到共富的过程"。赖德胜(2021)认为,促进人的全面发展和社会的全面进步,以及共同富裕全过程更加公平,是共同富裕的时代内涵。李毅(2021)从经济、社会、日常生活三个方面理解共同富裕。具体来看,共同富裕不仅使经济水平、居民收入、收入分配协调程度普遍较高,而且使城乡基本公共服务均等化水平显著提升,居民具有良好的生活理念、生活习惯。

(二)共同富裕的特征研究

曹亚雄和刘雨萌(2019)指出,共同富裕是社会主义制度优越性的具体体现,具有内涵综合性、对象普遍性、实现过程"非均衡性"等特征。何爱爱(2019)指出,我国坚持走共同富裕发展道路的最重要的特点在于将马克思一般原理与中国国情结合起来,立足于发展社会生产力与实现共同富裕的辩证关系,通过经济发展逐步实现共同富裕的目标。宋群(2014)认为,共同富裕是一个整体性、综合性和复杂性都很强的理论与实际问题,具有制度性、相对性、阶段性和发展性特征。刘尚希(2021)提出,实现共同富裕的首要任务是在发展中促进社会流动，实现共同富裕的社会基础是以市民为主体的社会。周文和肖玉飞（2021）认为实现共同富裕的制度基础、制度保障、制度优势是社会主义基本经济制度。刘旭雯（2021）同样认为共同富裕的根基在于公有制，重点在于解决"后富"问题，并阐明共同富裕是全体、全面、全域、全程推动。此外，付文军（2021）提出，共同富裕是理论与实践相统一的命题，共同富裕拥有全面性、现实性、人民性、历史性和超越性等特点。金观平（2021）从历史逻辑、现实基础、目标使命三个方面论证了共同富裕是全方位"逐步共富"，具有渐进性、长期性、复杂性、艰巨性等显著特征。

二、共同富裕的实现路径研究

一是从经济高质量发展的维度，探讨如何推动实现共同富裕。厉以宁等（2021）提出，既要重视市场机制、政府、道德力量对收入分配的"事后调节"，又要注重在工资标准、兼职收入、股票投资、雇工经营、承包承租等方面对收入分配的"事前调节"，还要正确引导先富者对后富者提供帮助。蔡昉（2021）认为，新发展阶段推进共同富裕要"做大蛋糕"和"分好蛋糕"，并且提出要促进和扩大社会性流动，特别是"向上的纵向流动"，要建设中国特色的福利国家，提供"全覆盖、均等化"的社会福利。魏杰（2022）认为，要重视引导资本良性发展，引导资本补新材料、高端发动机等"卡脖子"领域的产业链短板，使资本运行与国家宏观政策相协调。他还从银行体系、非银行金融机构、债券市场、股市、外汇、房地产、互联网金融七大方面，提出化解金融风险问题的措施。

二是从收入分配的维度，探讨如何推动实现共同富裕。马建堂（2021）提出，要坚持基本分配制度，健全各类生产要素由市场决定报酬的机制，要加大转移支付调节力度和精准性，平抑初次收入分配差距和贫富差距代际传递，要发挥慈善等第三次分配在缩小收入与财富差距中的作用，要持续整顿收入分配秩序，有效抑制通过非市场因素获利，坚决取缔非法收入。刘世锦（2021）分析了扩大中等收入群体的难点、重点和增长型收入差距与衰退型收入差距，提出以提升人力资本为核心的倍增战略，缩小不同群体之间的人力资本差距，以增效带动增长的方式缩小收入差距。李清彬（2021）对当下实现共同富裕的分配状况做了详细说明，并从预分配、初次分配、再分配、第三次分配、分配秩序、城乡、区域、行业、住房九方面提出行动举措。黄益平（2021）提出，要从深化金融领域改革出发，进一步推进金融市场化，实现要素价格的市场化；要依托数字技术，发展普惠金融，提高居民的财产性收入比重，改善收入分配结构。

三是从"三农"的角度，探讨如何推动实现共同富裕。贾若祥（2021）提出，"三农"问题既是推进共同富裕的薄弱环节，又是其重点任务，要重视强化"三农"工作，巩固脱贫攻坚成果、推动新型城镇化、全面推进乡村振兴。涂圣伟和杨祥雪（2022）认为，发展集体经济是增强小农户创富能力、促进农民持续增收、改善农村民生的重要渠道，是迈向共同富裕无法回避的重要命题。他们提出要厘清集体经济与村级组织的职能，提高集体经济组织市场运营能力、开放发展能力、联动带农能力和风险抵御能力，发展高质量的新型集体经济。余丽生等（2022）则从农村公共财政建设角度出发，提出要为农村提供更好的公共产品与服务，补齐乡村振兴的短板，实现乡村振兴和共同富裕。

王静和丁春福（2019）认为，我国精准扶贫的成功实践可以为解决共同富裕道路上面临的问题提供有益经验，在实现共同富裕的道路上，最根本的是通过增强后富地区实现共同富裕的信心，调动其自身积极性。汪仕凯（2019）指出，实现共同富裕要以生产力更大发展为基础，实现过程也依赖于政治上层建筑，必须以全面深化改革的方式增强中国政治体制的能力，增强实现共同富裕的基本保障。左伟（2019）认为，在当前富裕程度不高、贫困人口尚存及社会保障体系不健全的困境之下，必须进一步解放和发展生产力，促进社会保障体系朝着更加公平健全的方向发展，加大扶贫力度，最终实现全民共同富裕。于成文和项晓栋（2014）重点关注共同富裕的"度"，指出共同富裕的"度"是"质"与"量"的对立统一，走共同富裕道路必须使个人收入差距保持在"度"的范围内，只有突破"平均主义"和"收入过分悬殊"这两个节点，才能实现共同富裕的"总量"和"个量"目标。徐传谌等（2014）指出，国有经济是实现共同富裕的重要前提条件，中国要实现共同富裕，最重要的是大力发展和壮大以国有经济为基础的公有制经济。宋善文和苏伟贤（2014）认为，实现共同富裕是一个长期过程，首先要做到"共生"，即全体社会成员只要有劳动能力及劳动愿意，都能体面生存，然后实现"共赢"，即各阶层、各群体在发展中平等受益，在改革中共享红利，最终才能实现共同富裕。赵学清和傅林奇（2015）认为，当代中国促进共同富裕的机制主要有以公有制为主体的社会保障机制、以经济建设为中心的生产力发展机制、生产要素按贡献分配的初次分配机制及以税收、社会保障、转移支付为主要手段的再分配调节机制。马金晓（2022）提出，扎实推进共同富裕要始终坚持高质量发展，为实现共同富裕积累一定的物质基础，在注重"量"的规模的同时也要强调"质"的提升，不断增强全体人民的幸福感。郑功成（2022）认为，只有构建公正的分配制度、合理的社会财富分配格局，才能够保障中等收入群体的不断壮大，从而真正扎实推动全体社会人民走向共同富裕。从机制方面来看，曹京燕和卢忠萍（2021）认为，要构建实现共同富裕的具体机制，确保公共服务资源得到有效配置，通过完善农村土地产权改革，融合城乡发展，政府发挥参与作用，保障全体人民实现共同富裕的机会均等。从发展生产力角度来看，付文军和姚莉（2021）认为，化解当前形势的主要矛盾，探寻解放和发展生产力的新模式有助于推动迈向共同富裕，贯彻新发展理念，以协调开放的方式推动共同富裕取得实质性进展。从马克思主义财富观的视角来看，任源（2021）认为，以高水平的改革创新推动技术与人力资源的跨区域流动，处理好城乡间的有机统筹，通过建设高效能的治理体系完善共同富裕发展格局，科学实现共同富裕的目标。

目前，学界对于共同富裕的实现路径问题仍存较大争议。首先，学者对仅仅依靠市场能走向共同富裕表示否定态度，学者认为共同富裕的实现必然不能离开政府的监管以及对公有制制度的坚持。比如，徐传谌和王艺璇（2018）认为，要在牢牢掌握国家经济命脉的前提下，坚持公有制经济在国民经济中的主体地位。卫兴华（2013）认为，离开了公有制为基础或为主体，搞私有化，就必然是两极分化，不可能实现共同富裕，其理论的创新之处是对共同富裕道路与目标关系的辨析。其次，很多学者认为分配制度也是导致贫富差距的根本问题，进而影响人民群众的劳动、生活幸福感。范微等（2018）指出，分配差距较大与实现共同富裕之间的矛盾是关键，解决好这个矛盾能够为促进我国经济快速发展提供有力办法。最后，共同富裕的实现路径必须坚持整体论和系统论的方法，有学者指出仅靠单一路径是无法实现共同富裕的。顾光青（2008）认为，只有靠多方面共同作用才可能实现共同富裕，既要有物质文明与精神文明共同发展，也要有坚实的物质基础，又要有实现共同富裕的和谐文化建设，还要有促进共同富裕的社会主义民主政治建设。

三、共同富裕的量化方法研究

（一）共同富裕的两个维度：发展与共享

共同富裕英文直译为"Common Prosperity"，但在研究中也与共享繁荣、包容性增长、共享发展等概念有类似的含义，都是为了促进低收入人群发展和不平等程度下降。综合来看，共同富裕的量化依据包括"发展"与"共享"两大方面。例如，Basu（2000）认为，社会进步不应只考察总体发展情况，也应考察最贫穷的20%人群的生活条件是否得到改善，这符合"最低受惠人群"的罗尔斯公平观。世界银行的共享繁荣指数被定义为最低的40%收入个体的收入增长率，并且将其与社会平均增长率的差异定义为"共享繁荣溢价"（Lakner et al.，2014）。另外，亚洲开发银行将包容性增长定义为机会更加公平的增长，并将机会分为"可得的平均机会"和"机会的共享程度"两个部分，认为只有共享程度更高的机会增加才是包容性增长的体现（Ali and Son，2007；Anand et al.，2013）。联合国《人类发展报告》也认为，人类发展不仅需要考虑各个维度的平均发展情况，还应考虑各个维度发展的平等情况（UNDP，1990）。因此，新指数中利用收入不平等对人类发展指数进行修正，同时考虑收入、健康、教育以及不平等情况，以此体现"发展"和"共享"的关系（Klugman et al.，2011）。

韩建雨和葛汉琪（2022）认为，共同富裕具体应包含两个维度：富裕程度和共享程度。富裕程度不仅是物质层面的富裕，也需满足精神层面的需求；共享程度需要反映差异度和共同度。从共同富裕的量化依据来看，应当包括发展与共享两大方面，分别对应于经济的稳固增长以及收入的合理分配。万海远和陈基平（2021）指出，对共同富裕的理解需把握其理论共识：不是平均主义，不是两极分化，不是同时同等的富裕。立足社会主义的根本目标这一角度把握共同富裕的内涵，谷亚光和谷亚华（2012）认为，实现共同富裕不仅仅是社会主义的根本目标，在实现这一目标的发展过程中就体现了共同富裕的本质内涵，形成了目的与过程的有机统一。甘立勇和王永康（2012）从社会主义制度视角理解共同富裕的内涵："富裕"是物质基础条件，"共同"是社会主义制度下对富裕的"质"的定性。张嘉友和徐云峰（2011）认为，共同富裕思想作为邓小平理论的一个重要组成部分，是社会主义制度的本质特征，将共同富裕与社会主义的本质、目的和发展道路紧密联系在一起，科学而又深刻地揭示了共同富裕的内涵。宋立文（2010）认为，纵观"共同富裕"概念溯源的历史不难发现，马克思与恩格斯认为未来社会的生产归根结底是要实现所有人的富裕和全面发展。然而，刘先春和宋立文（2010a）指出在毛泽东的论述中强调了共同富裕的实现是一个漫长的过程，并非一蹴而就。

（二）"总体富裕"和"共享富裕"的不完全替代关系

应该说，公平与效率、发展和共享是人类发展永恒的两大命题，也是在新发展阶段推动共同富裕的根本出发点。共同富裕可以简单地理解为"发展"与"共享"两个维度，也可以认为是"富裕"和"共同"两个维度（下面称为"总体富裕"和"共享富裕"）。分析共同富裕首先需要理解两者之间的关系，这既是中国特色共同富裕的理论基础，也是量化共同富裕的前提。如果经济增长会自动带来分配均等，或者促进均等分配就会逐步实现总体富裕，共同富裕就可以是一个单维指标，不需要考虑两个指标之间的替代或互补关系（Ravallion，1997）。但从相关研究来看，无论是理论还是实证都没有发现两者之间存在固定关系，它们在不同国家、不同时期、不同发展阶段的关系都不一样（Barro，2000）。对于我国来说，扎实推进共同富裕要求国家在发展中实现共享富裕，它需要全体人员辛勤劳动和相互帮助最终达到丰衣足食的生活水平，而绝不是简单的"劫富济贫"。因此，"共同富裕"和"共享富裕"不是非此即彼的关系。

如果"总体富裕"和"共享富裕"两者不是一一对应关系，那么量化共同富裕就需要思考两者之间的函数关系（Ravallion，1997）。从多维指标设计来看，一些多维贫困指标、多维不平等指标采取的是多个指标相加的方式，但这种构建方式默认了两个指标之间的完全替代关系（Ravallion，2012）。以人类发展指数（Human Development Index，HDI）为例，收入、教育和健康通过算术平均相加的方式构建，这就意味着增加一单位的人均 GDP 和增加一单位的受教育年限，HDI 的变化完全相同，由此仅提升单一维度也能让 HDI 不断提高，这显然有悖于 HDI 基于多维能力发展的设计初衷（Klugman et al.，2011）。另外，与共享繁荣指数、人类发展指数一样，量化共同富裕需要同时考虑发展和共享维度，但并不要求发展与共享完全同等同步，如可以通过

"先富"带动"后富"并最终实现共同富裕。这说明"总体富裕"和"共享富裕"也不是一个完全互补的关系（Ferreira et al.，2018）。由于"总体富裕"和"共享富裕"既不是完全替代，也不是完全互补。因此两者的函数关系式应该是不完全替代关系（Klugman et al.，2011）。

在2010年新的人类发展指数中，收入、教育、健康三个维度通过几何相乘的方式构建（Klugman et al.，2011），在共享繁荣指数和包容性增长指数中，"平均增长"和"共享增长"也通过相乘的方式构建（Rosenblatt and Mc-Gavock，2013）。采取相乘而不是相加的函数形式，其实反映了不完全替代关系，而且它还反映指标之间具有边际替代率下降的发展理念。以人类发展指数为例，随着收入水平的进一步提高，收入替代健康的比率会随着收入的提高不断下降，即以收入衡量的"健康价格"将会越来越高（Ravallion，2011）。由此可见，为反映现实中"总体富裕"和"共享富裕"之间的不完全替代性，量化共同富裕内涵时就不能通过几个指标简单相加，否则将会违背"发展"与"共享"所隐含的不完全替代关系。

（三）共同富裕的量化指标选取

选取指标是指数构建的关键部分，指标选取的好坏直接决定共同富裕量化方法的合理程度。一些研究利用多层次、多维度指标来反映"平衡发展程度"或者"经济共享程度"。例如，许宪春等（2019）利用4个一级指标、20个二级指标、49个三级指标构建了"平衡发展指数"：高质量发展研究课题组（2020）利用4个二级指标、26个三级指标构建了"经济共享发展指数"，它们包含了经济、政治、文化、社会、生态等多方面内容，然后通过加总得到综合指标。虽然指标越多似乎越能紧扣发展的内涵逻辑，但是"好心也可能办坏事"（Ravallion，2012），过多指标进入函数方程式中，会容易导致指标之间关系复杂，很可能不满足变量间的单调性、一致性、可加性等公理化准则，最终可能会违背现实逻辑（Ravallion，2011）。这也是人类发展指数仅使用3个最简单指标的根本原因所在（Klugman et al.，2011）。

共同富裕有丰富的内涵，它包括发展和共享两大方面。不过要进一步选择"发展"和"共享"的二级指标却具有较大的讨论空间。在发展维度层面，一般用经济发展水平反映，但"发展"本身也是一个多维指标，如除福利外，教育和健康也同样重要（UNDP，1990）。在共享维度层面，一般用收入基尼系来反映一国福利的"共享"情况，但是收入只反映了流量或者支付能力，存量研究中还经常使用财产分配等指标，福利研究中消费不平等这种反映流量的指标也较为常见。从现实角度来看，虽然"发展"和"共享'都包含多层次含义，但是企图囊括进来并不现实。从务实角度来看，指标选取应尽量考虑数据的可得性、结果的可比性和可操作性，要考虑指标的易识别程度、逻辑清晰程度，最好能通俗易懂地反映问题的最主要方面。习近平总书记提出，让人民群众真真切切感受到共同富裕不仅仅是一个口号，而是看得见、摸得着、真实可感的事实（习近平，2021a）。因此，共同富裕的量化指标可以侧重最终的结果导向。综合政策研究和学术讨论，对"发展"和"共享"的指标评价存在较多争议，但得到最多认可、最具可比性的仍然是用人均国民收入反映"发展程度"，用可支配收入基尼系数来反映"共享程度"（UNDP，1990；Klugman et al.，2011）。

四、推进共同富裕的措施研究

从全球范围来看，一些国家如希腊、意大利等已达到相对较高的发展水平并保持了较小的收入差距，不过超出财政能力的高福利模式使经济增长陷入困境，而且收入差距也开始明显扩大，这离实现高标准共同富裕显然还有很大差距。邓小平（1993）认为，实现全体人民共同富裕目标的根本方向是，要按"三步走"战略部署逐渐走向高水平、可持续的共同富裕之路，关键路径是在市场经济条件下通过先富带后富，并使用共享理念下的政策再分配手段。楼继伟（2021）提出推进共同富裕的具体落地方式，应该是通过财政、税收和社会保障的作用来实现。过去我国先富带后富的效果相对不足，覃成林和杨霞（2017）发现先富地区通过经济增长的空间外溢带动了部分邻近地区的共同富裕，然而这种带动作用的范围比较有限，因此提出要进一步制定新的区域均衡协调发展战略。

中国要走共同富裕的现代化之路，做强产业、扩大就业是根本，对于绝大多数靠劳动取得收入的个体来说，共同富裕的前提是必须有劳动岗位和就业机会（青连斌，2021）。教育机会均等是改善收入分配的重要力量，是减少不平等的有效手段，也是推进共同富裕的核心政策工具（李实，2020a）。同时，要侧重调整产业结构和城乡发展结构，增强产业吸纳就业的能力，这是技能工人、农民和农民工融入共同富裕的主要方向（潘文轩，2020）。一般认为，社会主义公有制和按劳分配为主体决定了生产关系，使社会主义具有共同富裕的制度优势，因此根本工具是所有制结构调整，应该从强化公有经济为主体、国有经济为主导着手，扭转生产资料公有制的下降趋势。但张维迎（2010）认为，要兑现公有制的制度优势还需要良好的公共政策设计，国有资源在现实中并没有完全均等地分配到每个居民。

在具体政策工具上，中国必须要依靠个体自我能力发展的方式，而不是依赖高福利主义的普遍保障来实现共同富裕，在注重经济发展方式转变的同时，也要加强再分配政策的调整（莫炳坤、李资源，2017）。在实现总体富裕的基础上，还要完善初次分配、再分配、三次分配协调配套的基础性制度安排，通过教育技能培训、社保政策、基本公共服务等来进行调节（李实，2020b）。实际上，简单聚焦于单维的收入指标难以实现共同富裕目标，而需要把视角放到教育、医疗、养老等与居民收支紧密相关的大分配领域，促进经济包容性增长，推进基本公共服务和社会福利均等化，从而逐步提升共同富裕程度。

五、国外关于社会公平与社会福利的相关研究

有关社会公平与社会福利的论述最早可追溯至16世纪初，文艺复兴时期。其中，最具有代表性的人物为托马斯·莫尔与托马斯·康帕内拉等空想家。托马斯·莫尔在其代表作《乌托邦》中描述了一个理想国度，这里与世隔绝，一切社会条件均处于静态循环的状态。特别是，理想国度中生产资料与社会财富公有，即没有阶级压迫、剥削和贫富差距。在空想的社会架构下，托马斯·莫尔构想出了自然经济条件下的共同富裕。在16世纪，托马斯·莫尔的共同富裕思想有效地抨击了君主专制思想，揭示了资本主义私有制的丑恶，同时为空想社会主义的发展奠定了基础。但是，任何国家的社会条件都不可能是与世隔绝、静态循环的。因此，托马斯·莫尔所提出的共同富裕思想只能是空想，没有现实意义。在17世纪的意大利，托马斯·康帕内拉创作了《太阳城》，其构建的社会没有压迫、剥削，即在这样的社会中没有阶级，也就是实现了共同富裕。但是，这种制度类似于平均主义，不存在奖励机制，很容易产生外部性而导致"搭便车"现象的产生。因此，这种构想在现实社会中也未必能实现。

随着时间推移，18世纪中叶，空想社会主义思潮开始传播。然而，那时

的无产阶级力量相对较为薄弱，无法靠近资本主义国家政治舞台中央。19 世纪初期，由于第一次工业革命极大地解放了生产力，于是产生了克劳德·昂利圣西门、夏尔·傅立叶和罗伯特·欧文，三大空想社会主义者。空想社会主义者在对前人思想继承的基础上，开始了新的主张，并将空想社会主义推向新的高度。不难发现，空想社会主义者有着相似的主张：主张共同富裕思想，抨击资本主义私有制，并将不平等与剥削等罪恶的现象归咎于私有制。因为资本主义社会制度才导致了巨大的贫富差距，产品无法公平分配，进而产生了阶级纷争、贫富对立与道德沦丧。

在西方资本主义国家贫富差距进一步扩大、两极分化日益严重的背景下，福利经济学应运而生。20 世纪 20 年代，阿瑟·塞西尔·庇古出版了《福利经济学》，其代表思想有两个方面。为解决两极分化问题，实现共同富裕，首先，需对经济发展方式进行调整，即经济发展需采取适度的收入均等化模式以缩小贫富差距；其次，大力解放生产力，促进经济更快发展，创造出更多的商品和服务以实现社会资源配置优化和转移。基于此，庇古主张：①政府向富人征收累进的所得税和遗产税，从而实现"资源的强制转移"，然后通过直接或间接的方式，补贴给穷人，实现资源的再次分配，增加社会的经济福利；②为增进福利，避免两极分化的解决办法是收入的均等化与实现资源的优化配置，政府要发挥积极作用。

1930 年后，新福利经济学诞生了，其与旧福利经济学最大的区别在于研究方法：新福利经济学采用序数效用论与瓦尔拉斯一般均衡作为主要研究方法。新福利经济学主张，社会福利取决于组成社会的所有个人的福利，收入的转移只不过是从富人那里到了穷人那里，社会福利总量是一定的，转移的过程不会增加社会福利总量，因此否定了庇古提出的收入均等化主张。同时，新福利经济学者认为，社会福利总量的增加可能会导致贫富差距扩大，然而，如果一部分人先富裕起来，另一部分人却没有变得更加贫困，那么全社会的福利状况就会有所改善，即一部分人先富起来，虽然贫富差距不断扩大，但是社会福利整体上仍然在提升，并不是绝对下降。

而在 19 世纪末 20 世纪初，西方资本主义国家的一些提倡"社会主义"改良主义者提出了福利国家论。他们主张，政府应担负着促进社会文化和福利发展、消除贫富差距、实现共同富裕、为贫困者提供社会服务的职责。总之，福利经济学认为，只有实现社会福利最大化，才能达成经济发展的最终目标。要想实现这一目标，就要发挥政府对经济的干预作用，比如出台宏观政策，对资源或收入进行调控、调节。福利经济学的另一政策主张为收入均等化，一是实行个人所得累进税制；二是实行转移支付，从而逐渐缩小贫富差距，有效改善穷人的生活状况。

发展至21世纪，有关社会公平与社会福利的研究主旨仍是促进低收入人群发展和降低不平等程度，但此时社会公平与社会福利具有更为广泛的含义，其中包括共享繁荣、包容性增长、共享发展等概念。同时，各国也对社会平等问题进行了深入的研究：

以美洲国家为例。Iniguez-Montiel 和 Kurosaki（2018）研究了1992~2014年墨西哥经济增长和再分配对减贫的贡献，研究发现经济增长、收入分配改善和抑制通货膨胀促进了减贫，其中通货膨胀的影响不可忽视尤其是对于穷人，而收入分配的改善是墨西哥减贫的主要原因，提高收入水平和消费水平有助于减少不平等，但不是任何收入分配的改善都能提高穷人的收入（Iniguez-Montiel，2014）。这一研究结果与 Cortés（2013）一致，不平等现象的持续下降是减贫的关键因素。Bosch（2015）认为墨西哥的经济增长缓慢与高度不平等存在相互影响的关系，不平等导致经济增长缓慢，低增长导致收入高度集中。但Millán（2014）则得出相反的结论，他认为经济增长和再分配之间总是存在一种权衡，经济萧条时的经济增长会增加贫困，经济繁荣时相反。Lustig 等（2013）通过对阿根廷、巴西和墨西哥的研究发现，2000~2010年13个拉丁美洲国家的基尼系数下降的原因，可以归结为熟练工人的溢价降低和政府高效的转移支付。Chetty 等（2017）通过将美国人口普查数据与税收记录的面板数据相结合，估计了"绝对收入流动率"（收入高于父母的子代比例），发现这一指标在20世纪40~80年代不断下降，而仅仅提高GDP增长率无法恢复绝对流动性水平，最后他提出了减少财富不平等的政策建议，其分析方法和结论被广泛引用，对美国的社会政策和经济政策产生了重要的影响。Panizza（2002）探讨了美国各州之间的经济不平等程度和经济增长之间的关系，研究发现，较高的不平等程度会对经济增长产生负面影响。Aghion 等（2019）使用跨州面板和跨美国通勤区数据研究创新、收入不平等和社会流动之间的关系，发现创新与收入不平等之间存在正相关关系，与广义不平等度量之间的相关性并不显著，与社会流动性正相关。

以亚洲国家为例。Brueckner 等（2018）研究了东南亚地区中产阶级的兴起对经济增长的影响。研究发现，中产阶级的增长对于促进经济增长、创造就业机会以及减少贫困和不平等等方面都有积极作用。

以经济合作与发展组织（OECD）国家为例。Cingano（2014）在 OECD 的工作文件当中指出，大多数经合组织国家的贫富差距正处于 30 年来的最高水平，收入不平等的加剧不仅仅与高收入者数量增多有关，低收入群体在经济繁荣时期的收入增长速度往往较慢；通过对 OECD 国家的协调数据做计量分析发现，收入不平等会显著抑制未来的经济增长，并且基于对 PIAAC 数据的分析发现，收入差距的扩大阻碍了父代受教育水平低人群的技能发展，而富裕家庭则受影响较小；抑制不平等的政策既要持续改善社会环境，又要支持经济的长期增长。

从一般化结论来看。Acs 等（2016）发现在贫困中增加流动性对不同群体有不同作用，他们依据源于 25 个国家的数据展示了贫困和流动在时间和人群中的差异，并说明了变化的基本模式和趋势对贫困和流动产生的潜在影响。Buttrick 等（2017）探讨了经济不平等对个人幸福感的影响，研究表明，较高程度的经济不平等会降低整体的幸福感和社会凝聚力，因此政府应该采取措施来减少不平等现象。他们在研究中解释了收入不平等与主观幸福感之间联系的核心机制，包括地位竞争带来的焦虑、不信任以及对未来的希望和恐惧，他们认为对不平等的看法与衡量福祉的客观标准同样重要。Shin（2012）研究了不平等与经济增长之间的关系，发现高度不平等在经济发展的早期阶段阻碍经济增长，通过高所得税进行的收入再分配并不总是能减少收入不平等，快速经济增长和低水平的收入不平等可以在经济发展早期通过低税收来实现。Ravallion（2014）在研究中发现发展中国家的收入不平等现象有所减少的原因是国家之间的不平等程度下降，而发展中国家内部的不平等程度一直在缓慢上升，虽然经济增长总体上有助于减少绝对贫困的发生率，但在高度不平等的国家则收效甚微，同时高度的不平等也可能会削弱经济增长潜力，从而阻碍未来消除贫困的进程。Abdullah 等（2015）通过对现有实证文献的综合元回归分析，重新审视了教育对不平等的影响后发现，教育降低了最高收入者的收入份额，增加了最低收入者的收入份额，并且中学教育比小学教育具有更强的影响。Solt

（2016）研究了标准化世界收入不平等数据库（SWIID），他认为由于 SWIID 的覆盖范围和可比性远远超过其他选择，因此 SWIID 仍然适合广泛的跨国家收入不平等研究。

第四节　研究方法

内容决定方法。在本书写作过程中，充分利用学校图书馆中的中文文献数据库，如中国期刊全文数据库、中国博士学位论文全文数据库等，以及英文文献数据库，如 Elsevier 数据库、Springer 数据库等。在精读文献的基础上，归纳整理、分析鉴别，对已有相关研究成果、存在问题以及发展趋势等进行系统、全面的叙述和评论，以明确本书的研究目标和研究内容。

（1）文献资料法。

本书通过查阅国内外关于共同富裕理论的相关文献以及著作，了解国内外不同人口和经济背景下共同富裕理论的发展，系统梳理、归纳、分析、评价该领域既往研究成果。

（2）比较分析法。

在共同富裕测度方法的使用上，本书从两个层面构建了共同富裕测度模型，从不同角度对共同富裕评价指数进行测度，使测度结果更具客观性。

（3）统计分析法。

通过查阅《中国统计年鉴》《内蒙古统计年鉴》《国民经济和社会发展统计公报》等资料上的数据，利用构建的共同富裕指标体系对六个西部地区的共同富裕水平进行测度，利用所得数据进一步探讨西部地区共同富裕水平及发展趋势。

第五节　研究思路与研究框架

一、研究思路

本书首先对现有国内外有关共同富裕的研究成果进行梳理，对共同富裕的内涵和特征、实现路径、量化方法以及推进措施等进行了全面深入的探讨和分析，并在此基础上进一步研究共同富裕的理论渊源和实践探索，为构建科学有效的共同富裕测度体系提供了理论基础。其次，依据科学可行的原则构建了共同富裕评价体系来衡量西部地区整体以及内部六省区的共同富裕发展水平，并对各省区共同富裕的影响因素进行综合考量。最后，得出相关结论。

二、研究框架

本书的研究框架如图 1-1 所示。

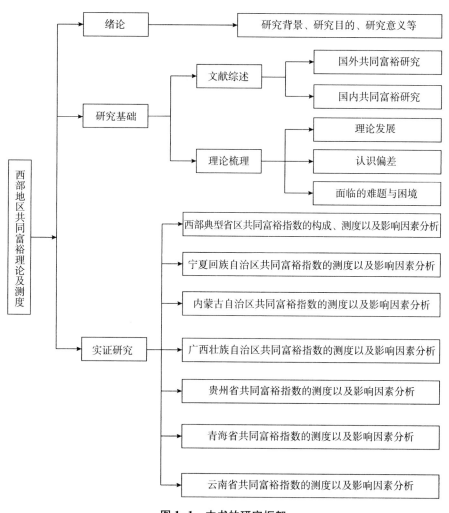

图 1-1　本书的研究框架

第二章　共同富裕的相关理论

　　共同富裕是涉及生活、精神、环境、社会等各个方面的全面富裕，彰显了社会主义现代化的本质内涵。"共同富裕"这一概念在党的十八大以来被深化，被摆在了更加突出的位置上，各种政策措施的推进也为共同富裕的实现提供了充足的动力。党的二十大报告提出，"我们深入贯彻以人民为中心的发展思想，在幼有所育、学有所教、劳有所得、病有所医、老有所养、住有所居、弱有所扶上持续用力"，"建成世界上规模最大的教育体系、社会保障体系、医疗卫生体系"，"人民群众获得感、幸福感、安全感更加充实、更有保障、更可持续，共同富裕取得新成效"。共同富裕旨在实现人民日益增长的文化需求，具有很强的现实意义。

　　共同富裕覆盖全主体、全领域、全范围。西部地区的发展与建设是我国现代化建设事业中的重要组成部分，促进西部地区经济发展是我国实现各民族共同富裕目标的有效途径，西部地区共同富裕的实现促进夯实民族共同体意识。探索西部地区实现共同富裕的路径首先要处理好"共性"与"个性"的关系。对于西部地区而言，与全国一道共同奋斗进而实现共同富裕、建成社会主义现代化强国的目标是一致的，不同的是具体的政策和实现过程。共同富裕理论的提出并不是一蹴而就的，其思想溯源、实践探索、认识过程、困境难题等都包含着非常丰富的内容，把握实现共同富裕的现实路径具有很大的现实意义。

第一节 共同富裕的理论发展

一、共同富裕的理论渊源

作为一种社会主义理论思想，共同富裕起源于 16 世纪初至 19 世纪上半叶的空想社会主义，空想社会主义为人类描绘了一幅共同富裕的美好社会蓝图。基于对资本主义财产私有制的批判，空想社会主义提出了共同富裕的思想。它指出导致社会不平等的根源即为财产私有制，社会平等的实现建立在私有制度的废除之上。该理论的主张者们认为福利最大化的实现基于平等，包含政治、法律、道德等方面的平等（彭凌，2007）。在诸多方面的平等基础上实现社会平等、财富共有、共同消费的社会即为共同富裕社会，他们预测了共同富裕的理想社会必将取代资本主义社会的发展趋势（刘先春、宋立文，2010b）。空想社会主义是科学社会主义共同富裕的理论遗产，该理论为马克思和恩格斯二人合理科学解释社会主义共同富裕思想的内涵提供了思想价值，奠定了邓小平共同富裕思想的基础。

发达的生产力是实现共同富裕的物质保障，缺乏保障的社会最终会走向贫穷和极端贫困的普遍化。马克思和恩格斯的科学社会主义理论认为"共同富裕"是其核心要素，生产的目的是保证全体人民的富裕。马克思指出发达的社会生产力和共同富裕通过双箭头连接，共同富裕这一目标实现后又会反过来推动不断发展提升的生产力（潘婧，2022）。人们进行物质生产活动必须尊重社会生产力条件，不能超越生产力的发展阶段。要消除贫困和阶级差别必然要使生产力发展能够满足全社会生存和发展需要的程度。社会生产力的提升不仅可以满足人们的物质生活，还可以在一定程度上充盈人的内心世界，丰富社会成员的精神生活，提高社会成员的生活水平和人力资本素质。

马克思和恩格斯还指出，随着生产的不断发展，拥有生产资料的资本家所获得的收入总量及收入增速远大于无产阶级，资本主义私有制加剧了经济间的不平等关系，实现共同富裕要以社会主义公有制为前提条件。只有劳动人民所生产的产品归自身所有，才能保证人民群众的政治地位和经济关系公平，才能推动共同富裕这一愿景的实现。由于生产力的发展是历史的、渐进的，因此实现共同富裕也是一个较为漫长的过程，必须认清本国国情，以实现人民群众的共同富裕为目标，同时尊重生产力的发展规律。

列宁对共同富裕与社会主义间的关系及实现途径予以关注，强调所谓社会主义，就是要通过一种公正的分配方式使劳动者过上美好的生活。共同富裕的实现依赖于社会主义制度的保障，保证全社会成员的全方位发展。列宁再次强调了生产力发展对推进共同富裕所起的基础性作用，肯定了马克思、恩格斯二人的观点。列宁对于马克思、恩格斯共同富裕设想的重要发展主要在于，他认为实现共同富裕需要不断创新制度设计，这反映了列宁对社会主义建设问题认识的深化。

二、共同富裕的实践探索

1953 年 12 月，毛泽东在《中共中央关于发展农业生产合作社的决议》中首次使用了"共同富裕"这一概念，提出要"使农民能够逐步完全摆脱贫困的状况而取得共同富裕和普遍繁荣的生活"。1955 年 10 月，在党的七届六中全会上，毛泽东再次提及"共同富裕"这一概念，明确指出"领导农民走社会主义道路"就是要"使农民群众共同富裕起来"。毛泽东认为共同富裕强调所有的、一切的，即实现汉族及少数民族、农村及城市、沿海及内陆的多方位共同富裕。在民族问题上，要实现各民族共同繁荣；在地区问题上，要促进沿海内陆共同富裕，缩小差距；在群体上，要避免收入差距的拉大。

1957~1978 年，我国虽在经济建设上取得了一些成绩，但总体发展水平相对缓慢，人民生活普遍贫困。1978 年以后，邓小平在改革开放的实践中形成了对共同富裕的新理解，完善和发展了毛泽东等的共同富裕理念，明确指出平均主义和社会主义不能画等号。由于社会成员的现实条件及所面临的社会条件的差距，在同一时间实现全部富裕并不具备现实可能性。邓小平等在党的十一届三中全会后深刻总结经验，提出了"先富带动后富，逐步实现共同富裕"的著名论断，即允许先富起来的一部分人去带动其他人实现富裕，推动整个进程的前进发展，最终通往共同富裕，在整个进程中要注意方法，避免两极分化。这一主张促进了国民经济的恢复和发展，改革开放更是让中国走入了中等收入国家行列，整个过程都伴随着贫富差距、收入差距、地区差距等问题的不断显现，社会公平分配问题急需被解决。在此背景之下，以江泽民同志为核心的党的第三代中央领导集体着重关注"先富""后富""共富"的关系，提出坚持公有制经济和非公有制经济共同发展，完善社会保障制度，解决失业人口再就业问题，注重效率和公平的关系，极大程度丰富了社会主义共同富裕思想的内涵。党的十六大以后，以胡锦涛同志为总书记的党中央在认识和举措上进一步丰富了共同富裕的内涵，不断推进共同富裕目标的实现。

2012 年，党的十八大报告旗帜鲜明地指出，"必须坚持走共同富裕道路。共同富裕是中国特色社会主义的根本原则。要坚持社会主义基本经济制度和分配制度，调整国民收入分配格局，加大再分配调节力度，着力解决收入分配差距较大问题，使发展成果更多更公平地惠及全体人民，朝着共同富裕方向稳步前进"。在新时代的背景之下，共同富裕理论被进一步深化，涵盖了物质、精神及生态三个维度，是三个维度上的协调一致。新发展理念和"五位一体"辩证统一，相互协调，为共同富裕道路指明了新方向。党的十九大报告指明，"坚持以人民为中心"，初步制定了到 2035 年全体人民共同富裕迈出坚实步伐，到 21 世纪中叶全体人民共同富裕基本实现的阶段性目标。推动经济社会发展，归根结底是要实现全体人民共同富裕，不断实现人民对美好生活的向往。党的二十大报告指出，中国式现代化是全体人民共同富裕的现代化。"富裕"的前提是发展，"共同"体现公平。就现实国情而言，我国仍然是世界上最大的发展中国家，发展仍然是我们党执政兴国的第一要务。只有推动经济持续健康发展，才能筑牢扎实推动共同富裕的物质基础。因此，只有紧紧抓住经济建设这个中心，通过全国人民共同奋斗把"蛋糕"做大做好，才能厚植共同富裕基础，最终实现共同富裕。

第二节　共同富裕的内涵与特征

"共同富裕"包含两层含义：共同和富裕。两者是一个有机整体，不可分割。其中，"共同"是生产关系，反映人们之间的相互利益关系。"富裕"是生产力，是经济高度发达的一种体现。没有生产力充分发展的"共同富裕"，无法实现真正意义上的"共同富裕"，"富裕"层面无法实现；没有全体人民平等共享的"共同富裕"也不是真正意义上的"共同富裕","共同"层面也无法实现。中国特色社会主义下的"共同富裕"的实现要兼顾"共同"和"富裕"两个维度，促进生产力和生产关系的协调。

一、共同富裕的内涵

（一）共同富裕是中国特色社会主义的本质要求

在当今社会背景下，共同富裕的愿景得以实现就能更好推动经济社会的有序发展。私有制下阶级剥削和贫富差距过大的社会背景均不具备实现共同富裕的条件。只有在社会主义制度之下，生产力的提高促进人民生活丰裕，各种基本经济制度也为共同富裕创造了物质基础。这无一不体现出社会主义制度的优势，既提升发展水平，又满足人民需要。因此，共同富裕不仅体现社会主义的内涵特质，也是我国始终坚持实现的目标。

（二）共同富裕是物质富裕和精神富裕的有机统一

物质富裕和精神富裕是共同富裕的两个基本方面，呈现相互促进、有机统一的关系。人的生存和发展建立在一定的物质条件基础之上，物质富裕是实现美好生活最基本的要求。精神富裕也是共同富裕的重要方面，是在生产力达到一定水平后形成的一个漫长而曲折的过程。我们所谓的"共同富裕"，是全面富裕，体现了人民群众对高质量生活水平的追求，因此除了物质富裕外，必然包含精神富裕。脱贫不能光顾"口袋"而忽略"脑袋"，不能为了经济的发展而忽视精神文明的建设，要物质富裕和精神富裕一起抓。

（三）共同富裕注重人的自由全面发展

马克思和恩格斯指出，未来社会主义社会的特征之一是人类在平等自由状态下实现共同发展。物质基础是实现该目标的前提条件，在这其中就蕴含着全体社会成员共同富裕的思想。而共同富裕为人的自由全面发展提供了有利的物质条件，人的自由全面发展是实现共同富裕的重要内容，只有将全体人民共同富裕视作重要前提，才能够实现社会个体自由而全面的发展。因此，在"共同富裕"中包含着自由全面发展的思想。

（四）共同富裕是目标、过程、手段的统一

社会主义背景下实现共同富裕要以发展生产力为前提，生产力水平的不断提高，并且不断接近共同富裕这一目标，有利于社会主义社会的稳定和发展。

因此，不仅要把实现共同富裕理解为社会主义建设的目标，还要将其视为保持经济社会有序发展的关键力量。

二、共同富裕的特征

共同富裕的基本特征是富裕。实现共同富裕是中国共产党始终坚持实现的目标，以推动经济高质量发展水平提升促进共同富裕，要坚持基本经济制度、坚持循序渐进的原则。共同富裕的本质特征是共享。促进共同富裕，也就是促进城乡、区域等的协同共进，是在高质量发展中解决发展不平衡不充分的问题。故富裕和共享是共同富裕的核心特征。除上述两个特征外，共同富裕还具备全民性、全面性、共建性、差异性、渐进性等特征。

（一）全民性

共同富裕的全民性是指"共同体意识"。共同富裕是关乎所有人的共同富裕，而不仅局限于一部分群体或一部分地区。只有坚持发展依靠人民，发展成果由全民共享，才能平稳推进共同富裕进程，实现发展果实由全人类共享，人民生活更优。这不仅意味着全体人民的生活水平之间的差距值要合理，还关乎到为社会做出的贡献值。在公共服务方面，也应该使全体人民享受同等的基本公共服务，协调城乡、区域、行业、群体间的发展关系。

（二）全面性

共同富裕的全面性是就富裕领域而言的。共同富裕社会是政治、经济、文化、社会、生态等多维度地实现人的全面发展和文明全面跃升的社会。政治方面要以人人参与、民主集中的社会主义民主政治制度为保障；文化方面要更快更好地提供满足人民文化需求的精神文化产品；社会方面要加强公共体系建设、健全社会保障；生态方面要注重绿色发展，推进更加可持续的共同富裕。因此，共同富裕这一概念具有全面性，在实际过程中应更加注重其整体性。

（三）共建性

幸福都是奋斗出来的。社会成员共同参与共同富裕的创造过程，才能将财富这块"蛋糕"无限做大，并按照个人贡献进行分配，实现效率和公平的有机统一。共同富裕所谓的"共享"的实现绝不是坐享其成，而应该是"共创"和"共享"的有机统一。人民群众不仅是共同富裕所创成果的分享者，还是共同富裕目标的推进者。共同富裕是全体人民共同奋斗、共同创建而来的，不是国家福利的过度化。实际上，"共创"和"共享"位于"共同富裕"的始末位置，有了"共创"才能实现更好的"共享"（周文、施炫伶，2022）。

（四）差异性

共同富裕是承认"差异"的富裕，若无差异，则会进一步加剧"搭便车"等现象的发生，最终使经济社会发展陷入无人出力、共同落后、共同贫穷的境地。促进共同富裕，并不是降低高收入者的收入并以此来增加低收入者的收入，即所谓的"削峰填谷"，而是在普遍富裕基础上的有差别的富裕，遵循效率和公平双原则。效率体现在市场竞争机制上，有利于增强市场活力。"公平"一方面强调收入分配公平，按劳分配和按要素分配都体现了公平的要义；另一方面强调财富的分配差异性是否合理。通过公平和效率的动态平衡，最终可实现有差异的共同富裕。在实践过程中，关键要把握好差异的"度"，既不能完全消除差别，也不能任由两极分化的产生。如何从量上和根源上把握差异的"合理"与"不合理"，是认清共同富裕差异性的关键所在（唐鑫，2022）。

（五）渐进性

共同富裕是一个逐步推动实现的过程。我国绝对贫困问题的解决为高质量推进共同富裕奠定了基础。但当前突出的问题是发展的不平衡和不充分。在推进共同富裕的过程中，要遵循自然规律的基础，不能急于求成。要协调共同富裕进程和经济发展及现代化的关系。有学者指出，对于那些经济发展水平落后的国家而言，通过提升生产力发展水平的途径得以实现共同富裕是漫长的（刘文祥，2021）。

第三节　共同富裕的测度方法

共同富裕测度指标的构建需要满足科学性、系统性、可比性、可操作性等原则，需依据上述原则从经济发展、物质生活、精神生活、和谐发展等角度选取指标构建体系进行测度。目前可以从以下角度出发对共同富裕程度进行测度。

一是可以从分配角度测度共同富裕。一种方法是将共同富裕分解为富裕度和共享程度两个部分，以基于购买力平价的当期收入和人均储蓄及其离散系数在全国或地区层面进行实证分析。另一种方法是将共同富裕的指标体系划分为三部分：①用于反映我国发展总体水平的基础指标，涵盖经济、社会、文化、生态及制度；②用于反映差距存在与消除的核心指标，包括收入差距、地区差距与社会保障；③用于反映与国际水平比较的辅助指标，包括发展水平与人的感受。

二是可以从全面建成小康社会的角度测度共同富裕。可以以农村居民生活富裕为评价对象，设计物质和精神二重维度划分的评价指标体系：物质生活状况包括收入水平、生活便利和生活品质；精神生活状况包括社会保障能力和科教文卫服务。还可以从基础指标、核心指标、辅助指标方面构建共同富裕评价指标体系，重点反映影响我国共同富裕实现的经济与社会因素。

关于富裕度的测算，国际上大多以收入或消费作为基础，将标准线设定为社会中位收入或平均收入的某个比率，低于标准线的人口即处于相对贫困状态，反之则较为富裕。例如，美国皮尤研究中心将"中产阶层"定义为家庭年收入是全美中位数的2/3至两倍的家庭，并根据家庭人口数和大都市区生活成本列出跻身"中产阶层"所需最低收入门槛。"基尼系数"是国际上通用且用以衡量一个国家或地区居民收入差距的常用指标，取值范围为0~1，越接近0表示收入分配越趋向平等，越接近1表示收入分配越趋向不平等。"泰尔指数"是衡量社会资源分配均衡性的常用实证指标，它可进一步分解为区域内和区域间差异，其取值范围为0~1，数值越低则表示资源配置的差异性越小，越具有公平性。世界银行提出的"共享繁荣溢价"指的是各国最贫困的40%人口年收入或消费的增长率与所在经济体年均增长率之间的差额。溢价为正，则表示底层40%人口的收入占经济体总收入份额正在增加。此外，中国人民大学发布的财政发展指数全面反映了各地在人均财力、财政收入结构、财政支出结构、地方债务率、社保负担、预算管理等诸多方面的差异。北京大学发布的PPP指数则从地方政府保障水平、社会参与情况以及PPP市场整体运行状态、发展环境和发展机会等方面，提出促进各地提供更好保障、引导社会资金进入、推动PPP可持续规范发展的建议。中共浙江省委政法委和浙江大学公共管理学院联合研发并每月发布的平安浙江指数及时反映了浙江各地平安建设水平，成为全省各地平安状况的"晴雨表"。

关于共享程度的测度，国际上大多基于非收入测量的方法，一些国际组织提出了可操作的测量指标，牛津大学贫困与人类发展研究中心开发的 A-F 方法最为典型，根据联合国千年发展目标将指标值界定为"预期寿命"、"教育年限"和"生活水平"三个分指标的几何平均数。国际劳动组织将健康状况、教育与物质作为测量的核心维度。联合国开发计划署发布的人类发展指数则将参与社会和市场的机会、过上有尊严的生活、保持健康和生活自主性等要素整合进行测量。波士顿咨询公司在《全球民生福祉报告》中将民生福祉的测量确定为经济（包括收入、经济稳定性和就业）、投资（包括教育、健康和基础设施）、可持续发展（包括环境、社会包容性等）三方面。

构建共同富裕指标体系是一个理论性、实践性、系统性与复杂性都较强的现实问题。针对当前指标体系中存在的不足，可以从以下四方面进行完善：一是强化指标反映政策的导向性，突出收入调节、促进公平等政策；二是强化指标指代性，精简指标体系；三是强化指标可得性；四是加强与相关规划的衔接。

一、共同富裕指标体系（一）

共同富裕指标体系（一）如表 2-1 所示。该方法将富裕分为物质财富和精神财富两个方面。①物质财富包括私人物质财富和公共物质财富。私人物质财富主要由收入和财产组成；公共物质财富主要有公共基础设施、公共服务和资源环境，因此可用这三个指标来衡量。同时，可以用每万人互联网宽带接入用户数和人均拥有公共图书馆藏量等指标衡量公共基础设施，用人均拥有学校数、小学生师比、初中生师比、每千人医疗卫生机构床位数衡量公共服务，用GDP 能源消费量、单位 GDP 碳排放量和森林覆盖率等指标衡量资源环境。②精神财富包括私人精神财富和公共精神财富，私人精神财富是由闲暇时间（法定节假日和公休日）、个人娱乐消费（年观看电影支出）、个人体育消费（年体育用品支出）、个人教育消费（人均受教育年限）、个人旅游消费、健康状况（年个人医疗卫生支出）以及人口预期寿命组成。公共精神财富是由公共文化艺术体育教育消费、社会活动量、政治参与度构成，其中公共文化艺术体育教育消费可由图书馆、博物馆、体育馆、公园以及文化艺术财政支出占GDP 比重衡量，社会活动量采用社会组织数量和人均年社会活动经费额进行衡量，政治参与度采用人均年参加各级各类政党和政府组织选举次数及其费用额进行衡量（程承坪、孙佩雯，2023）。

表 2-1　共同富裕指标体系（一）

一级指标	二级指标	三级指标	指标属性
富裕	私人物质财富	收入（元）	正向
		财产（元）	正向
	公共物质财富	公共基础设施	正向
		公共服务	正向
		资源环境	正向
	私人精神财富	闲暇时间（天）	正向
		个人娱乐消费（元）	正向
		个人体育消费（元）	正向
		个人教育消费（元）	正向
		个人旅游消费（元）	正向
		健康状况	负向
		人口预期寿命（岁）	正向
	公共精神财富	公共文化艺术体育教育消费	正向
		社会活动量	正向
		政治参与度	正向
共同	人群差距	居民 WGN 差距（%）	负向
		劳动报酬占 GDP 比重（%）	正向
		中等收入群体平均收入水平（元）	正向
		中等收入群体平均财产水平（元）	正向
		城镇职工医疗保险基金支出占 GDP 比重（%）	正向
		城镇职工养老保险基金支出占 GDP 比重（%）	正向
		城市最低生活保障平均标准（元）	正向
		社会捐赠款（物）占 GDP 比重（%）	正向
	城乡差距	城乡居民 WGN 差距（%）	负向
		户籍人口城镇化率（%）	正向
		城乡居民 EC 差距（%）	负向
		城乡医疗保障财政支出差距（元）	负向
		城乡人口预期寿命差距（岁）	负向

一级指标	二级指标	三级指标	指标属性
共同	区域差距	区域间居民 WGN 差距（%）	负向
		区域间居民 EC 差距（%）	负向
		区域间医疗保障财政支出差距（元）	负向
		区域间人口预期寿命差距（岁）	负向
共同与富裕之间的关系	共同与富裕的协调度	共同与富裕的耦合度	正向
		共同与富裕的综合协调指数	正向

对共同的测度包括对人群差距、城乡差距和区域差距三个方面的测度。对人群差距的测度，通常采用居民 WGN 差距（WGN 即财富基尼系数，WGN 小于 0.30 定义为差距较小，WGN 处于 0.30~0.39 定义为合理差距，WGN 大于 0.40 定义为差距较大）、劳动报酬占 GDP 比重、中等收入群体平均收入水平、中等收入群体平均财产水平、城镇职工医疗保险基金支出占 GDP 比重、城镇职工养老保险基金支出占 GDP 比重、城市最低生活保障平均标准和社会捐赠款（物）占 GDP 比重等指标。对城乡差距的测度，通常采用城乡居民 WGN 差距、户籍人口城镇化率、城乡居民 EC 差距（EC 即恩格尔系数，一个国家或地区的平均 EC 处于 30%~40% 为相对富裕，处于 20%~30% 为富裕，处于 20% 以下为极其富裕。根据国家统计局的数据，2021 年中国大陆的 EC 为 29.8%）、城乡医疗保障财政支出差距和城乡人口预期寿命差距等指标。对区域差距的测度，通常采用区域间居民 WGN 差距、区域间居民 EC 差距、区域间医疗保障财政支出差距和区域间人口预期寿命差距等指标。

对共同与富裕之间关系的测度可采用协调度进行衡量，协调度由耦合度和综合协调指数进行测度。该测度方法在现有研究的基础上，细化了共同富裕的测度指标，对共同富裕的含义进行了深入剖析，但是总体上对共同富裕测度方法没有达成共识。缺乏关于共同富裕概念的共识，会导致缺乏行动和认识的基础，既不利于共同富裕实践的推进，也不利于共同富裕理论研究的深入开展，同时，难以对共同富裕的现状进行科学的测度和比较，在数据的收集和获取过程中，某些具体数据很难得到，因此不利于得出可靠结论。

二、共同富裕指标体系（二）

共同富裕指标体系（二）如表 2-2 所示。该方法针对低收入群体实现共同富裕主要从经济富裕度、成果共享度、托底保障度三方面进行衡量。其中，经济富裕度由收入结余、消费支出以及社会发展组成；成果共享度由教育普及、医疗覆盖、社会保障、公共基础设施建设以及精神文化产品供给组成；托底保障度由生存保障和发展保障组成（朱晓燕，2023）。

表 2-2　共同富裕指标体系（二）

一级指标	二级指标	三级指标	指标属性
经济富裕度	收入结余	低收入群体人均可支配收入（元）	正向
		低收入群体人均可支配收入占全国人均可支配收入比重（%）	正向
		低收入群体人均可支配收入占人均 GDP 比重（%）	正向
		低收入群体人均可支配收入增长率（%）	正向
		低收入群体人均物质财富保有量（%）	正向
		低收入群体人均物质财富保有量相对于全国平均水平（%）	正向
		低收入群体（居民）人均存款余额（元）	正向
	消费支出	低收入群体人均消费支出（元）	负向
		低收入群体人均生活及服务消费支出占比（%）	负向
		低收入群体人均交通及通信消费支出占比（%）	负向
		低收入群体人均教育及文化消费支出占比（%）	负向
		低收入群体人均医疗保健消费支出占比（%）	负向
		低收入群体恩格尔系数	负向
	社会发展	人均 GDP 增长情况（%）	正向
		劳动报酬在初次分配中的比重（%）	正向
		居民收入在国民收入分配中的比重（%）	正向
		低收入群体劳动生产率（绝对数）	正向
		低收入群体劳动生产率相对于全国平均水平（%）	正向
		城乡居民收入倍差	负向

续表

一级指标	二级指标	三级指标	指标属性
成果 共享度	教育普及	低收入群体家庭户主初高中文化程度占比（%）	正向
		低收入群体劳动年龄人口平均受教育年限	正向
		低收入群体学前到高中教育的普及率（%）	正向
		低收入群体高等教育毛入学率（%）	正向
		低收入群体中高职在校生数（万人）	正向
		低收入群体职业技能培训普及率（%）	正向
	医疗覆盖	每万人拥有农村执业（助理）医师数（人）	正向
		每万人拥有农村注册护士数（人）	正向
		每万人医疗机构床位数（张）	正向
		每万老年人拥有持证养老护理员数（人）	正向
		乡卫生院设点的村卫生室个数（个）	正向
	社会保障	低收入群体最低生活保障金（元）	正向
		低收入群体最低生活保障金占其消费支出的比例（%）	正向
		低收入群体社会保障支出占 GDP 的比重（%）	正向
		低收入群体人均社会保险福利额（元）	正向
		低收入群体基本医疗保险政策范围内住院报销比例（含大病）（%）	正向
	公共基础 设施建设	农村公路总里程（万公里）	正向
		农村公路"路长制"覆盖率（%）	正向
		农村公路总里程占全国公路总里程比例（%）	正向
		农村每万人拥有城乡公共交通车辆（标台）	正向
		农村每万人拥有公厕数（座）	正向
		人均运动健身场地面积（平方米）	正向
	精神文化 产品供给	乡镇文化站数量（个）	正向
		人均拥有公共图书馆藏量（册/人）	正向
		文化礼堂覆盖率（%）	正向
托底 保障度	生存保障	低保标准保障满足率（%）	正向
		低保标准动态调整率（%）	正向
		低保标准同步增长率（%）	正向
		低收入群体专项救助覆盖效益	正向
		民生财政对低收入群体人均医疗保险基金支出	正向

续表

一级指标	二级指标	三级指标	指标属性
托底保障度	生存保障	民生财政对低收入群体人均基本养老保险基金支出	正向
		民生财政对低收入群体人均社会养老保险基金支出	正向
		民生财政对低收入群体户均危房改造资金支出	正向
	发展保障	民生财政对教育经费的支出占一般公共预算支出的比重（％）	正向
		低收入群体普通小学生均公共教育经费支出（元）	正向
		低收入群体普通初中生均公共教育经费支出（元）	正向
		民生财政对低收入群体就业扶持效益	正向

相较于第一种测评方法，本测评方法的关注点在于低收入群体的共同富裕程度，把共同富裕的对象进行了更加细致的划分，更符合我国实现共同富裕的实际，解决了低收入群体的共同富裕测度，但是在低收入群体的划分中存在着一些难题，与此同时和低收入群体有关的指标也很难进行统计。例如，低收入群体人均物质财富保有量（％）、低收入群体人均交通及通信消费支出占比（％）、低收入群体人均教育及文化消费支出占比（％）、低收入群体最低生活保障金占其消费支出的比例（％）的相关数据获取困难。

三、共同富裕指标体系（三）

共同富裕指标体系（三）如表2-3所示。共同富裕的实现关键在于处理好"做大蛋糕"和"分好蛋糕"两方面的问题，即要实现"富裕"与"共同"两者的有机统一。"富裕"是指人民生活水平提高，物质资源丰富，直接体现在经济物质生活上的富裕，即物质经济富裕维度；"共同"是指全体人民共享经济发展成果，城乡、区域间的生活水平差距保持在适度范围内，即共享富裕。此外，公共服务普惠通过建设基础设施、完善公共服务等宏观调控的手段，将经济发展成果再分配给全体人民，是"共同"与"富裕"的综合体现。综上所述，共同富裕可分为物质经济富裕、共享富裕和公共服务普惠三个维度（赵丽琴等，2023）。

表 2-3 共同富裕指标体系（三）

维度	具体指标	指标性质
物质经济富裕	人均 GDP	正向
	劳动生产率水平	正向
	人均居民人民币储蓄存款余额	正向
	人均社会消费品总额	正向
共享富裕	人均 GDP 区域差距	正向
	城镇人均居民可支配收入区域差距	正向
	农村人均居民可支配收入区域差距	正向
	城镇登记失业率区域差距	负向
	城乡居民恩格尔系数比	负向
	城乡居民人均消费支出比	负向
	城乡居民人均可支配收入比	负向
	城镇化率	正向
公共服务普惠	普通小学师生比	正向
	数字普惠金融指数	正向
	人均医疗卫生机构床位数	正向
	一般公共服务支出占比	正向
	互联网普及率	正向
	人均绿地面积	正向

相较于前两种测评方法，本测评方法所选取的具体指标数据容易获得，与此同时更加注重城乡差距对共同富裕的影响，可以很直观地表明城乡差距大会对共同富裕产生影响，符合我国现今强调乡村振兴战略的实际。

第四节 共同富裕的理论认识与现实困境

一、全民富裕和全域富裕

新时代中国实现共同富裕是致力于提高低收入者的收入和扩大中等收入群体的规模，通过社会重点帮扶低收入群体，营造良好的社会氛围，先富带动后富,高收入群体带动低收入群体,从而实现共同富裕,并非所谓的"杀富济贫、杀富致贫"。将"共同富裕"这一概念理解为降低高收入群体的收入、增加低收入群体的收入,这是对第三次分配在共同富裕中发挥的积极作用的曲解,不仅不利于社会经济发展活力,还会对就业营商环境产生不利影响。我们所强调的"济贫不杀富",是一个全民概念,没有阶级属性和阶层界限,是包括共有和私有、内资和外资、所有者和劳动者在内的全体人民的共同富裕,是发展型而不是单纯分配型的共同富裕。

"共同富裕"是一种"全域富裕",并不仅仅局限在经济生活范围内,是物质、精神、生态等多领域的富裕。共同富裕涵盖人民的物质生活和精神生活。一是要强调物质生活、精神生活不倾斜,同步富裕;二是要丰富精神生活内容及层次。真正实现生活富足、精神丰富、社会和谐等多方面的共同进步,不断推动"全域共同富裕"的实现。"全域富裕"并不能片面追求以 GDP 增长为表现的经济高速增长及人均收入水平上升,这可能会在某些方面损害社会成员的利益,违背"人民追求美好生活"的初衷。此外,提及"共同富裕"这一概念时,不能仅片面将其与收入分配联系起来,要辩证看待资本性收入和劳动性收入的关系,关注该关系对共同富裕的影响。

二、"两个同步"和逐步共富

共同富裕的推进不仅要做大"蛋糕",也要"切好"蛋糕,有效协调效率和公平间的关系。"蛋糕"如何做大关乎效率,"蛋糕"如何切好关乎公平。对共同富裕的理解并非是"重切蛋糕",这种强调公平优先、忽视效率的认知存在偏差。在经济社会发展和国民收入增加的过程中,重视处理好政府、企业和居民间的关系以及财富的合理分配有利于更好实现共同富裕的目标。将这一过程中的兼顾效率与公平的平衡问题总结为"两个同步",不能运用简单的二分法思维将两者对立起来。

历史的经验表明,事物的发展过程都是基于社会发展背景和时代特征的。1978 年以来,中国从"解决温饱"阶段过渡到"让一部分人先富起来",再到"建成全面小康社会",以及达到最终实现"共同富裕"的目标。共同富裕的实现是涉及多方面的长期化过程,具有长期性和艰巨性的特征。我国经济社会发展仍处于社会主义初级阶段,收入水平不高和收入不平等程度较大是我国经济社会发展的一大基础特征，由此决定了实现共同富裕不是短期的。因此，共同富裕的实现应当分阶段、分区域、分步骤的逐步推进，是全方位的逐步共富。

基于对共同富裕的理论认识的基础上，推动实现共同富裕应当包含两个长期目标，即富裕目标和共享目标。富裕目标包含因当前富裕程度不高，仍需通过不断发展来提高富裕程度。2035年的富裕目标是人均GDP要赶上中等发达国家的水平，2050年要在经济发展水平、人民生活水平以及居民收入方面赶上发达国家。共享目标即要进一步缩小各方面的差距，实现更高程度的共享。2035年的共享目标是收入差距明显缩小，到2050年的共享目标是收入差距、财产差距缩小程度更加明显。为了更好实现共同富裕的长期目标，必须解决以下当前我国实现共同富裕进程中所面临的难题与困境。

三、不平衡不充分发展问题

在新冠肺炎疫情的影响之下，我国消费需求不足问题凸显，促进产业结构优化调整的迫切程度进一步增强。图2-1为2012~2021年最终消费支出对国内生产总值增长的贡献率。2020年前，最终消费支出对GDP的贡献率围绕60%上下波动。2020年大幅下降，降至-6.8%，跌破0值，在2021年迅速回升至65.4%。2021年，我国居民最终消费支出仅占GDP比重的65.4%，远低于发达国家水平。由此可见，解决好当前内需不足的问题才能进一步促使经济发展水平提升，创造出经济增长新局面。新冠肺炎疫情对线下以及线上消费市场的冲击不利于营造良好的营商环境来刺激消费需求，严重阻碍了推动实现共同富裕的进程。

除消费需求不足外，第三产业对GDP增长的推动也有所降低。《中国统计年鉴2021》相关数据显示，2012~2019年，第三产业对国民经济的拉动作用一直维持在4%左右，2020年降至1.0%，2021年有所回升，升至4.5个百分点（见图2-2）。综观全球范围，我国对新冠肺炎疫情控制的成效较好，生产生活有序恢复、经济运行逐步恢复。如何继续做大财富这块"蛋糕"，恢复经济的高速增长并扩大富裕人群的比例，是新时代实现共同富裕目标亟须解决的基础性问题。

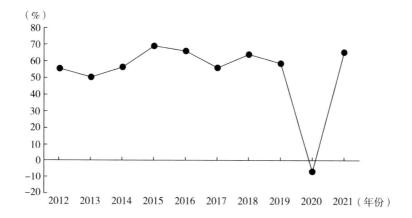

图 2-1　2012~2021 年最终消费支出对国内生产总值增长贡献率

资料来源:《中国统计年鉴 2021》。

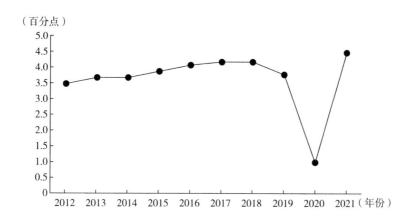

图 2-2　2012~2021 年第三产业对国内生产总值增长的拉动

资料来源:《中国统计年鉴 2021》。

四、收入和消费差距明显

(一) 整体贫富差距较大

尽管近年来中国政府将消除贫困作为国家的整体发展战略,通过精准扶贫帮助贫困地区的贫困人口脱贫,使收入差距有所缩小,但仍处在世界高位。基尼系数用来衡量收入不平等程度,取值范围在 0 和 1 之间。取值越小则收入分

配越平均，取值越接近 1 表明不平等程度越高。等于 1 时表示一个单位的人占
有全部收入，分配绝对不均；等于 0 时表示社会成员收入完全平等，分配绝对
平均。联合国开发计划署等组织规定，低于 0.2 的基尼系数则表示收入分配高
度平均，0.2~0.29 为比较平均，0.3~0.39 为相对合理，0.4~0.59 为差距较
大，0.6 以上为差距很大。

图 2-3 显示了我国 2003~2020 年基尼系数值，我国的基尼系数值波动幅
度较小，但整体呈下降态势；最低值为 0.462，出现在 2015 年，最高值为
0.491，出现在 2008 年，且这两个年份为所取时间段内的两个拐点。2008 年以
后，政府惠农政策等为农村的剩余劳动人口提供了大量就业平台。一批非熟练
劳动力因此获益，收入提高，贫富差距缩小。而自 2015 年以来，供给侧结构
性改革等因素增大了低技能劳动者与高素质劳动者之间劳动报酬的差距，在此
阶段上，人力资本水平的差异对收入差距扩张起到了重要的作用。总体而言，
在所选时间段内，我国的基尼系数一直高于 0.46，不仅高于部分发达国家的
基尼系数，还高于国际社会设定的贫富差距 0.4 警戒线水平，处于收入分配差
距较大的区间，这说明我国整体贫富差距较大。

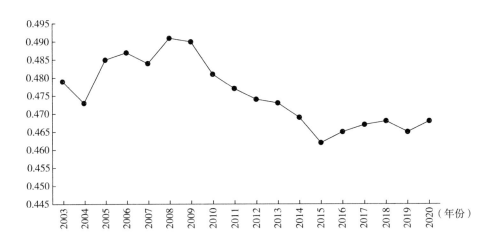

图 2-3　2003~2020 年中国基尼系数值

资料来源：《中国统计年鉴 2021》。

从全体居民收入角度考察我国整体贫富差距程度，将全国居民按收入五等
份进行分组，由上往下分别为高收入组、中间偏上收入组、中间收入组、中间

偏下收入组和低收入组的家庭居民人均可支配收入变动趋势曲线（见图2-4）。从图2-4中可以发现除高收入组外，其他四组的收入差距相对较小且变化幅度不大。高收入组收入水平远高于其他四组。以2021年为例，高收入组家庭居民人均可支配收入分别为其他四组的10.30倍、4.65倍、2.95倍和1.91倍，进一步说明了当前我国贫富差距仍较大。

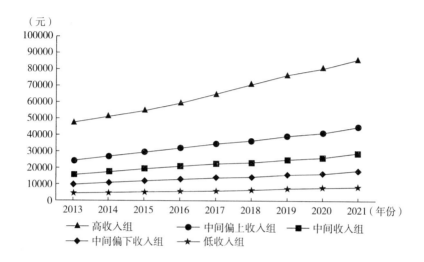

图2-4　2013～2021年全国居民按收入五等份分组的收入情况

注：全国居民五等份收入分组是指将所有调查户按人均收入水平从低到高排序，平均分为五个等份，处于最低20%的收入家庭为低收入组，以此类推依次为中间偏下收入组、中间收入组、中间偏上收入组、高收入组，由于2014年中间收入组和高收入组家庭居民人均可支配收入值缺失，故用前后两年收入的均值近似代替。

资料来源：《中国统计年鉴2021》。

（二）城乡和区域收入差距依然存在

党的十八大以来，脱贫问题的解决虽然使农民摆脱绝对贫困的困境，但并不意味着返贫挑战的结束。部分农村人口仍处在返贫风险中，降低农村低收入群体的比重，夯实脱贫成果，是实现共同富裕亟待解决的问题。2012～2021年，我国的城镇居民人均可支配收入与农村居民人均可支配收入的比值逐年下降，由2012年的2.88下降到2021年的2.50（见表2-4）。一般而言，发达国家的城乡收入比是1.5，由此说明，尽管我国城乡收入差距虽呈缩小趋势，但城乡收入的绝对值在增大，依然体现出收入之间的差距明显。通过考察城乡居民人均可支配收入的绝对值的差值不难看出，过去十年间，城乡居民收入绝对值之差呈不断扩大趋势，由 2012 年的 15738 元升至 2021 年的 28481 元，其差距增加了 12743 元。

表 2-4　2012~2021 年中国城乡居民相对收入差距与绝对收入差距

年份	城镇居民人均可支配收入（元）	农村居民人均可支配收入（元）	城镇居民人均可支配收入/农村居民人均可支配收入	绝对值之差（元）
2012	24127	8389	2.88	15738
2013	26467	9430	2.81	17037
2014	28844	10489	2.75	18355
2015	31195	11422	2.73	19773
2016	33616	12363	2.72	21253
2017	36396	13432	2.71	22964
2018	39251	14617	2.69	24634
2019	42359	16021	2.64	26338
2020	43834	17131	2.56	26703
2021	47412	18931	2.50	28481

注：绝对值之差为城镇居民人均可支配收入与农村居民人均可支配收入的差值。

资料来源：《中国统计年鉴 2021》。

根据《中国统计年鉴 2021》相关数据，以 2021 年为例，按收入五等份分组比较，农村居民五等份收入组家庭的人均可支配收入远远低于相对应的城镇居民五等份收入组家庭的人均可支配收入。农村高收入组家庭的人均可支配收入为 43082 元，而城镇中间收入组家庭的人均可支配收入为 42498 元，和农村高收入组收入基本持平。城镇中间偏上收入组和高收入组家庭人均可支配收入分别为 59005 元和 102596 元，高出农村高收入组家庭 15923 元和 59514 元。另外，农村居民五等份收入组家庭的人均可支配收入还低于相对应的全国居民五等份收入组家庭的人均可支配收入，但城镇居民五等份收入组家庭的人均可支配收入要大于相应的全国居民五等份收入组家庭的人均可支配收入。基于此，不难说明我国城乡居民收入差距大的现象依然存在。城乡发展差距突出的另一个表现是农村发展相对落后，应着力解决"三农"问题。除收入差距外，收入差距的背后也是公共服务的差距。城乡居民在就业机会、教育资源、医疗卫生保障及其他基本公共服务方面存在显著差异。基本公共服务在解决农村相对贫困中发挥着重要的内生作用。

根据国家统计局划分，将我国分为东部地带、中部地带和西部地带三大地带①。东部地带是我国经济最发达的地区，经济发展水平远高于其他两个地带。东部地带、中部地带、西部地带的经济发展水平极不平衡。2012～2021年，东部地带、中部地带和西部地带的全体居民人均可支配收入呈不断上升趋势；横向对比来看，西部地带全体居民人均可支配收入在三个区域中处于最低位，但和中部地带差距不大，相较于上述两个地区，东部地带全体居民人均可支配收入明显处于高位（见表2-5）。可见，当前经济社会发展进程中体现出的区域间的收入差距仍很大。

表2-5　三大地带全体居民人均可支配收入

年份	东部地带全体居民人均可支配收入（元）	中部地带全体居民人均可支配收入（元）	西部地带全体居民人均可支配收入（元）
2012	22997.55	13927.63	12179.17
2013	25391.50	15494.50	13623.83
2014	27812.82	17074.00	15040.83
2015	30211.91	18674.88	16545.92
2016	32774.09	20038.38	18065.58
2017	35651.18	21739.75	19795.25
2018	38670.09	23574.75	21598.42
2019	41926.55	25653.00	23618.67
2020	43654.73	26757.25	25034.75
2021	47438.73	29187.75	27405.33

注：此表所列数据为三大地带每个地带所包含的所有省份全体居民人均可支配收入加总计算得出的平均值。

资料来源：《中国统计年鉴2021》。

---

① "三大地带"的划分依据具体见国家统计局网站（网址：https://data.stats.gov.cn/easyquery.htm?cn=E0103）左下角地区数据一栏或《第四次全国经济普查公报（第七号）》。东部地带包括北京市、天津市、河北省、辽宁省、上海市、江苏省、浙江省、福建省、山东省、广东省、海南省；中部地带包括山西省、吉林省、黑龙江省、安徽省、江西省、河南省、湖北省、湖南省；西部地带包括内蒙古自治区、广西壮族自治区、重庆市、四川省、贵州省、云南省、西藏自治区、陕西省、甘肃省、青海省、宁夏回族自治区、新疆维吾尔自治区。

除人均可支配收入存在较大的地带差异外，我国的人口分布与经济发展水平间的关系也较为不均。以 400 毫米等降水量线划分，西侧分布着内蒙古自治区、西藏自治区、青海省、甘肃省、宁夏回族自治区、新疆维吾尔自治区六省区。这些地区主要位于我国的西部和边疆地区，承担着维护国家边防安全、生态安全、资源安全、民族团结、长治久安等重要责任。以 2021 年为例，上述六省区人口仅占全国总人口的比重为 5.78%，国土面积的占比为 55.18%。地方经济发展水平的滞后受到地广人稀的自然地理条件的影响，2021 年地区生产总值占国内生产总值的比重为 4.96%①。尽管经济发展程度不高，但是同全国一道努力实现共同富裕的总体目标的决心是一致的，应当予以足够的重视。缓解区域发展不平衡的问题既要明确最终实现共同富裕这一目标，又不能急于求成，要根据城乡、区域、行业、群体的发展情况，分地区、分阶段地逐步推动实现全体人民的共同富裕进程。

　　（三）城乡消费差距和消费结构仍未有效改善

　　消费是对社会资源的一种索取，是富裕程度的最终表达，也是生活水平和社会福利的一种映射。消费差距通过城镇与农村居民的人均消费支出比值来刻画。2012~2021 年，城镇与农村居民人均消费支出的比重情况大致呈逐年下降态势，即从时间维度看，城乡收入差距不断缩小；从两者比值情况看，城镇居民人均消费支出约为农村居民人均消费支出的两倍；从绝对值之差看，城乡居民人均消费支出的绝对值之差呈不断上升的趋势，从 2012 年的 10440 元上升至 2021 年的 14391 元（见表 2-6）。由此可见，城乡消费差距并未得到有效改善。

表 2-6　2012~2021 年城乡居民消费差距

年份	城镇居民人均消费支出（元）	农村居民人均消费支出（元）	比值	绝对值之差（元）
2012	17107	6667	2.57	10440
2013	18488	7485	2.47	11003
2014	19968	8383	2.38	11585
2015	21392	9223	2.32	12169

① 《中国统计年鉴 2021》。

续表

年份	城镇居民人均 消费支出（元）	农村居民人均 消费支出（元）	比值	绝对值之差（元）
2016	23079	10130	2.28	12949
2017	24445	10955	2.23	13490
2018	26112	12124	2.15	13988
2019	28063	13328	2.11	14735
2020	27007	13713	1.97	13294
2021	30307	15916	1.90	14391

注：绝对值之差为城镇居民人均消费支出与农村居民人均消费支出的差值。

资料来源：《中国统计年鉴2021》。

　　消费差距明显的问题凸显，背后体现出的是消费结构的不合理，消费结构可以用恩格尔系数度量。联合国粮农组织根据家庭恩格尔系数的大小值判断生活水平的发展程度，定义60%以上区间为贫穷，50%～60%为温饱，40%～50%为小康，30%～40%为相对富裕，20%～30%为富足，20%以下区间为极其富裕。2012～2021年居民恩格尔系数、城镇居民恩格尔系数及农村居民恩格尔系数值如表2-7所示。由表2-7可以看出，农村居民的恩格尔系数高于城镇居民；农村居民的恩格尔系数处于相对富裕区间内，而城镇居民的恩格尔系数自2015年起处于富足区间内，说明城乡居民的消费结构存在差异。

表2-7　2012～2021年居民、城镇居民、农村居民恩格尔系数

年份	居民恩格尔系数（%）	城镇居民恩格尔系数（%）	农村居民恩格尔系数（%）
2012	33.0	32.0	35.9
2013	31.2	30.1	34.1
2014	31.0	30.0	33.6
2015	30.6	29.7	33.0
2016	30.1	29.3	32.2
2017	29.3	28.6	31.2
2018	28.4	27.7	30.1

续表

年份	居民恩格尔系数（％）	城镇居民恩格尔系数（％）	农村居民恩格尔系数（％）
2019	28.2	27.6	30.0
2020	30.2	29.2	32.7
2021	29.8	28.6	32.7

注：此表中恩格尔系数由全国居民人均食品烟酒支出占全国居民人均消费支出的比重计算得出。

资料来源：《中国统计年鉴2021》。

五、民生保障存在短板

公共服务供给是保障社会成员共享共同富裕成果的重要保障。当今社会大背景下，社会成员对美好生活的向往提升了其对公共服务设施建设以及发展水平的双重期待。但当前，我国公共服务供给存在以下问题：一是公共服务供给总量严重不足。无论是城镇还是农村，医疗健康、教育等公共服务供给方面仍存在较大缺口，难以满足社会成员的现实需求。二是收入差距背后反映出的公共服务的差距。城乡居民在就业机会、教育资源、医疗卫生保障及其他基本公共服务方面存在显著差异。以医疗卫生状况为例，广大农村地区仍普遍存在公共医疗卫生资源匮乏的问题。2020年，每万人拥有城市卫生技术人员数为115人，而每万人拥有农村卫生技术人员数为52人，前者为后者的2.21倍，两者之间存在显著差距；每万人拥有城市执业（助理）医师数为43人，每万人拥有农村执业（助理）医师数为21人，前者为后者的2.05倍，两者之间亦存在显著差距①。《2019年农民工监测调查报告》结果显示，关于义务教育阶段随迁儿童，有28.9%和34.2%的农民工表示随迁子女在城市上学存在费用高、升学困难的问题，较2018年分别上涨1.7%和7.5%。除医疗资源供给的城乡差异外，城乡教育也存在较大差距。城乡教育资源配置不均的问题使身处农村地区的学生难以接受与城市学生同质的教育。许多农村地区普遍面临教育资源匮乏、办学条件较差及师资队伍建设较落后等问题，不利于农村居民受教育水平的提高。基本公共服务在解决农村相对贫困中同样发挥着重要的内生作用。

---

① 《中国统计年鉴2021》。

充足的文化服务供给是精神生活共同富裕的基本要求。当前我国的文化服务供给存在以下两点困境：一是缺乏高质量的文化服务供给。随着近年来精神文明建设的持续推进，文化服务供给种类日益繁多、质量不断提高，但覆盖范围较小，仍有较大的提升空间。二是文化服务的供给存在区域及城乡间的不平衡现象。主要表现为东部地区数量多、质量高，中西部地区数量较少、质量较低；城市数量多、质量高，乡村供给不足、质量低。地区差距和城乡差距不利于共同富裕进程的有效推进。

六、人口红利逐渐消失

人口红利的逐步消失已然成为制约共同富裕实现的重要因素。总和生育率是指平均每对夫妇生育的子女数。国际上通常把低于 1.5 的生育率称为"很低生育率"。然而在中国，该指标已于 20 世纪 90 年代降为 1.8 左右。根据 2000 年人口普查、2005 年 1% 的人口抽样调查以及 10 多年间的每年人口抽样调查及生育调查均显示，20 世纪中期以来中国的总和生育率一致处于低于 1.5 的水平。第七次人口普查数据显示，2020 年我国育龄妇女总和生育率为 1.3，处于较低水平，远低于人口世代更替水平。与此同时，我国 60 岁以上老年人口达到 2.64 亿，少子老龄化问题日益凸显，对共同富裕产生了不利影响。中国劳动力数量的减少使国家不得不为老年人承担更大的养老、医疗等负担。政府会加大对老年人口医疗、卫生、养老等的资金投入力度，进而直接影响就业人口的工资性收入，可能会使收入差距进一步加大。因此，生育率的下降和老龄化的不断加剧是当前共同富裕目标实现所面临的又一现实困境。

第五节　本章小结

共同富裕彰显了社会主义的本质内涵，体现的是全体人民在全国领域内的共同富裕。共同富裕这一理论是对马克思主义唯物史观的坚守，是对百年来中国共产党人共同富裕思想的深化。中国特色社会主义发展到今天所取得的成就，离不开党和国家对实现共同富裕所做的坚持。在理解共同富裕这一概念时，不能简单将其理解为"杀富济贫、杀富致贫"，也不能仅将其囿于经济领域，视为一个经济概念。只强调公平而忽略效率或将长期问题短期化也是对共同富裕的错误认知。实际上，共同富裕是全人类共同建设并且是不断推动的富裕，不能和平均主义画等号。实现共同富裕包含两个长期目标，即富裕目标和共享目标。当前我国实现共同富裕所面临的困境主要有：①经济发展仍不充分。受新冠肺炎疫情冲击，我国面临消费需求不足和产业结构优化升级的困境。如何继续做大财富这块"蛋糕"，恢复经济的高速增长并扩大富裕人群的比例，是新时代实现共同富裕目标亟须解决的基础性问题。②收入差距仍然较大。一是整体贫富差距较大，基尼系数一直高于0.46，表明收入分配差距仍然明显。二是城乡之间的居民收入差距值的增加。具体表现为城乡收入的绝对值在增大。三是区域收入分配不均等程度较高。具体表现为东部地带、中部地带、西部地带三大区域的经济发展水平极不平衡，东部地带经济发展水平远高于其他两个地带。③公共服务、文化服务供给不足。在公共服务上，一是供给数量少，二是存在差距；在文化服务上，一是缺乏高质量的文化服务供给，二是文化服务的供给存在区域及城乡间的不平衡现象。④城乡消费结构存在差异，城乡消费差距较大。城乡居民的恩格尔系数属于不同区间，城镇居民由2015年起处在富足区间内，而农村居民处在相对富裕区间内。从绝对值之差看，城乡居民人均消费支出的绝对值之差呈不断上升的趋势。⑤人口红利正在逐渐消失。2020年我国育龄妇女总和生育率为1.3，远低于人口世代更替水平。生育率的下降和老龄化的不断加剧是当前共同富裕目标实现所面临的另一困境。因此，要想实现上述所提到的富裕和共享两大目标，必须解决当前我国共同富裕所面临的难题与困境。

第三章 西部典型省区共同富裕指数的构成、测度及其影响因素

共同富裕的内涵涉及"富裕"和"共享"两个维度。其中"富裕"一般指的是人民物质生活宽裕和精神生活丰富,即经济发展水平的提升、社会财富的增加以及人民生活质量的提高。物质层面的宽裕为共同富裕的实现奠定了经济基础,而精神层面的追求表现为政治文化生活丰富、社会风气和谐以及生态环境良好,最终实现人的全面发展。"富裕"层面的本质特征不仅是社会生产力的发展,而且体现了人民对美好生活的向往与追求(刘培林等,2021)。作为共同富裕的核心内容,所谓"共享"指的是全体社会人民共同享有发展成果,强调全体人民的公平普惠,而不是少数人的富足宽裕。共同富裕并非均等、同时富裕,而是一个全体人民一起奋斗,努力把"蛋糕"做大并把"蛋糕"分好的动态演变过程。这意味着共同富裕的实现不仅要满足当代人的需要,还不能以牺牲后代人的利益为代价,应当考虑代际公平。从本质上来讲实现共同富裕是助推经济高质量发展的核心内容,是实现人民美好生活愿景的重要保障,亦是全面建设现代化新征程的迫切需求(宋群,2014)。

共同富裕的本质体现了共同富裕的衡量是多角度、多方位的。因此,为了能够更加全面地测度西部典型省区共同富裕指数,不仅要考量共同富裕的发展水平受到多种综合因素的影响,还要把握共同富裕的动态演变规律以及发展趋势。本章基于我国西部典型省区六个省2011~2020年的省级面板数据,从共同富裕的内涵"富裕程度"和"共享程度"两大维度,将多层面衡量共同富裕的指标纳入共同富裕指数综合测度体系,测量并分析我国西部典型省区的共同富裕发展水平和发展趋势特征,对比分析六大省份的共同富裕发展水平以及

趋势的差异，并且针对不同发展水平的省份，进一步分析共同富裕的影响因素。

第一节　共同富裕指数测度及评价

一、共同富裕指标体系构建

本章在前文阐述共同富裕的理论逻辑基础上，抓住"共同"和"富裕"两个关键词。借鉴已有学者对共同富裕指数测度的研究，构建一套科学合理的共同富裕综合评价指标体系。富裕程度指标主要体现共同富裕本质内涵中物质生活与精神文化生活的有机统一，凸显社会财富的增加以及经济发展水平的提升等特征；共享程度指标主要体现共同富裕发展的平衡性和协调性并且彰显社会公平正义的本质特征（陈丽君等，2021）。

为了确保本章对西部典型省区共同富裕研究的科学性和规范性，构建共同富裕指标体系时应当遵循科学性、全面性以及实践性原则。具体而言：第一，科学性原则，即共同富裕指标体系的建立能充分反映共同富裕的基本特征和理论基础，指标的选取应体现出共同富裕的本质内涵，即经济稳定增长、社会财富实现、精神生活丰富、收入分配公平以及全民共享发展成果等；第二，全面性原则，即在指标选取过程中，指标的衡量角度广泛、内容具体，尽可能保证各个指标的系统完备且具有一定的内在联系，能从多维度反映共同富裕的丰富内涵，但是要避免含义相近、内容相似的指标，所选取的下级指标要尽可能准确地说明上一级指标；第三，实践性原则，即构成共同富裕综合评价体系的各指标应当满足易获取、可计算的条件，数据不可得的指标不应纳入体系中，旨在保证后文指标测度过程的顺利进行；第四，有效性原则，即每一级的指标在确保能充分刻画上一级指标内容的基础上要避免重复，并且构建的指标体系能够为衡量共同富裕发展水平提供有效的依据。

鉴于现有学者对测度共同富裕发展水平的指标体系的研究持不同观点，并未形成统一的体系，因此本章依照共同富裕综合评价指标体系的构建思路以及构建原则，从共同富裕的本质内涵出发，为了确保共同富裕指数评价体系衡量的科学性和稳健性，并得出可靠的结论，本章分别运用两种指标体系构建方法对西部典型省区的共同富裕指数进行测算，相比于第一种测算方法，第二种着重体现富裕程度中对物质财富和精神财富的刻画程度，更细致地反映了对共同富裕概念的共识。具体构建方法如下：第一种方法（见表3-1）分别从富裕程度和共享程度两大维度出发，依次添加经济高质量发展、居民人均可支配收入、消费水平、城镇化率、受教育程度、基本公共服务、社会保障水平、城乡收入差距、城乡消费差距和民生性财政支出比重在内的10个二级指标以及部分需要进一步精确测度的三级指标，构建了一套测度共同富裕发展水平的综合评价体系。第二种方法（见表3-2）进一步对共同富裕中的富裕程度进行细分，从物质富裕程度、精神富裕程度以及共享程度对指标进行重新划分。具体而言，将经济高质量发展、居民人均可支配收入、消费水平、城镇化率作为衡量物质富裕程度的二级指标，将受教育程度、基本公共服务和社会保障水平作为衡量精神富裕程度的二级指标，将城乡收入差距、城乡消费差距和民生性财政支出作为衡量共享程度的二级指标。

表3-1　共同富裕综合评价指标体系（一）

一级指标	二级指标	三级指标	权重
富裕程度	（1）经济高质量发展（+）	GDP增长率（+）	1/42
		需求结构（+）	1/42
		产业结构（+）	1/42
	（2）居民人均可支配收入（+）		1/14
	（3）消费水平（+）		1/14
	（4）城镇化率（+）		1/14
	（5）受教育程度（+）	每十万人口高等学校平均在校生数（名）（+）	1/28
		教育经费占地区GDP比重（+）	1/28
	（6）基本公共服务（+）	每万人医疗机构床位数（张）（+）	1/42
		每万人拥有卫生技术人员数（人）（+）	1/42
		人均拥有公共图书馆藏量（册/人）（+）	1/42
	（7）社会保障水平（+）	城镇居民医疗保险基金支出（+）	1/42
		基本养老保险基金支出（+）	1/42
		城乡居民社会养老保险基金支出（+）	1/42

一级指标	二级指标	三级指标	权重
共享 程度	（8）城乡收入差距（-）		1/6
	（9）城乡消费差距（-）		1/6
	（10）民生性财政支出比重（+）		1/6

注："+"和"-"分别表示该指标为正向指标和负向指标。此表使用的是2011~2020年省级面板数据。部分年份教育经费以及城乡居民社会养老保险基金支出数据缺失，通过计算年均增长率以及线性插值法补齐，部分年份城乡消费水平利用城乡人均消费支出的数据替代。

表3-2 共同富裕综合评价指标体系（二）

一级指标	二级指标	三级指标	权重
物质富裕 程度	（1）经济高质量发展	GDP增长率	1/24
		需求结构	1/24
		产业结构	1/24
	（2）居民人均可支配收入		1/8
	（3）消费水平		1/8
	（4）城镇化率		1/8
精神 富裕 程度	（5）受教育程度	每十万人口高等学校平均在校生数（名）	1/12
		教育经费占地区GDP比重	1/12
	（6）基本公共服务	每万人医疗机构床位数（张）	1/8
		每万人拥有卫生技术人员数（人）	1/8
		人均拥有公共图书馆藏量（册/人）	1/8
	（7）社会保障水平	城镇居民医疗保险基金支出	1/8
		基本养老保险基金支出	1/8
		城乡居民社会养老保险基金支出	1/8
共享 程度	（8）城乡收入差距		1/6
	（9）城乡消费差距		1/6
	（10）民生性财政支出比重		1/6

考虑到数据的可获得性以及研究内容的需要，本章将共同富裕发展水平测度的时间跨度选择为2011~2020年，共10年。数据主要来源于国家统计局官网和《中国统计年鉴》，部分数据来源于各省份统计局网站、各省份统计年鉴

以及国民经济和社会发展统计公报等。在数据收集过程中，针对少数年份的数据缺失问题，本章主要通过计算年均增长率以及利用插值法的方式对缺失数据进行补充。

二、共同富裕指标说明

（一）富裕程度指标

富裕是实现共同富裕的前提条件。富裕程度主要考察人民的物质财富和精神财富状况。本章主要选取经济高质量发展、居民人均可支配收入、消费水平、城镇化率、受教育程度、基本公共服务和社会保障水平7个二级指标共同衡量富裕程度，其中经济高质量发展、居民人均可支配收入、消费水平、城镇化率4个二级指标测度物质富裕程度；受教育程度、基本公共服务和社会保障水平3个二级指标测度精神富裕程度。

（1）经济高质量发展。

共同富裕以人民为主体，以经济高质量发展作为基本途径。推动经济高质量发展能够提升居民生活水平并促进人的全面发展，最终达到实现共同富裕的目标。经济高质量发展所创造的巨大物质财富和精神财富为加快实现共同富裕提供了基本保障，而共同富裕旨在让全体人民共享经济发展成果，是助推我国经济高质量发展的必由之路。人民物质生活极大丰富以及精神文化生活繁荣，不仅体现人民对美好生活的追求与向往，更是对我国经济、政治、文化、社会等方面提出的现实需求。因此，经济高质量发展与共同富裕是两个联系紧密的主题。经济高质量发展贯穿新发展理念，而研究共同富裕也离不开我国经济发展不平衡、不充分的现实环境。本章选用GDP增长率、需求结构和产业结构3个三级指标进一步测度经济高质量发展水平。各指标的具体计算方法如下：GDP增长率为各省份或自治区的地区生产总值的增长率，GDP增长率=（$GDP_t - GDP_{t-1}$）/$GDP_{t-1} \times 100\%$；需求结构=社会消费品零售总额/地区GDP；产业结构=第三产业产值/地区GDP。

（2）居民人均可支配收入。

收入水平是衡量人民生活是否富裕的重要指标，居民人均可支配收入直接影响人民生活水平和生活品质，属于测度富裕程度的正向指标。从居民收入水平出发所探讨的共同富裕是实现整个居民生活共同富裕的保障。共同富裕并非少数人的富裕，鼓励高收入群体发挥带动引领作用，不仅是更高水平的自我价值的实现，还促使更多人实现共同富裕，从根本上推动全民共同富裕取得有效进展。以共同富裕所实现的长期目标为落脚点，提升经济发展水平、提高人民生活质量及居民收入等方面成为达到富裕目标，赶超发达国家的重要范畴。居民个人可支配收入的增长速度影响个人社会福利水平，进而影响经济增长的速度。依照党的十九大报告中所提出的"坚持在经济增长的同时实现居民收入同步增长"的要求，更应注重收入增加与经济增长之间的密切联系。本章选取居民人均可支配收入指标测量富裕程度。

（3）消费水平。

居民的消费水平指的是一国或地区的居民在一定时期内所消费的产品与劳务数量和质量的总和，是体现居民利用个人可支配收入购买商品和劳务以期不断提升自我素质的概括性指标，从侧面反映出居民物质财富的多寡，反映全体社会人民对物质生活和精神生活的满意程度，是衡量富裕程度的另一种表现形式。以消费支出为出发点，居民人均消费支出的变动会影响经济增长，最终实现助推共同富裕进程的目标。消费水平以及消费能力的大小直接反映共同富裕的程度，并且决定着共同富裕的发展水平。从占有和使用的视角来看，占有是体现是否富裕以及富裕程度的基础，而消费则是衡量富裕程度更重要的指标。此外，从共同富裕的多重内涵角度出发，共同富裕最终可以在居民生活水平和生活质量大幅提升上，即从消费的意义上体现出来。因此，本章选取消费水平指标对富裕程度进行测度，具体计算方法：消费水平＝全体居民人均消费支出。

（4）城镇化率。

城镇化的快速发展作为保障中国经济平稳运行的内在动力，不仅促进资本、劳动力及技术等各种生产要素的聚集，产生集聚效应，还从根本上通过引进技术创新、优化产业结构等方式拉动经济增长。城市作为国家消费的主要场所，城镇化水平的不断提升一方面可以刺激消费需求，进一步扩大消费市场范围，从而促进国民经济发展水平稳步提升；另一方面也推动了农村人口向城市转移的进程，提升农村居民的消费能力，更大程度上促进了国民经济的增长。考虑到城乡差距的问题，城镇化的不断发展使农村劳动力获得了更多的就业机会，有助于解决农村剩余劳动力就业问题，同时也在一定程度上缓解了城乡居民收入差距的问题。随着城镇化进程取得实质性进展，城乡之间的交流密切，推动了城乡的协调发展，为实现全体人民的共同富裕奠定基础。基于此，本章选取城镇化率作为衡量富裕程度的指标，具体计算方法为：城镇化率＝城镇人口／年末常住人口。

（5）受教育程度。

教育作为共同富裕的重要组成部分，不仅为推动共同富裕进程取得实质性进展提供人力资本积累，还为实现人的全面发展增添动力，同时教育事业的发展为满足多元的人民精神文化需求发挥了基础性作用。共同富裕进程的推动归根结底体现在发挥全体社会人民的作用，而受教育水平的高低间接影响个人能力的大小以及人力资本投资回报率，这一点充分证明了受教育水平对于共同富裕进程的推动所起的关键性作用。客观来讲，人的精神文化生活的丰富程度取决于受教育程度，个人受教育水平越高，所获得的价值体现以及个人幸福感提升越高。教育有助于实现人力资源的充分利用并最大化地体现人的价值，发挥人在推动共同富裕进程中的巨大力量。同时，接受教育的过程也是认知逐渐改变的过程，以教育促富裕，为助推实现全体社会成员的共同发展而提供源源不断的动力（李诗白，2002）。因此，本章选取每十万人口高等学校平均在校生数和教育经费占地区 GDP 比重测算受教育程度，以此反映人民精神文化生活的丰富程度。

（6）基本公共服务。

医疗卫生等基本公共服务设施建设能够有效降低居民患病率，减少疾病的发生，为居民拥有良好的健康状况而保驾护航，同时也为居民创造更多自我价值与社会价值提供有力保障。实现基本公共服务均等化是为推动共同富裕进程取得有效性进展的必由之路，深刻揭示了共同富裕的本质特征，共同富裕是全体人民的富裕，不是少数人、少数地区的富裕。高质量高水平的基本公共服务设施建设能够为人民创造更丰富的物质财富和精神财富，为实现全体人民的共同富裕奠定扎实基础。实践证明，有效提升基本公共服务水平，不仅可以满足居民的个体化服务需求，提升居民的生活质量，还有利于统筹推进城乡基本公共服务资源均衡利用，有利于推动经济和社会发展，推动全体人民实现共同富裕。鉴于此，本章借鉴彭迪云等（2021）的研究选用每万人医疗机构床位数、每万人拥有卫生技术人员、人均拥有公共图书馆藏量 3 个三级指标进一步测度基本公共服务水平。

（7）社会保障水平。

社会保障作为重要的制度安排，为切实推动共同富裕取得有效进展起到至关重要的作用。养老保险、医疗保险以及生育保险等都属于社会保障的范畴，健全更全方位更高水平的社会保障体系有助于将经济建设的发展成果更加惠及人民，不断适应人民日益增长的多样化服务需求。面对全体社会成员对共同富裕的目标追求，社会保障已然成为人们提升自我幸福感以及生活品质保证的必要手段之一。社会保障制度的不断健全为推动共同富裕进程筑牢根基，提供了扎实的物质保障，然而，仅依靠丰厚的物质基础远远不够，合理社会再分配机制才能做到共享发展成果，所以通过提供养老保险及医疗保险等社会保障的方式达到普惠人民的目的。以社会保障水平为出发点所衡量富裕程度，在更大范围上囊括了人民享有的丰厚的物质财富。本章基于指标测度的可操作性，选用城镇居民医疗保险基金支出、基本养老保险基金支出、城乡居民社会养老保险基金支出3个三级指标度量社会保障水平。

（二）共享程度指标

共享反映共同富裕的时代价值，体现的是全体社会成员共享经济建设成果。共同富裕不是同步均等、整齐划一的富裕，而是一个从量变到质变的动态发展过程。促使社会财富和收入分配更加合理是推进共同富裕破除物质财富阶层流动限制的必要，也是保障社会公平正义的应有之举。共享程度主要涉及社会财富和收入的分配状况。本章主要选取城乡收入差距、城乡消费差距和民生性财政支出比重3个二级指标衡量共享程度。

（1）城乡收入差距。

在实现共同富裕的道路上，城乡发展不平衡的问题凸显，而城乡收入差距作为城乡发展差距的重中之重，严重阻碍着城乡经济的协调发展。缩小城乡收入差距是走向共同富裕道路必须解决的难题之一，对促进农民实现共同富裕具有指导意义。尽管城乡差距体现在经济、政治、文化等多方面，然而城乡收入差距问题明显且严峻，成为制约共同富裕道路的最大阻碍。大部分农民的思想局限，加之整体生活水平和生活质量都落后于城市，仅注重物质财富的积累而忽略了精神文化本身，归根结底在于农村收入水平低下。实现全体人民的共同富裕重点和难点都落在农村，实践证明，农村的教育、医疗及卫生等基本设施不完善，直接导致农村地区整体的发展落后，与城市形成较大差距。城乡收入差距直接影响总体贫富差距，进而影响全民共同富裕取得显著进展。与富裕程度的指标测度相类似，本章选取城乡收入差距作为衡量共享程度的二级指标，属于测度共享程度的负向指标。具体计算方法：城乡收入差距＝城镇居民人均可支配收入/农村居民人均可支配收入。

（2）城乡消费差距。

城乡居民的消费差异，首先，主要体现在两大消费主体的消费规模层面，收入作为消费的前提，由于城乡居民收入差距的存在，直接影响居民的消费规模以及消费水平。城乡居民的人均消费支出从量的层面反映了居民所使用的产品与劳务的总和，反映人们具体的消费需求。其次，城乡消费结构的不同间接影响城乡居民文教娱乐方面的支出，精神文化消费并未得到普遍重视。再次，消费环境的巨大差异体现在农村地区基础设施薄弱，在数量和质量方面与城市差距较大，严重阻碍了农村居民对生产生活物质资料的消费。最后，体现在消费观念上的差异问题导致城乡居民的生活方式明显不同，制约着城乡融合发展。因此，城乡消费差距问题给我国缩小贫富差距带来巨大挑战，同时也为推动全民共同富裕进程提出难题。本章选取城乡消费差距这一指标来度量共享程度，同样属于测度共享程度的负向指标。具体表示为：城乡消费差距＝城镇居民消费水平/农村居民的消费水平。

（3）民生性财政支出比重。

财政支出作为推动经济社会有序发展的重要支柱，对提供公共服务、保障社会民生以及缩小地区间差距等方面发挥举足轻重的作用。民生性财政支出不仅包括教育、医疗、社会保障和就业等在内的与民生直接相关的支出，也包括与民生间接相关密切联系的支出。通过对教育、医疗等民生产业的投资，能够显著提升居民的受教育水平、增加人力资本积累、改善居民的身体健康状况、刺激居民的消费和投资需求，进而拉动经济增长。财政支出的规模直接影响全体社会成员是否切实有效地共享经济建设成果并实现共同富裕。此外，关注民生性财政支出有利于解决社会公平正义的问题，促进社会资源的合理分配，能够使居民生活的丰富多样性得以满足，有效提升居民个人幸福感，有利于人们自我价值的体现。借鉴沈梦颖和雷良海（2020）对民生性财政支出的研究，本章选用地方财政教育支出、地方财政医疗卫生支出、地方财政社会保障和就业支出占地方财政一般预算支出的比重度量民生性财政支出比重。

从物质富裕程度、精神富裕程度以及共享程度三个维度构建的共同富裕体系的具体指标内涵与上文相同。

三、测度方法

本章以西部典型省区的六个省份及自治区作为主要研究对象，对西部典型省区及自治区的共同富裕发展水平进行度量。借鉴孙豪和曹肖烨（2022）对中国省域共同富裕程度的研究，本章将六个省区的共同富裕指数作为一种相对指数，作为评判各省份及自治区的共同富裕发展水平在西部典型省区所处的具体位置的依据。共同富裕指数计算的具体步骤分为三步：首先需要确定各指标的具体权重；其次由于各指标的量纲及指标的正负存在差异，因此对原始数据进行去量钢化处理；最后将计算出的标准化数值进行加权综合，得到共同富裕指数。

（一）权重计算

共同富裕指数测度体系包含富裕程度和共享程度两个一级指标、十项二级指标以及部分二级指标进一步用三级指标进行度量。因此，各项指标权重的确定是共同富裕综合评价研究的基础。目前关于指标权重的确定方法主要包括主观赋权法、客观赋权法、组合赋权法以及等权重法，综合考量已有权重确定的方法的优缺点之后，结合本章对共同富裕指标体系构建的基础以及共同富裕的内涵特征研究，富裕程度和共享程度同等重要，本章选择使用等权重法对各指标进行赋权。所谓等权重法指的是构成指标体系测度的各项分层指标的重要性相等。

确定权数的方法具体为：根据各级指标对上一级指标的综合评价贡献值相等的原则，即一级指标对共同富裕综合指数的评价贡献值相等，二级指标对一级指标的评价贡献值相等，且每一个二级指标内部的三级指标的权重相等。权数（P_i）的数学表达式为：

$$P_i = W_i \times N_i \quad (i=1, 2, \cdots, n) \qquad \sum W_i \times N_i = 1 \tag{3-1}$$

其中，W_i 表示第 i 个一级指标中所包含的每一个二级指标的权数，N_i 表示第 i 个一级指标所包含的二级指标的个数，针对部分二级指标中含有的三级指标权重的确定方法以此类推，即各二级指标中所含三级指标的个数与权数的乘积等于各二级指标的权重。

（二）指标得分计算

依据功效函数法的原理，对每一项指标确定一个满意值和不满意值，分别作为得分的上限和下限，本章将所有二级指标和三级指标的指数范围定为40~100，以此确定各指标的得分情况，再通过赋权的形式进行综合，最终得到共同富裕指数。正向指标和负向指标的计算方法如下：

$$X_{ij} = 40 + 60 \times \frac{x_{ij} - x_{ij\min}}{x_{ij\max} - x_{ij\min}} \tag{3-2}$$

$$X_{ij} = 40 + 60 \times \frac{x_{ij\max} - x_{ij}}{x_{ij\max} - x_{ij\min}} \tag{3-3}$$

其中，i 表示各项指标；j 表示各个省份或自治区；X_{ij} 表示第 i 项指标 j 省份或自治区的标准化数值；x_{ij} 表示第 i 项指标 j 省份或自治区的原始数据；$x_{ij\max}$ 和 $x_{ij\min}$ 分别表示第 i 项指标 j 省份或自治区原始数据的最大值和最小值。通过功效函数法的计算，可以有效区分各省份或自治区共同富裕指数的差距。

（三）共同富裕指数计算

本章采取线性加权的方法得出共同富裕指数。计算方法如下：

$$CP_j = \sum_{n=10}^{i} (X_{ij} \times w_i) \tag{3-4}$$

其中，CP_j 表示 j 省份或自治区的共同富裕指数，X_{ij} 表示第 i 项指标 j 省份或自治区的标准化数值，w_i 表示第 i 项指标的权重。

四、西部典型省区共同富裕程度的整体评价

（一）第一种指标构建下的共同富裕程度评价

1. 同一时间维度不同地区的比较

根据前文对共同富裕指数的测度方法的讨论，计算得出 2011~2020 年六个西部典型省区的共同富裕指数，取值区间为 58.27~77.07（具体见表 3-3）。同时根据各省份常住人口占西部典型省区总人口比例赋权，计算得出西部典型省区总体共同富裕指数。2011 年，西部典型省区总体共同富裕指数为 69.86，仅广西壮族自治区的共同富裕指数超过西部典型省区总体共同富裕指数。到2020 年，西部典型省区总体共同富裕指数为 70.69，仅有 2 个省份的共同富裕指数超过西部典型省区总体共同富裕指数。

表 3-3　2011~2020 年西部典型省区共同富裕指数（第一种指标）

年份省区	2011	2012	2013	2014	2015	2016	2017	2018	2019	2020
宁夏	58.92	61.92	61.29	61.66	62.30	63.68	61.99	60.34	61.94	62.54
广西	77.07	71.67	75.54	75.44	72.97	71.97	70.18	67.35	67.46	68.94
青海	66.04	66.56	58.27	58.56	59.22	59.73	61.13	65.15	63.06	66.00
云南	69.77	71.54	75.01	69.48	72.41	73.81	73.88	74.50	72.37	75.21
贵州	65.91	73.84	73.07	71.94	73.55	73.47	75.64	75.87	72.35	74.96
内蒙古	65.87	71.07	71.37	67.57	64.81	64.43	67.04	64.76	62.32	62.18
总体	69.86	71.44	73.03	70.74	70.86	70.97	71.31	70.47	68.79	70.69

从整体共同富裕发展水平来看，西部典型省区内部共同富裕的发展水平速度不一，地区间差异明显，以 2011 年为例，共同富裕发展水平靠前的地区分别为广西壮族自治区、云南省和青海省，可见，东部沿海地区的共同富裕发展水平远高于西部地区。具体来看，广西壮族自治区共同富裕指数为 77.07，高于西部典型省区总体共同富裕指数，其余地区的共同富裕指数与西部典型省区总体共同富裕指数相差较大。到 2020 年，各省区的共同富裕水平与西部典型省区总体共同富裕指数差距逐渐缩小。需要强调的是，广西壮族自治区作为全国民族团结的进步示范区，在解决绝对贫困问题以及教育、医疗、社会保障等民生事业发展层面上取得了显著进展，人民生活品质得以提升，保障全区各族人民向着实现共同富裕美好愿景的征程前进。中国共产党广西壮族自治区第十二次代表大会将扎实推动共同富裕列为新时代的"三大共同愿景"之一，保证共同富裕在西部典型省区率先取得有效进步。此外，2011 年宁夏回族自治区的共同富裕发展水平最低，究其原因，是受到地理位置及自然条件的制约，地区经济发展速度缓慢。然而，当前我国推行西部大开发战略，在一定程度上促进了要素禀赋向西部典型省区的流动。

2. 不同时间维度下的发展趋势

从 2011~2020 年不同省份或自治区的共同富裕指数变动情况进一步分析各省区的共同富裕的发展趋势（见图 3-1）。具体来看，宁夏回族自治区的共同富裕发展水平在 2011~2016 年呈现波动上升的趋势，波动范围在 58.92~63.68，波动幅度较小但整体发展水平提升。共同富裕指数上升的背后体现的是经济高质量发展以及改善民生等事业取得了积极成效。然而在 2016~2018

年，其共同富裕指数骤降，主要与 GDP 增长速率放缓，教育经费的投入以及民生性财政支出的比例下降有关。自 2018 年之后，开始出现缓慢回升的趋势。青海省的共同富裕发展水平呈现稳步向好的趋势，仅在 2012~2013 年指数波动下降。青海省力求走出一条独具青海特色的共同富裕之路，因此，充分利用省情特点，发挥比较优势，助力实现更长远的富足目标为青海省的共同富裕增添新动能。云南省的共同富裕发展水平与西部典型省区整体发展水平基本保持一致，呈现不规则的"N"形趋势，即先上升后下降再上升的发展态势。值得注意的是，广西壮族自治区的共同富裕指数不同于其他地区，整体的变动情况呈现出逐年下降的趋势。纵观广西壮族自治区 GDP 增长率情况，从 2011 年的20.43 骤降至 2020 年的 4.16，经济增速缓慢严重制约着地区推动共同富裕目标的实现。此外，广西壮族自治区以服务行业为主的第三产业对经济的贡献率下降，社会保障体系的不完善以及基础性民生建设进程缓慢造成了其共同富裕发展水平低下的主要原因。

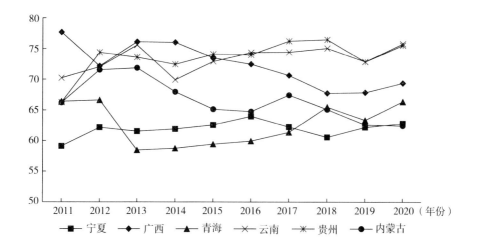

图 3-1　2011~2020 年西部典型省区共同富裕指数变动趋势（第一种指标）

贵州省和内蒙古自治区的共同富裕指数变动趋势呈现两种截然相反的状态。贵州省的共同富裕发展水平总体呈现稳步快速增长的态势，而内蒙古自治区的共同富裕指数随时间推移呈逐渐下降趋势，波动幅度较大，且一直低于西部典型省区总体共同富裕指数。具体而言，贵州省始终以高质量发展作为统领全局的主要内容，贵州省的 GDP 的增速较快，消费需求结构反映的社会生产力水平较高等都体现贵州省经济高质量发展水平的稳步提升。内蒙古自治区的共同富裕指数在 2017~2019 年出现大幅下降的趋势，主要与 GDP 增长速率、教育经费的比重、社会保障水平以及民生事业的发展等因素相关。经济增速放缓，收入分配制度不合理、教育、医疗及养老等公共服务水平不高以及财政支出结构失衡等均影响了内蒙古全区的共同富裕发展水平。

3. 西部典型省区共同富裕指数的分项评价

将西部典型省区的共同富裕指数分为富裕指数和共享指数的意义在于具体衡量各指标的影响程度。对富裕程度和共享程度两个二级指标进行重新赋权，赋权方法同上，得出西部典型省区的富裕指数和共享指数（见表 3-4、表 3-5）。

表 3-4　2011~2020 年西部典型省区富裕指数（第一种指标）

省区＼年份	2011	2012	2013	2014	2015	2016	2017	2018	2019	2020
宁夏	74.12	74.29	73.08	73.70	72.79	77.33	76.01	74.05	74.30	75.01
广西	70.52	70.39	65.06	70.85	73.14	72.47	71.99	74.70	74.87	77.89
青海	67.65	66.35	65.00	64.62	65.48	67.14	64.24	65.80	65.05	69.42
云南	63.30	61.83	61.72	60.88	64.99	64.51	66.65	67.72	67.83	69.84
贵州	63.47	64.73	61.79	62.85	67.62	67.30	68.36	70.30	69.64	71.29
内蒙古	85.97	85.65	85.27	84.41	81.23	81.48	80.66	80.81	80.01	80.77
总体	69.35	69.06	67.81	68.22	70.57	70.56	70.85	72.31	72.14	74.21

表 3-5　2011~2020 年西部典型省区共享指数表（第一种指标）

省区＼年份	2011	2012	2013	2014	2015	2016	2017	2018	2019	2020
宁夏	43.72	49.56	49.51	49.63	51.80	50.03	47.96	46.62	49.57	50.08
广西	83.61	72.95	86.03	80.03	72.80	71.47	68.37	60.00	60.04	60.00
青海	64.44	66.17	51.55	52.51	52.95	52.31	58.02	64.51	61.07	62.59
云南	76.24	81.50	88.30	78.08	79.84	83.11	81.10	81.27	76.91	80.59
贵州	68.34	82.95	84.35	81.03	79.48	79.12	82.91	81.62	75.06	78.64
内蒙古	45.77	56.48	57.48	50.73	48.39	47.38	53.41	48.70	44.64	43.58
总体	70.38	73.82	78.26	73.27	71.15	71.38	71.77	68.64	65.44	67.16

以 2020 年为例，西部典型省区的富裕指数的取值范围在 69.42～80.77，共享指数的范围在 43.58～80.59。依据各省区年末常住人口份额加权得到的西部典型省区富裕指数和共享指数分别为 74.21 和 67.16。富裕程度发展水平较高的省区分别为内蒙古自治区、广西壮族自治区和宁夏回族自治区，富裕维度体现出较大的差异性。因此，当前阶段为顺应西部典型省区共同富裕的时代需求，理应提升经济高质量发展水平。共享程度发展水平较高的省区分别为云南省和贵州省。部分共同富裕程度较高的省区共享程度反而较低，可能是城乡差距的拉大导致共享指数的下降。值得注意的是这两个指数为相对指数，不能直接作数值上的绝对比较。总体而言，与西部典型省区总体共同富裕指数相比，西部典型省区的富裕程度和共享程度贡献不一，共享层面仍存在短板问题。截至 2020 年底，西部典型省区在破除绝对贫困问题上取得了巨大进步，然而由于西部典型省区的区位特征和资源禀赋状况使社会公共资源的公平分配存在缺陷，因此，保障资源的合理配置、促使社会公平成为扎实推动西部典型省区共同富裕进程的关键难题。

（二）第二种指标构建下的共同富裕程度评价

1. 同一时间维度不同地区的比较

依照第二种指标构建方法计算出的 2011～2020 年六个西部典型省区的共同富裕指数的取值区间为 59.66～75.45（见表 3-6）。同第一种计算方法一致，得出西部典型省区总体共同富裕指数。2011 年，西部典型省区总体共同富裕指数为 70.10，仅有 2 个省区的共同富裕指数超过西部典型省区总体共同富裕指数。到 2020 年，西部典型省区总体共同富裕指数为 71.47，共有 3 个省区的共同富裕指数超过西部典型省区总体共同富裕指数，3 个省区低于总体共同富裕指数。

表 3-6　2011～2020 年西部典型省区共同富裕指数（第二种指标）

年份 省区	2011	2012	2013	2014	2015	2016	2017	2018	2019	2020
宁夏	63.68	66.23	65.29	65.78	65.36	68.08	66.33	64.61	65.67	66.05
广西	74.84	71.39	71.62	74.11	73.51	72.55	71.26	70.37	70.39	72.25
青海	65.89	65.63	59.66	59.75	60.34	61.17	61.38	64.51	62.96	66.19

续表

年份 省区	2011	2012	2013	2014	2015	2016	2017	2018	2019	2020
云南	68.06	68.68	71.04	67.18	70.69	71.23	72.17	72.71	71.27	73.94
贵州	65.03	70.91	69.16	68.91	71.77	71.70	73.31	74.29	71.75	73.86
内蒙古	71.94	75.28	75.45	72.50	69.55	69.45	70.95	69.52	67.53	67.77
总体	70.10	71.00	70.01	70.25	70.83	70.81	71.19	70.94	69.73	71.47

从表3-6中仍然可以发现西部典型省区的共同富裕指数不一，各省区共同富裕发展水平差异明显，以2011年为例，共同富裕发展水平靠前的省区分别为广西壮族自治区、内蒙古自治区和云南省。具体来看，广西壮族自治区和内蒙古自治区的共同富裕指数分别为74.84和71.94，均高于西部典型省区总体共同富裕指数，发展水平落后的省区与西部典型省区的均值水平相差甚远。到2020年，各省区的共同富裕水平与西部典型省区总体共同富裕指数差距逐渐缩小。东部地区的共同富裕发展水平较高，中部地区和西南地区次之。

2. 不同时间维度下的发展趋势

在第二种指标构建方法下，2011~2020年各省区的共同富裕的发展趋势与第一种方法的测度结果一致，具体来看，宁夏回族自治区的共同富裕发展水平从2011~2016年呈现波动上升的趋势，波动范围在63.68~68.08，波动幅度较小但整体发展水平提升。青海省的共同富裕发展水平持续呈现稳步向好的趋势，仅在2012~2013年指数波动下降。云南省的共同富裕发展水平与西部典型省区整体发展水平基本保持一致，呈现不规则的"N"形趋势，即先上升后下降再上升的发展态势。贵州省的共同富裕发展水平总体呈现稳步快速增长的态势。值得注意的是，广西壮族自治区和内蒙古自治区的共同富裕指数不同于其他地区，整体的变动情况呈现逐年下降的趋势，个别年份出现明显的骤升和骤降，波动幅度较大（见图3-2）。

3. 西部典型省区共同富裕指数的分项评价

同第一种计算方法类似，对衡量物质富裕程度、精神富裕程度以及共享程度三个二级指标进行重新赋权，赋权方法同上，得出富裕指数和共享指数，并对精神富裕程度作进一步讨论（见表3-7~表3-9）。

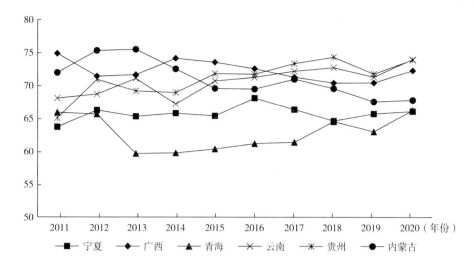

图 3-2　2011~2020 年西部典型省区共同富裕指数变动趋势（第二种指标）

表 3-7　2011~2020 年西部典型省区富裕指数（第二种指标）①

年份 省区	2011	2012	2013	2014	2015	2016	2017	2018	2019	2020
宁夏	73.66	74.56	73.18	73.86	72.14	77.11	75.51	73.60	73.73	74.04
广西	70.45	70.62	64.41	71.15	73.87	73.08	72.70	75.56	75.57	78.37
青海	66.61	65.36	63.71	63.37	64.04	65.59	63.06	64.50	63.91	68.00
云南	63.97	62.40	62.42	61.73	66.11	65.29	67.70	68.42	68.45	70.61
贵州	63.38	64.90	61.56	62.85	67.92	67.99	68.51	70.63	70.09	71.47
内蒙古	85.02	84.68	84.44	83.38	80.12	80.48	79.72	79.93	78.98	79.86
总体	69.30	69.15	67.62	68.35	70.92	70.78	71.18	72.67	72.41	74.39

表 3-8　2011~2020 年西部典型省区精神富裕指数（第二种指标）

年份 省区	2011	2012	2013	2014	2015	2016	2017	2018	2019	2020
宁夏	35.25	38.23	36.92	37.49	33.78	37.78	36.01	35.23	34.85	33.61
广西	34.99	36.10	29.96	36.65	39.47	38.68	38.84	40.77	40.22	40.88

① 此处富裕指数综合了物质富裕和精神富裕。

续表

年份 省区	2011	2012	2013	2014	2015	2016	2017	2018	2019	2020
青海	29.68	29.20	27.34	27.31	26.96	27.38	27.41	27.72	27.97	29.03
云南	34.34	33.16	33.65	33.83	36.99	35.38	37.52	36.68	36.42	38.02
贵州	31.38	33.03	29.96	31.43	35.00	34.58	34.79	37.06	36.62	36.39
内蒙古	39.18	38.95	39.33	38.09	36.19	36.74	36.55	36.86	35.87	36.74
总体	34.49	34.89	33.217	34.65	36.67	36.17	36.75	37.60	37.13	37.82

表3-9　2011~2020年西部典型省区共享指数表（第二种指标）[①]

年份 省区	2011	2012	2013	2014	2015	2016	2017	2018	2019	2020
宁夏	43.72	49.56	49.51	49.63	51.80	50.03	47.96	46.62	49.57	50.08
广西	83.61	72.95	86.03	80.03	72.80	71.47	68.37	60.00	60.04	60.00
青海	64.44	66.17	51.55	52.51	52.95	52.31	58.02	64.51	61.07	62.59
云南	76.24	81.50	88.30	78.08	79.84	83.11	81.10	81.27	76.91	80.59
贵州	68.34	82.95	84.35	81.03	79.48	79.12	82.91	81.62	75.06	78.64
内蒙古	45.77	56.48	57.48	50.73	48.39	47.38	53.41	48.70	44.64	43.58
总体	70.38	73.82	78.26	73.27	71.15	71.38	71.77	68.64	65.44	67.16

以2020年为例，富裕指数的取值范围在68.00~79.86，共享指数的范围在43.58~80.59。从精神富裕程度具体来看，指数的波动范围在29.03~40.88。依据各省区年末常住人口份额加权得到的西部典型省区富裕指数、精神富裕指数和共享指数分别为74.39、37.82和67.16。从精神富裕程度来分析，西部典型省区的精神富裕发展程度差异明显，发展程度较高的省区分别为广西壮族自治区、云南省、内蒙古自治区，可见精神富裕程度较高的省份，总体富裕程度也较高。精神富裕程度发展最快的广西壮族自治区与落后的青海省相差较大。仅有广西壮族自治区和云南省两个省区的精神富裕指数超出西部典型省区总体精神富裕指数，其他地区的精神富裕发展水平均低于西部典型省区

---

① 在第一种和第二种指标构建方法中，共享程度权重和衡量指标并未发生改变，因此两种方法中的共享指数数据一样。

总体精神富裕指数。以内蒙古自治区为例，2020年富裕水平发展最快而共享程度发展水平落后，可能是城乡差距的拉大或收入分配的不合理等原因导致共享指数的下降。西部典型省区的富裕程度和共享程度贡献不一，共享层面仍存在短板问题。总体而言，两种指标构建方法得出的结论大体一致。

（三）两种测度方法下的对比分析

1. 同一时间维度下的共同富裕指数对比

基于前文两种指标构建方法下的共同富裕指数评价分析，总体而言，首先，两种构建方法均能体现出西部典型省区内部的共同富裕发展水平的差异性；其次，以2020年为例，在更细致分析物质富裕程度和精神富裕程度的前提下，内蒙古自治区的共同富裕指数在西部典型省区内部明显提升，究其原因可能是内蒙古自治区共同富裕发展水平很大程度取决于物质富裕程度和精神富裕程度的发展水平，相较于其他省区，权重的变更导致内蒙古自治区共同富裕指数变化较大。

2. 共同富裕指数的发展趋势对比

从共同富裕指数的发展趋势来看，更换指标构建方法后，西部典型省区的共同富裕整体水平随时间推移的发展趋势与第一种指标体系的趋势保持一致，同时也从侧面印证了本章所构建的共同富裕测度指标体系的科学性和合理性，共同富裕指数的发展态势并未因体系构建的不同而体现出较大差异。

3. 共同富裕指数的分项评价对比

在对西部典型省区共同富裕指数进行分项评价时发现，首先，不同省区的富裕程度以及共享程度体现出明显的区别，并且两种指标构建方法下的富裕指数在小范围内波动，波动幅度不超过1%，共享指数保持不变；其次，更换指标构建方法后，仍能反映出西部典型省区存在的共享层面的短板问题，西部典型省区总体富裕指数高于总体共享指数，并且部分省区富裕程度较高时反而共享程度较低，地区内部分项指标对总指标的贡献程度不一；最后，从西部典型省区的富裕指数以及共享指数随时间的变动趋势具体来看，两种分析方法得出的分项指数的时间发展趋势前后保持一致。总之，无论从哪种角度对共同富裕发展水平进行测度，并不会对当前西部典型省区共同富裕发展水平的衡量以及发展趋势的判定造成较大影响，同时也从侧面反映出本章指标体系构建的科学性和合理性，对本章的研究具有重要意义。

第二节 西部典型省区共同富裕影响因素分析

西部典型省区作为整个区域发展中的关键一环，探讨西部典型省区的共同富裕程度既彰显了中国实现共同富裕一般性特征，又凸显了地域的特殊性。从我国推进实现全民共同富裕的征程中来看，西部典型省区的发展取得了显著的进步。然而，在综合考量区域协调发展、城乡差距以及基本公共服务均等化等方面，西部典型省区的发展与中国东部地区的发展水平相比仍存在较明显的差距。实现共同富裕的基础是建立在破除贫困与差距问题之上的，既要保证具有丰厚的物质依赖，同时做到社会财富和收入的公平分配（陈子曦等，2022）。需要强调的是，西部典型省区实现共同富裕理应同全国一样，并不是一蹴而就的，而是一个从量变到质变的动态实践过程。基于此，探讨西部典型省区共同富裕进程的影响因素，不仅从尊重西部典型省区发展的角度出发，正视西部典型省区在实现共同富裕道路上所面临的挑战，而且为探索推进西部典型省区共同富裕进程所依赖的具体的实践路径指明方向。在前文对西部典型省区共同富裕发展水平分析的基础上，本节以当前西部典型省区共同富裕发展过程中面临的现实困境和实现共同富裕的作用机制两大层面作为落脚点，探析新时代实现西部典型省区共同富裕的制约因素。

一、经济因素

（一）经济高质量发展

从西部典型省区的经济发展现状来看，2011 年西部典型省区地区 GDP 总量占全国的比重为 7.83%，到 2020 年达到 8.76%，增长幅度较小①。基于其独特的区位特征和地缘环境，西部典型省区的经济发展速度受自然环境、人口密度等因素的影响。横向来看，区域内不同省区的经济增速不一，经济高质量发展水平差异明显。2020 年 GDP 增速较快的省区分别有贵州省和云南省，GDP 增长率分别为 6.51% 和 5.74%。而内蒙古自治区的 GDP 增长率仅为

---

① 笔者根据国家统计局公布的数据计算得出。

0.26%[①]。因此，从西部地区现实发展状况不难发现，促进资本、劳动力等生产要素的自由流动和合理配置，改变粗放型的经济增长模式，能够带动全域经济高质量发展，有助于西部典型省区共同富裕进程的推动。

首先，经济高质量发展能够解决实现共同富裕的物质基础和精神富裕方面的问题，以高质量发展为主要内容满足新发展阶段的人民群众的多样化需求，这种建立在物质层面与精神层面"双富裕"基础上的共同富裕要通过高质量的经济发展模式来推动，经济发展长期向好、发展效果显著能够保障人民的需求实现从"量"到"质"的转变，不把经济高质量发展放在首要位置很难推动生产力的进步，也很难为实现西部地区的共同富裕提供扎实的物质基础。其次，经济高质量发展能够解决发展不平衡的困境，城乡、区域间的经济发展水平差距明显，为缩小区域、城乡间的差距，促进城乡互补、共同繁荣注入发展动力，也为更好地改善财富分配状况，确保全体人民更加公平普惠地享有发展成果。高质量发展与促进共同富裕之间存在一种良性互动的关系，在高质量发展中深入推进乡村振兴战略，实现城乡间的要素流动、资源互补。再次，经济高质量发展可以提供西部典型省区共同富裕发展的驱动力，以创新驱动为背景的高质量发展，不仅促进当前经济发展方式转变以及产业结构的优化升级，加快创新引领，还为共同富裕的发展提供更高质量的供给资源，推动西部地区经济发展质量和效率的提升。最后，从经济高质量发展贯穿理念来看，创新驱动能够引领经济质量的提升，对西部典型省区整体的收入水平也具有显著的促进作用；协调发展能够带动经济总量的跃升以及实现资源的有效配置，进而实现真正意义上的共同富裕；绿色发展模式为促进西部典型省区共同富裕发展创造良好的生态环境；开放的发展模式利用市场机制发挥作用带动要素流动，提高全要素生产率的同时拓展了西部典型省区的经济发展空间；共享发展是社会公平公正的体现，合理公平的收入分配制度能够释放经济活力，缩小西部各省区收入差距，助力实现共同富裕目标。因此，经济高质量发展水平成为加快西部典型省区共同富裕进程的关键因素（韩文龙、袁艺清，2022）。

（二）资源禀赋分配

共同富裕的前提条件是保证富裕程度的实现，而其本质特征则是人人同等

---

① 笔者根据国家统计局公布的数据计算得出。

享有所获得的生产生活资料，这也体现了社会的公平正义。从西部典型省区的资源禀赋分配状况来看，2020 年城乡收入差距最大的省份为贵州省，其城镇居民的人均可支配收入为 36096 元①，农村居民的人均可支配收入为 11642 元。此外，个人可支配收入直接影响消费水平和消费能力的大小，受个人可支配收入的影响，城乡居民的消费差距也较大，2020 年城乡消费差距最大的地区为云南省，其城镇居民的消费水平为 24569 元②，农村居民的消费水平为 11069 元。西部典型省区的资源禀赋分配情况，是制约共同富裕的现实难题（李金昌、余卫，2022）。因此，分配制度的不完善所反映出的区域差距、城乡差距、收入差距等问题已然成为西部典型省区共同富裕道路上的"绊脚石"（许永兵，2022）。随着收入分配制度的改革，城乡收入差距逐步缩小，城乡之间合理的要素分配能够改善地区间的收入和消费差距，不仅促进了经济发展速度，还有利于全体社会成员分享改革建设成果。

从整个西部典型省区范围来看，城乡收入和消费等的差距体现出来的是中国城乡二元结构体制以及资源禀赋情况的影响，合理的要素分配可以促进生产效率的提高和地区经济增长，并且提升整体的社会福利水平。因此，充分发挥要素禀赋的调节作用，努力形成更加合理的要素分配，将收入差距和消费差距控制在合理水平之内，促进发展与共享的协调并进，这也是共同富裕的本质特征体现。促进共同富裕的重难点放在解决农业农村的经济发展问题，只有缩小城乡之间的财富差距，整体提升农民的收入水平，才能从根本上保障农民的物质生活和精神生活的极大富裕，实现西部地区人民对共同富裕美好愿景的追求。

（三）产业结构和产业布局

产业结构的升级作为经济高质量发展的核心问题，其在高质量发展中助推共同富裕的实现亦是当今社会发展的主题。经济总量的提升是发展共同富裕的前提条件，产业政策推动中国经济的发展，为共同富裕的实现提供扎实的物质基础。结合本章共同富裕指标的构建，研究成果也为研究产业结构优化升级对共同富裕的影响提供了理论基础。从作用机理分析，合理的产业结构和产业布局促进了生产要素资源的跨部门流动，提高了全要素生产率，进而促进经济效

---

①② 国家统计局。

益的增加，为实现共同富裕夯实经济基础。产业结构的优化升级以及合理的产业布局能够为实现西部地区的共同富裕提供保障，并且发展独具特色的优势产业有利于高效利用地区资源、发挥比较优势，特别对于经济发展落后的省份，能够创造更多的就业机会，提升当地的就业水平，共同推进地区整体的共同富裕发展水平。从西部典型省区的第三产业产值占比情况来看，2020 年第三产业产值占比最高的省区为广西壮族自治区，比值为 51.95%，而内蒙古自治区的第三产业产值占比为 48.22%，相差约 3.8 个百分比[①]。可见，不同地区产业发展情况不一，共同富裕的发展进程不一。当前，对于西部地区而言，充分发挥地区的比较优势，促进各生产部门间的各要素自由流动，使产业结构趋于合理化，能够缩小西部地区内部的城乡和区域的贫富差距，促进西部典型省区的共同富裕进程的实现。因此，针对基础设施落后的西部地区而言，合理的产业布局，有助于减贫事业的有效进行，同时在促进经济增长和高质量发展中发挥积极显著的作用。相比于东部沿海地区，西部地区地处内陆，得益于丰厚的自然资源和独特的区位优势，其在产业结构转型的过程中能够合理利用各自的资源禀赋，发挥比较优势，大力发展地区优势产业，加快了区域内各省份之间的交流，促进了各产业之间的相互融合，吸引了大批高素质人才就业，实现了要素和劳动力的跨区域转移，解决了就业问题，也为西部地区实现共同富裕起到了积极的推动作用。

二、社会因素

（一）社会保障事业

城镇居民医疗保险、基本养老保险等在内的社会保险强调了基本生活保障，有利于解决疾病、年老等产生的问题，是实现共同富裕的方式之一。综观整个西部典型省区的城镇居民医疗保险基金支出情况，2011 年云南省的城镇居民医疗保险基金支出为 86029 万元。到 2020 年，城镇居民医疗保险基金支出总额较多的省区分别为广西壮族自治区、云南省和贵州省。从基本养老保险基金支出情况来分析，以 2020 年为例，内蒙古自治区的支出最多，为 1271.19 亿元[②]。城乡居民医疗保险、基本养老保险等对于城乡的均衡发展有积极的推

---

①②　国家统计局。

进意义，同时对于提升整个社会的消费水平有重要的影响，特别对于农村的养老问题发挥有效的促进作用。

实现社会保障事业的高水平发展，提升居民的生活水平和品质，最终达到共同富裕是人民的共同愿望。社会保障制度体系的完善全面阐释了共同富裕的两大层面，民族地区的医疗、养老等保险的覆盖为共同富裕的实现提供物质支撑。同时，社会保障以社会福利、互助救济的形式发挥再分配功能，实现财富在不同区域和群体间的流动分配，使全体居民以社会保障的方式更加普惠享有经济建设成果，是维护公平正义、促进共同富裕目标实现不可或缺的重要内容。社会保障作为助推民族地区共同富裕实现的基本方式，不仅满足了群众的多样需求，而且为最终达成共同富裕提供制度保障。

（二）基本公共服务均等化

基本公共服务的供给水平和质量为积累物质财富以及提升居民个人幸福感提供强有力的保障。从前文来看，自 2011 年以来，西部典型省区六个省份用于民生性财政支出的比重一直处于 35% 水平①，并出现逐年增长的趋势，说明西部典型省区在保障民生建设层面取得了显著进展。从西部典型省区整体来看，地方财政教育支出呈现逐年增加的趋势，但是各省区之间的教育支出差距明显，这与当地的经济发展水平紧密相关。加快推进西部地区的基本公共服务的均等化是缩小城乡差距，实现地区内部公共服务供给和需求平衡的重要途径，有助于夯实西部典型省区实现共同富裕事业的基础。

促进基本公共服务均等化是社会资源利用效率提升的手段之一，同时也是扎实推动我国西部典型省区共同富裕所实现的目标之一。基本公共服务占地区财政支出比重的增加关乎地区的生产力水平和经济社会发展水平。重视医疗、卫生等公共服务设施建设，有助于提升基本公共服务供给的质量，有助于保证经济建设的稳定。"基本"与"均等"两个关键词，是缩小区域、城乡间差距，保障全体人民群众生存与发展的核心要求。基本公共服务的均等化配置有助于实现地区间基本公共服务的均衡发展，缩小各省区之间的资源分配差距，是推进西部典型省区共同富裕道路上的核心内容。

（三）教育的战略性作用

无论从积累物质财富和精神财富的角度入手，还是以社会财富和收入分配

---

① 笔者根据各省份统计年鉴的数据计算得出。

作为切入点，教育都具有不可替代的作用。面向新的发展格局，教育被赋予更深远的意义。因此，考量教育与共同富裕之间的关系应当纳入整个西部典型省区的发展的大环境中。在实现西部典型省区共同富裕的整个历史长河中，教育不仅关系到技术创新水平，还关系到人力资本积累进度，进而关系到经济高质量发展水平。教育关乎整个地区的科技创新水平，关系到人才队伍建设，人们在接受教育的同时也是自我价值不断提升的过程，通过教育的方式最大限度地发挥人的作用，培养人们塑造自我、贡献社会的价值理念。改革开放以来，西部典型省区教育事业的迅速发展，为推动西部典型省区经济社会的发展以及全面推进共同富裕进程夯实基础。迈向追求全民共同富裕的新征程离不开人力资本水平的提升，而人力资本水平的提升关键在于教育事业的发展。以教育进行人力资本投资是实现共同富裕的核心变量，因为，相较于诸如物质资本在内的其他资本要素，人力资本可以通过接受教育的方式弥补差距，并且可以开发出多层面的人力资本，如身体素质、知识积累等。只有教育资源配置效率提升才能保证为实现全民共同富裕提供人才支撑。推进西部地区共同富裕的实现不仅要筑牢物质根基，更要重视精神文明的建设，教育作为引领精神价值导向的核心力量，对塑造人民群众良好的精神信仰起到了至关重要的作用。基于此，教育对实现西部典型省区共同富裕的远景目标发挥着决定性作用。

（四）城镇化发展的均衡效应

城镇化的发展不仅作为经济发展的有力支撑，还是促使共同富裕进程加快的新动力。以城乡统筹发展为背景的提升城镇化发展水平和质量，是推动劳动和资本等要素在城市和乡村间自由流动的过程，亦是提升全区域经济效率的过程。先进技术、资本等要素分配向农村地区的倾斜有利于农村地区基础设施建设的投资，对于破除地区贫困问题、缩小西部典型省区与经济发达地区之间的差距有重要意义。从路径依赖角度出发，推动城镇化进度加快有助于城市社会生产率的提升，进一步缩小城乡、区域之间的差距，具体表现为中心城市市场化程度加深的同时带动周边地区的区域经济发展。客观来讲，要素的自由流动能够为城乡和区域的融合发展之路扫除障碍，实现了城乡的协调发展和进步，进一步为推动农村农业的发展贡献力量，从而改变当前城乡资源分配不均现状，以实现共同富裕。优化要素布局，合理配置要素结构，从缓解城乡收入差距以及城乡消费差距角度推动西部典型省区实现共同富裕。从缩小西部地区区域内经济差距角度出发，城镇化发展进程中对基础设施的完善有利于缩小区域差距，助推西部地区共同富裕目标的实现。

城镇化发展水平的提升促使劳动力等要素的跨区域流动，不仅为西部地区内部不发达省份带来先进的技术，还推动了地区经济高质量发展。西部典型省区共同富裕的实现是建立在带动低收入群体收入增加的基础之上，而不是限制高收入群体的收入水平，以助推城乡的共同发展。基于此，城镇化的发展作为促使共同富裕长远目标实现的重要路径，应当促进城镇化发展与共同富裕的良性互动，重视城镇化发展进度对西部典型省区共同富裕的影响效应。

（五）卫生健康的基础地位

卫生健康筑牢共同富裕的健康根基，为适应共同富裕时代要求，需要重视卫生健康在共同富裕进程中的核心地位和关键作用（王秀峰等，2022），要以富裕程度作为基本点考量卫生健康的重要性。健康是创造社会财富的前提，只有在保障身体健康的前提条件下，才能讨论自我价值的实现问题。卫生健康作为居民消费的一大领域，西部典型省区的城镇居民医疗保险支出以及地方财政医疗卫生支出的比重呈逐年上升的趋势，居民健康需求与日俱增，且这种需求具有刚性，能够有效提升健康产业在国民经济中的地位。此外，以共享程度为落脚点，健康同样是保证全民共享经济建设成果以及美好生活的必须。实现人的全面发展不仅是物质财富和精神财富的极大丰厚，更重要的是体现在人本身身体健康素质的提升。健康问题关系到人民生活品质的提升，关乎人民幸福感和安全感。从社会再分配的角度来看，调整健康资源配置、加大对健康资本的投资、加大医疗卫生等方面的财政支出等方式能够有效促进西部典型省区卫生领域规模的扩张，保证基本医疗公共服务的均等化也能为减少城乡差距做出贡献。有关研究显示，健康人力资本对国民经济的基础作用高于教育人力资本，因此，体现在卫生健康领域的技术创新成为应对健康风险挑战、提升地区竞争力的焦点。鉴于此，把握卫生健康事业的长足发展为扎实推动西部典型省区共同富裕长期愿景的实现增添动力。

三、政策因素

（一）民生建设的保障作用

民生事业的发展是增强人民福祉、推动共同富裕的工作重点。以教育、医疗卫生和就业等作为出发点的基础性民生建设，把人民群众关注的现实问题作为首要解决的重点难点，不仅顺利推进民生领域的发展，还保证了全体人民群众在共同富裕道路上获得感与幸福感的提升。从就业角度来看，就业作为发展民生事业的根本，就业规模与质量的跃升不仅事关基础性民生建设的发展，还事关经济高质量发展的持续推动。政府加强就业供给，支持开展多渠道灵活式就业并且继续实施就业优先政策，不仅能够稳定就业岗位的提供，同时对于维护就业公平、加大就业扶持力度具有重要意义。健全就业保障机制并促进高质量的充分就业是对就业政策的积极响应，同时解决了最基础的民生问题。从保障人民群众的基本生活，再到提升生活品质对民生事业的发展提出挑战，解决这些问题的同时也为西部典型省区共同富裕的实现扫除了障碍。只有切实解决人民群众所面临的突出问题，共同富裕之路才能踏实向前迈进。聚焦民生领域的短板问题，推动就业充分、医疗设施齐全、社会保障完善等，为促进社会公平正义、保证人人享受发展成果、建设全民共同富裕的社会具有关键作用。发展民生事业既是一种生产力，也是实现西部地区共同富裕的内在要求，统筹民生事业和经济水平的协同发展能够更好满足人民群众的多样化需求，也更有利于西部地区共同富裕目标的实现。因此，加强民生事业建设，兜住共同富裕底线，对于现阶段向西部典型省区共同富裕之路稳步前进具有鲜明的时代意义。

（二）财税政策的助推作用

在高质量发展中重点推进西部典型省区共同富裕，既要做大"蛋糕"，也要"分好"蛋糕。换言之，一方面要注重经济总量的提高，另一方面做好收入分配的公平公正，缩小财富差距。因此，财税政策作为实现西部典型省区共同富裕的制度保障，发挥财税政策的统筹兼顾作用，强化质量和效率变革已然成为推进西部地区共同富裕目标实现的重要力量。政府财政支持作为一项强有力的手段，对资源进行合理分配有助于实现资源的有效整合和高效利用，其在扶贫工作中发挥作用的同时健全现代化的公共财政体制，为西部地区减贫事业贡献了力量，也为追求共同富裕的美好愿景提供支持。财政政策促进共同富裕目标实现的总体机制建立在现代的财政制度之上，同时从供给侧和需求侧发力，以财政补贴、税收优惠等政策形式，干预和调节经济，有效改善供给结构，解决供给不足的问题，从而发挥税收在共同富裕中的调节作用。税收调控的积极作用不仅能保证财政收入的稳定，还能够为实现共同富裕营造良好的市场环境。从财政政策完善收入分配体系的角度具体来看，通过税收调节、转移支付等财政工具，实现收入的再分配，缩小居民收入差距，是实现共同富裕的必要条件。税收经济效应理论表明，税收在国民经济中影响收入分配的同时也影响经济增长。可见，税收促进共同富裕的作用体现在收入分配和经济增长两个层面。合理的税制结构能够有效调节居民的收入分配，不仅有利于促进经济发展，还有利于解决共同富裕进程中的重难点问题。此外，财税政策通过助力农业农村优先发展，推动城乡要素流动，激发了乡村经济活力，缩小了城乡之间的差距，进而推动地区共同富裕目标的实现。

（三）分配制度的驱动作用

完善收入分配制度、调整收入分配结构成为实现共同富裕的现实需要。收入分配制度不仅能够兼顾效率与公平，还能促使共同富裕的目标在高质量发展中得以实现。从收入分配的内涵出发，初次分配为合理的收入分配结构奠基，以市场配置资源的方式是实现西部地区共同富裕的主导力量；再分配作为一项重要手段，是建立在初次分配的基础上更加注重公平的分配方式，强调政府调节职能；三次分配借助社会力量对社会财富进行分配，作为实现共同富裕的有效补充。基于此，可以发现，收入分配制度在实现地区共同富裕进程中发挥重要的中坚作用，体现了协调推动共同富裕的发展的合理性。从收入分配制度的演进逻辑来看，重心从效率到公平的转移，从追求经济总量增长到兼顾合理的收入分配，全面体现了共同富裕的本质内涵。从缩小财富差距的现实依据出发，合理的收入分配制度能够提高低收入群体的收入、规范居民的收入分配，以期实现共同富裕的目标。从收入分配理论出发，共同富裕作为收入分配理论的出发点，而收入分配制度是实现共同富裕的前提条件，收入分配理论的核心思想全面体现了对共同富裕美好愿景的追求。从路径依赖的角度出发，收入分配制度的改革与完善使市场配置资源有效，能够更好发挥初次分配的基础性作用，财政支出结构的调整有利于资源向贫困落后地区倾斜，增加低收入群体的收入，促进生产要素的自由流动，并带动生产率的提升，更好发挥三次分配的补充作用，充分调动全社会的力量参与到实现共同富裕的道路中来。总之，从当前西部地区面临的收入差距问题来看，收入分配的优化驱动已然成为助力共同富裕的发展以及实现经济总量增长的关键突破口。

（四）数字经济的调节作用

数字经济对资源的权衡与配置、对社会财富的公平分配具有显著的调节作用，进而对实现共同富裕这一目标产生积极的调节效应（Liu and Qi et al.，2023）。与工业经济相比，数字经济拥有更先进的技术、更高效的资源配置方式，可以有效地推动经济增长、为民生事业的发展兜底，从而促进西部地区共同富裕进程的推动。数字技术作为一项新的技术手段，其衍生出来的数字经济同样是一种新型的经济形态。数字经济以数字信息的模式整合其他如资本、劳动力等生产要素，使各要素之间更高效地自由流动，提升了资源利用率和资源配置率。由于数字技术所具有的独特的共享性和虚拟性，使其在数字化的发展背景下发挥巨大的财富增长效能，加快了科技创新的脚步、提高了资源的整合效率，进而促使全要素生产率的提高，加快在高质量发展中实现共同富裕。此外，数字经济以大数据的形式跳脱出空间限制，实现跨区域的经济活动，因此，能够实现西部地区区域内各省份的跨区域协作，节省了成本、缩小了区域差距、促进了各区域的经济协同发展。数字化的改革政策能够从产业数字化和数字化产业两大层面缩小地区之间的发展差距，具体表现为：数字化的发展模式带动了产业的优化升级以及管理模式的革新，形成了新的行业，同时也创造了更多的就业机会，吸引高素质人才的涌入，为西部地区经济增长贡献人力资本优势，极大地促进了地区的均衡发展（Liu and Qi et al.，2023）。数字化经济在为人们创造可共享的数据空间的同时，能够做到普惠创新，保障基础性公共服务均等化，使全体人民群众共享成果。总之，数字经济正逐渐成为影响共同富裕发展水平提升的新功能。

第三节　本章小结

　　本章在阐述共同富裕的本质内涵的基础上，从富裕程度和共享程度两大维度综合评价了西部典型省区共同富裕指数，并以此分析西部典型省区共同富裕的发展水平及其发展趋势。通过总结西部典型省区在推动共同富裕过程中所面临的现实困境以及作用机制两方面，探析了制约西部典型省区共同富裕进程的关键变量，旨在为加快西部典型省区实现全民共同富裕的长期愿景而提供新的路径选择。通过上述研究，本章得出以下结论：

　　一是共同富裕所蕴含的本质特征不仅是社会总体财富的增加，更是保障全体社会成员共享改革建设的成果。需要强调的是，共同富裕并不是讲求平均主义，更不推崇整齐划一的推动形式的过程，而是追求在更高水平和高质量层面发展的具有长远性、动态性的过程，是一个从量变积累到质变飞跃的过程，从来都不是满足于物质条件的改善，而是从提升人民整体幸福感、实现人的全面发展角度出发的动态过程。随着历史进步和社会变迁，实现共同富裕的时代要求理应在不损害下一代人利益的首要条件下，谋求当代人的现实需要。

二是从西部典型省区整体的共同富裕指数来看，共同富裕发展水平呈现平稳上升的趋势，且波动幅度较小，然而，区域内共同富裕的发展水平存在明显差距。以2020年为例，共同富裕程度较高的省区分别为云南省和贵州省，共同富裕程度最低的省区分别为内蒙古自治区和宁夏回族自治区。由于资源禀赋以及经济发展状况不一，不同省区的共同富裕发展进程不同。同时，西部典型省区内部位于东部的省份的共同富裕发展水平优于西部地区的发展水平。从不同时间跨度下的发展趋势来看，包括宁夏回族自治区、青海省、云南省、贵州省在内的大多数省区的共同富裕指数总体呈提升的态势，这主要与各省区的经济高质量发展水平、收入水平、社会保障水平以及民生事业的发展等因素息息相关；纵观十年的内蒙古自治区的共同富裕发展历程，基本呈现逐年下降的趋势，这主要是受到经济增速放缓，收入分配制度不合理、教育、医疗及养老等公共服务水平不高以及财政支出结构失衡等因素的制约。从分项指数的结果评价来看（第一种指标构建下），以2020年为例，西部典型省区的富裕指数的取值范围为69.42~80.77，共享指数的范围在43.58~80.59，共享程度层面的短板问题凸显。部分共同富裕程度较高的地区其共享程度反而较低，可能的原因是城乡差距的拉大导致共享指数的下降，表明了当前形势下保障社会总财富及收入合理分配的重要性。改革开放以来，我国始终将追求效率、保障公平作为经济发展核心目标之一，这对于分析当前西部典型省区的共享程度具有重要的现实价值。

三是从当前西部典型省区共同富裕发展阶段所面临的现实矛盾与作用机制的角度考察，西部典型省区共同富裕道路上存在的主要问题是区域经济高质量发展水平低下、城乡差距明显、社会保障短板问题以及基本公共服务设施建设不完善等。首先，西部典型省区因其特殊的地缘环境，导致其与中东部地区的经济发展步调不一，并且区域内部各省区的经济社会发展程度差异明显。因此，促进经济高质量发展进程提质增效对于提升区域整体经济发展水平并进一步助推西部典型省区共同富裕进程发挥关键作用。其次，经济增长的同时涌现出城乡收入及消费差距等问题逐步成为西部典型省区共同富裕发展过程中的不容忽视的变量。再次，社会保障作为实现共同富裕的基本途径之一。医疗、养老等社会保险的全覆盖不仅发挥了支柱作用，而且为助推西部典型省区共同富裕发展水平的提升提供制度保障。最后，基本公共服务设施的水平和质量是西部典型省区共同富裕前进征程上的又一制约因素。从分析作用机制入手，可以发现，教育、城镇化水平、卫生健康以及基础性民生建设四方面同样为扎实推动西部典型省区共同富裕取得有效性进展而注入新活力。居民受教育水平的提升能够促使自我价值的升华，筑牢西部典型省区共同富裕的物质和精神基础；城镇化进程的推动有利于破除绝对贫困问题，缩小城乡差距；卫生健康事业的不断进步，不仅提升居民的身体素质，促进经济社会的发展，还适应共同富裕的时代要求；促进民生事业的建设，切实解决了人民群众面临的现实问题，保证了共同富裕建设的稳步前进。

第四章 宁夏回族自治区共同富裕指数的测度以及影响因素分析

第一节 共同富裕指数测度及评价

一、共同富裕指标说明

由于部分数据缺失，本章在前文对共同富裕指数测度方法的基础上，将每十万人口高等学校平均在校生数替换为每万人中等技术人员数、教育经费占地区 GDP 比重替换为教育在岗平均工资。除此之外，本章与第三章共同富裕指标体系构建相同，主要选取经济高质量发展、居民可支配收入、消费水平、城镇化率、受教育程度、基本公共服务和社会保障水平七个二级指标共同衡量富裕程度，其中经济高质量发展、居民可支配收入、消费水平、城镇化率四个二级指标测度物质富裕程度；受教育程度、基本公共服务和社会保障水平三个二级指标测度精神富裕程度。同时，主要选取城乡收入差距、城乡消费差距和民生性财政支出比重三个二级指标衡量共享程度。

二、宁夏回族自治区共同富裕程度的整体评价

（一）第一种指标构建下的共同富裕程度评价

1. 同一时间维度不同地区的比较

根据第三章共同富裕指数计算方法得出 2011～2020 年宁夏回族自治区五

个城市的共同富裕指数，取值区间为 48.92~91.80（见表4-1）。同时，根据五个城市各常住人口占宁夏回族自治区总人口比例赋权，计算得出宁夏回族自治区总体共同富裕指数。2011 年，宁夏回族自治区总体共同富裕指数为68.11，有两个城市的共同富裕指数超过该指数。到 2020 年，宁夏回族自治区总体共同富裕指数为 71.39，仅有银川市的共同富裕指数超过该指数，其余城市的共同富裕指数低于总体共同富裕指数。

表4-1　2011~2020 年宁夏回族自治区共同富裕指数（第一种指标）

年份 城市	2011	2012	2013	2014	2015	2016	2017	2018	2019	2020
银川市	84.81	87.42	83.00	89.25	91.80	89.43	90.21	89.50	90.23	89.84
石嘴山市	68.81	68.51	68.45	63.77	61.39	62.47	62.11	62.62	60.92	62.62
吴忠市	55.01	54.25	52.04	58.21	56.92	55.07	55.51	55.13	48.92	51.99
固原市	63.43	63.81	66.64	67.39	66.46	70.92	69.49	67.34	72.24	67.67
中卫市	57.52	61.70	61.22	63.41	65.05	66.73	68.38	60.56	64.03	57.24
总体	68.11	69.51	68.16	71.44	71.87	71.96	72.32	70.37	70.70	71.39

从五个城市的共同富裕指数来看，宁夏回族自治区内部各城市的共同富裕发展水平存在差异，以 2011 年为例，共同富裕指数较高的城市为银川市，其共同富裕指数比石嘴山市高 16.00、比吴忠市高 29.80，由此可见银川市作为省会城市其共同富裕程度远高于其他城市。具体来看，仅有石嘴山市和固原市的共同富裕指数接近 68.11 的总体水平，分别为 68.81 和 63.43，而银川市比总体水平高 16.70、吴忠市比总体水平低 13.10，其余城市的共同富裕指数与宁夏回族自治区的总体水平也有较大差距。到 2020 年，宁夏回族自治区内部各城市之间的共同富裕水平差距进一步扩大，且各城市的共同富裕指数与宁夏回族自治区的总体水平差距也逐渐扩大。具体来看，银川市的共同富裕指数为89.84，与总体相比高出 18.45，而吴忠市的共同富裕指数为 51.99，低于总体水平，与总体的差值为 19.40，这可能与银川市聚集了全区主要的政治、经济、医疗和文化等资源有关，使其在发展经济上和提升居民生活质量上具有比较优势，而其他城市由于各类资源的匮乏阻碍了共同富裕的发展。

从图4-1 中具体分析宁夏回族自治区 2011 年、2014 年、2017 年、2020

年的共同富裕指数的变动趋势，可以发现，宁夏回族自治区总体的共同富裕发展水平呈现先增长后下降的趋势，变化幅度较小，总体波动范围为 68.11 ~ 72.32，出现变动的原因可能是部分城市共同富裕指数的大幅度变化，从而影响了总体水平。

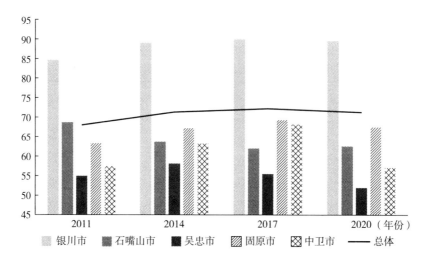

图 4-1　2011~2020 年宁夏回族自治区共同富裕指数变动趋势（第一种指标）

2. 不同时间维度下的发展趋势

银川市的共同富裕指数在 2011~2015 年出现较大幅度波动，波动范围在 83.00~91.80，2016~2020 年其数值保持在 90 左右。银川市地处中国西北地区宁夏平原中部，西倚贺兰山、东临黄河，地理位置优越，具有经济发展的比较优势，除此之外，银川市通过一系列举措缩小城乡差距，以 2019 年为例，其城镇消费品零售额增长 5.8%，乡村消费品零售额增长 15.3%[①]，因此其共同富裕指数始终远高于宁夏回族自治区的总体共同富裕水平，在宁夏回族自治区实现共同富裕的道路上起到了引领和带头作用，也可以对周边城市起到辐射带动作用。

石嘴山市的共同富裕指数在 2011~2013 年维持在 68 的水平，在 2013~2015 年出现大幅度下降，下降幅度为 7.06，在 2015 年以后出现小幅度的波动

[①]　《宁夏统计年鉴 2020》。

上升，并且相较于宁夏回族自治区内其他城市，其共同富裕程度较低，这可能与当地全体居民人均可支配收入和全体居民人均消费支出的下降有关，居民的收入减少导致消费水平下降，从而使居民生活水平下降，整个城市的共同富裕发展受到阻碍。

吴忠市的共同富裕指数整体呈波动变化，但波动频率较低，在 2013~2014 年和 2019~2020 年呈现上升趋势，但上升幅度较小，分别为 6.17 和 3.07，其余年份呈下降趋势，且吴忠市的共同富裕指数在十年间始终位于宁夏回族自治区落后水平，直接拉低了全区共同富裕的总体水平，究其原因，吴忠市的经济增速缓慢严重制约着物质富裕程度，同时社会保障体系的不完善以及基础性民生建设进程缓慢使其共享程度较低，最终延缓了当地共同富裕发展进程。

固原市的共同富裕指数总体呈波动式上升，呈现逐步向好的趋势，由2011 年的 63.43 增加至 2020 年的 67.67，波动范围在 63.43~72.24，共同富裕发展水平的上升不仅体现出当地经济总量的增加，也体现出当地城乡差距的缩小以及基本公共服务覆盖率的提高，因此当地政府应因地制宜，充分发挥比较优势，激发更多经济发展潜力，助力实现更长远的富足目标，为提升当地居民生活质量提供坚实的物质保障。

与固原市相反，中卫市的共同富裕指数在 2011~2017 年稳步提升，由57.52 增加至 68.38，在 2017~2020 年出现波动式下降，下降幅度为 11.14，原因可能是当地第三产业发展速度放缓，对 GDP 增长贡献降低，导致当地GDP 增速降低，经济发展水平的下降而引起一系列连锁反应，不仅使财政收入和居民收入减少，还使公共服务水平降低，因此当地政府应着重发展第三产业，使经济良性循环发展，带动共同富裕指数回升（见图 4-2）。

3. 宁夏回族自治区共同富裕指数的分项评价

将宁夏回族自治区内五个城市的共同富裕指数分为富裕指数和共享指数，其意义在于具体衡量各指标的影响程度。对富裕程度和共享程度两个二级指标进行重新赋权，赋权方法同上，得出宁夏回族自治区内五个城市的富裕指数和共享指数（见表 4-2 和表 4-3）。

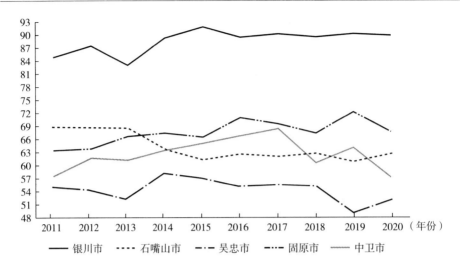

图 4-2　2011~2020 年宁夏回族自治区各城市共同富裕指数变动趋势（第一种指标）

表 4-2　2011~2020 年宁夏回族自治区富裕指数（第一种指标）

年份 城市	2011	2012	2013	2014	2015	2016	2017	2018	2019	2020
银川市	93.76	98.56	94.52	94.13	96.64	95.68	95.67	94.10	92.23	90.75
石嘴山市	77.63	77.03	76.91	71.09	70.26	71.88	71.40	75.75	72.96	75.04
吴忠市	57.11	52.86	54.82	58.27	56.08	60.26	58.84	55.71	56.17	55.03
固原市	45.58	48.76	51.54	54.79	54.80	54.77	54.99	54.67	54.50	55.35
中卫市	46.93	49.78	47.74	50.08	51.45	49.24	51.43	52.43	52.05	48.50
总体	67.09	68.75	68.18	69.26	69.87	70.25	70.39	69.86	69.02	70.38

表 4-3　2011~2020 年宁夏回族自治区共享指数（第一种指标）

年份 城市	2011	2012	2013	2014	2015	2016	2017	2018	2019	2020
银川市	75.86	76.27	71.48	84.37	86.97	83.19	84.75	84.89	88.22	88.93
石嘴山市	60.00	60.00	60.00	56.45	52.51	53.06	52.82	49.50	48.88	50.21
吴忠市	52.90	55.64	49.26	58.15	57.75	49.88	52.18	54.54	41.67	48.95
固原市	81.29	78.86	81.73	80.00	78.12	87.07	83.99	80.00	89.98	80.00

续表

年份 城市	2011	2012	2013	2014	2015	2016	2017	2018	2019	2020
中卫市	68.11	73.61	74.69	76.73	78.65	84.21	85.33	68.70	76.01	65.98
总体	69.13	70.27	68.13	73.63	73.87	73.66	74.25	70.88	72.38	72.40

以 2011 年为例，宁夏回族自治区各城市的富裕指数的取值范围在 45.58~93.76，共享指数的范围在 52.90~81.29，将宁夏回族自治区 5 个城市按各城市常住人口占总人口比重赋权，得出宁夏回族自治区总体富裕指数和共享指数分别为 67.09 和 69.13。富裕程度较高的城市为银川市和石嘴山市，并且银川市与富裕程度较低的固原市指数相差 48.18，差距明显，表明宁夏回族自治区内各城市富裕程度差异较大，还需要提升落后城市发展水平。共享程度较高的城市分别为固原市和银川市，并且固原市的共享程度指数远高于吴忠市，差值为 28.39。由此可见，富裕程度低的城市共享程度反而更高，原因可能是当地城市发展缓慢，城乡差距较小，使其经济发展水平落后，但各类资源在城乡分配平均。到 2020 年，宁夏回族自治区各城市的富裕指数的取值范围为 48.50~90.75，共享指数的范围为 48.95~88.93，与 2011 年相比，富裕程度差距缩小、共享程度差距扩大，宁夏回族自治区总体富裕指数和共享指数分别为 70.38 和 72.40，与 2011 年水平相近，略有提升。总体而言，富裕指数与共享指数为相对指数，不能直接做数值上的绝对比较，但富裕程度水平高于共享程度，表明各城市仍需要完善分配政策，使各类资源有效合理配置，缩小城市与乡村、城市与城市之间的差距，最终推进共同富裕进程。

（二）第二种指标构建下的共同富裕程度评价

1. 同一时间维度不同地区的比较

依照第二种指标构建方法计算出的 2011~2020 年宁夏回族自治区内五个城市的共同富裕指数的取值区间为 51.18~93.39（见表 4-4）。同第一种计算方法一致，得出宁夏回族自治区总体共同富裕指数。2011 年，宁夏回族自治区总体共同富裕指数为 67.62，仅有两个城市的共同富裕指数超过宁夏回族自治区的总体水平，且与总体水平有较大差距；2020 年，宁夏回族自治区总体共同富裕指数为 70.91，仅有银川市的共同富裕指数超过宁夏回族自治区的总体水平，其余城市与总体水平相差较小。

表 4-4　2011~2020 年宁夏回族自治区共同富裕指数（第二种指标）

年份 城市	2011	2012	2013	2014	2015	2016	2017	2018	2019	2020
银川市	87.25	90.97	87.03	90.68	93.39	91.60	91.96	90.97	90.52	89.68
石嘴山市	71.30	71.66	70.70	65.96	64.05	65.46	64.89	66.64	65.02	66.79
吴忠市	56.04	53.76	52.94	58.16	56.59	57.03	56.67	55.54	51.18	52.94
固原市	57.66	59.25	61.73	63.23	62.55	65.51	64.77	63.15	66.43	63.74
中卫市	53.85	57.46	56.35	58.80	60.14	60.58	62.36	57.74	59.96	54.46
总体	67.62	69.28	68.11	70.59	71.08	71.39	71.58	70.17	70.00	70.91

在第二种指标构建方法中仍然可以发现，宁夏回族自治区内各城市的共同富裕指数存在差距，各城市之间共同富裕发展水平差异明显。以 2011 年为例，共同富裕指数较高的城市为银川市和石嘴山市。具体来看，2011 年银川市和石嘴山市的共同富裕指数分别为 87.25 和 71.30，远高于宁夏回族自治区的总体水平，差值分别为 19.63 和 3.68，而共同富裕程度落后的中卫市与总体水平相差较大，差距为 13.77。到 2020 年，宁夏回族自治区内各城市共同富裕指数的数值变化不显著，由此可见，经过十年时间，宁夏回族自治区内各城市共同富裕水平未有突破性发展，在下一阶段仍需挖掘自身优势，利用西部大开发等政策提升经济发展能力，带动共同富裕水平提高。

从图 4-3 具体分析宁夏回族自治区共同富裕指数的变动趋势，同第一种构建方法得出的结论基本一致，宁夏回族自治区的共同富裕发展水平趋势平稳，总体波动范围为 70.59~71.58，波动幅度较小，整体呈先上升后下降的趋势。

2. 不同时间维度下的发展趋势

在第二种指标构建方法下，2011~2020 年宁夏回族自治区内五个城市的共同富裕的发展趋势与第一种方法的测度结果基本一致。具体来看，银川市的共同富裕指数在 2013~2015 年有较大幅度上升，由 87.03 增加至 93.39，在 2015~2020 年呈稳步下降的态势，但下降幅度较小，由 93.39 下降至 89.68，

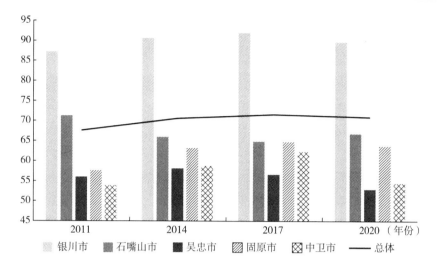

图4-3 2011~2020年宁夏回族自治区共同富裕指数变动趋势（第二种指标）

但总体上银川市共同富裕发展水平始终居于宁夏回族自治区领先地位，原因可能是其作为省会城市具有优质的政治、经济、教育以及医疗等资源，能够为共同富裕的发展提供物质基础。石嘴山市的共同富裕指数在2011~2015年出现下降趋势，由71.30下降至64.05，在2015~2020年出现小幅度波动回升，波动范围在64.05~66.79。吴忠市的共同富裕指数在2012~2020年始终低于宁夏回族自治区均值水平，且始终落后于其他城市，其仅在2013~2014年出现较大幅度增加，由52.94增加至58.16，其余年份均未有较大幅度提升，原因可能是当地经济发展水平落后，无法为共同富裕发展提供新动能。固原市的共同富裕指数整体向好，呈现稳步提升的态势，与银川市逐渐缩小差距。中卫市的共同富裕指数在2011~2017年呈逐步上升趋势，由53.85增加至62.36，在2017年后出现波动下降，可能与当地经济发展速度放缓有关（见图4-4）。

3. 宁夏回族自治区共同富裕指数的分项评价

同第一种计算方法类似，对衡量物质富裕程度、精神富裕程度以及共享程度三个二级指标进行重新赋权，赋权方法同上，得出宁夏回族自治区五个城市的富裕指数和共享指数，并对五个城市的精神富裕程度作进一步讨论（见表4-5~表4-7）。

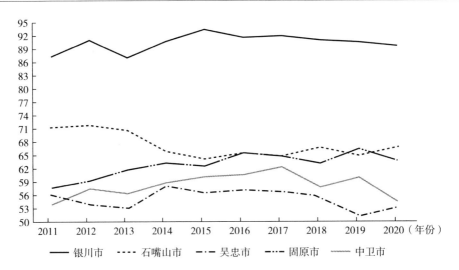

图 4-4　2011～2020 年宁夏回族自治区各城市共同富裕指数变动趋势（第二种指标）

表 4-5　2011～2020 年宁夏回族自治区富裕指数（第二种指标）[①]

年份 城市	2011	2012	2013	2014	2015	2016	2017	2018	2019	2020
银川市	92.94	98.32	94.80	93.84	96.61	95.80	95.56	94.01	91.67	90.05
石嘴山市	76.95	77.49	76.05	70.72	69.81	71.65	70.93	75.21	73.09	75.08
吴忠市	57.61	52.82	54.78	58.16	56.01	60.61	58.91	56.05	55.93	54.93
固原市	45.85	49.45	51.73	54.85	54.77	54.74	55.16	54.72	54.65	55.61
中卫市	46.72	49.39	47.18	49.84	50.88	48.77	50.87	52.27	51.94	48.70
总体	66.87	68.79	68.10	69.07	69.69	70.25	70.25	69.82	68.81	70.16

表 4-6　2011～2020 年宁夏回族自治区精神富裕指数（第二种指标）

年份 城市	2011	2012	2013	2014	2015	2016	2017	2018	2019	2020
银川市	43.59	48.32	48.38	45.89	48.18	48.32	47.40	46.69	43.88	42.58
石嘴山市	36.11	40.37	35.03	34.05	33.33	35.05	33.84	35.71	37.01	37.70
吴忠市	30.56	26.26	27.26	28.70	27.75	31.54	29.70	29.19	27.10	27.12

① 此处富裕指数综合了物质富裕和精神富裕。

续表

年份\城市	2011	2012	2013	2014	2015	2016	2017	2018	2019	2020
固原市	23.88	27.14	26.55	27.63	27.27	27.24	28.18	27.53	27.86	28.73
中卫市	22.61	23.32	21.64	24.07	23.45	22.72	23.48	25.58	25.58	25.06
总体	32.66	34.52	33.78	33.86	34.21	35.12	34.64	34.76	33.67	34.31

表4-7　2011~2020年宁夏回族自治区共享指数（第二种指标）[①]

年份\城市	2011	2012	2013	2014	2015	2016	2017	2018	2019	2020
银川市	75.86	76.27	71.48	84.37	86.97	83.19	84.75	84.89	88.22	88.93
石嘴山市	60.00	60.00	60.00	56.45	52.51	53.06	52.82	49.50	48.88	50.21
吴忠市	52.90	55.64	49.26	58.15	57.75	49.88	52.18	54.54	41.67	48.95
固原市	81.29	78.86	81.73	80.00	78.12	87.07	83.99	80.00	89.98	80.00
中卫市	68.11	73.61	74.69	76.73	78.65	84.21	85.33	68.70	76.01	65.98
总体	69.13	70.27	68.13	73.63	73.87	73.66	74.25	70.88	72.38	72.40

　　以2011年为例，宁夏回族自治区的富裕指数的取值范围在45.85~92.94，共享指数的取值范围在52.90~81.29，精神富裕指数的取值范围在22.61~43.59，将宁夏回族自治区五个城市的各城市常住人口占总人口比重赋权，得出自治区总体的富裕指数、精神富裕指数和共享指数，分别为66.87、32.66和69.13。富裕程度较高的城市为银川市和石嘴山市，并且银川市与固原市的富裕指数相差较大，与前文第一种指标下得出的结论一致。精神富裕程度较高的城市为银川市和石嘴山市，固原市和中卫市仍位于宁夏回族自治区落后位置，由此可见精神富裕程度较高的城市其富裕程度也较高。共享程度较高的城市为固原和银川市，虽然固原市的富裕程度和精神富裕程度比较落后，但其共享程度处于领先地位，与前文得出的结论一致。到2020年，宁夏回族自治区的富裕指数的取值范围在48.70~90.05，共享指数的取值范围在48.95~88.93，精神富裕指数的取值范围在25.06~42.58，宁夏回族自治区总体的富

----

　　① 　在第一种和第二种指标构建方法中，共享程度权重和衡量指标并未发生改变，因此两种方法中的共享指数数据一样。

裕指数、精神富裕指数和共享指数分别 70.16、34.31 和 72.40，与 2011 年相比，各城市之间富裕程度和精神富裕程度差距缩小，共享程度差距扩大，宁夏回族自治区富裕程度、共享程度和精神富裕程度有所提升，共享程度出现下降。总体而言，两种指标构建方法得出的结论基本一致。

（三）两种测度方法下的对比分析

1. 同一时间维度下的共同富裕指数对比

根据前文两种指标构建方法下的共同富裕指数评价分析，总体来看，两种构建方法均能体现出宁夏回族自治区内部五个城市的共同富裕发展水平的差异性。以 2020 年为例，各城市之间共同富裕指数差值小幅度波动。在将共同富裕程度细分为物质富裕程度、精神富裕程度以及共享程度的前提下，固原市的富裕指数和精神富裕指数较低，但共享指数较高，石嘴山市与之相反，其余城市差距较小。

2. 共同富裕指数的发展趋势对比

从共同富裕指数的发展趋势来看，更换指标构建方法后，宁夏回族自治区五个城市的共同富裕整体水平随时间推移的发展趋势与第一种指标体系的趋势基本保持一致，呈现先上升后下降的趋势，同时也从侧面印证了本章所构建的共同富裕测度指标体系的科学性和合理性，共同富裕指数的发展态势并未因体系构建的不同而体现出较大差异。

3. 共同富裕指数的分项评价对比

在对宁夏回族自治区各城市的共同富裕指数进行分项评价时，可以看出不同城市之间的富裕程度以及共享程度存在显著差距，并且在更换指标构建方法后，还能反映出宁夏回族自治区部分城市存在的共享层面的短板问题，如石嘴山市。宁夏回族自治区富裕指数的总体水平低于共享指数的总体水平，部分城市富裕程度较高时反而共享程度较低，表明宁夏回族自治区仍需要采取更公平的分配措施，使全体居民共享劳动成果。从各城市的富裕指数以及共享指数随时间的变动趋势来看，两种分析方法得出的分项指数的时间发展趋势前后基本保持一致。总之，无论从哪种角度对共同富裕发展水平进行测度，并不会对当前宁夏回族自治区内各城市共同富裕发展水平的衡量以及发展趋势的判定造成较大影响，同时也从侧面反映出本章指标体系构建的科学性和合理性，对本章的研究具有重要意义。

第二节 宁夏回族自治区共同富裕影响因素分析

共同富裕是中国特色社会主义的本质要求，也是我们共产党人的奋斗追求。2015年8月21日，中共中央在中南海召开党外人士座谈会，会上习近平总书记指出："我们追求的发展是造福人民的发展，我们追求的富裕是全体人民共同富裕。"党的十八大以来，以习近平同志为核心的党中央立足消除贫困、逐步实现共同富裕，组织实施了人类历史上规模最大、力度最强的脱贫攻坚战，消除了绝对贫困和区域性整体贫困，取得了令全世界刮目相看的重大胜利，但是宁夏回族自治区的共同富裕与东部沿海地区的共同富裕不同。一方面，宁夏回族自治区具有非富即贫的特点，邻近黄河流域的城镇拥有肥沃的土地、平坦的地势以及宜居的气候，有利于发展经济，而其他城镇处于气候干旱、水资源紧缺的地区，阻碍当地经济发展，因此宁夏回族自治区内部各城镇的发展水平和发展速度不一；另一方面，尽管有西部大开发战略等政策的扶持，但受限于环境因素和资源条件，到2020年，宁夏回族自治区的地区生产总值在全国排名仍然靠后，说明其在实现共同富裕的道路上需要面临更大的挑战，要做好长期斗争的准备。此外，宁夏回族自治区实现共同富裕理应同全国一样，并不是一蹴而就的，而是一个从量变到质变的动态实践过程。基于此，探讨宁夏回族自治区共同富裕进程的影响因素，不仅从尊重宁夏回族自治区发展的角度出发，正视其在实现共同富裕道路上所面临的挑战，还要为探索推进其共同富裕进程所依赖的具体的实践路径指明方向。

一、经济因素

宁夏回族自治区为实现共同富裕，始终坚持以发展为第一要务，坚持以高质量发展为主线，坚持以改革创新为根本动力，坚持以供给侧结构性改革为主线，加快构建现代产业体系，大力发展特色农业、大数据、装备制造、文化旅游等战略性新兴产业，提高经济增长质量和效益；同时，在经济结构调整方面取得了显著进展，通过大力推进产业升级、转型升级以及技术创新等措施，经济结构不断优化，从过去以传统产业为主向以新兴产业为主转变，特别是在壮大战略性新兴产业和发展现代服务业方面取得了长足的进步。宁夏回族自治区整体的经济发展结构存在改进的部分，特别是教育、医疗卫生等基本公共服务水平与经济发展速度不相适应，这些领域存在改进提升空间；同时，尽管宁夏回族自治区大力促进新业态、新模式的发展，但是起步较晚，技术有待提高，市场主体总量较少，还无法形成规模经济，产业结构优化仍存在较大提升空间，以上因素对西部地区共同富裕的实现提出了挑战。因此，对于宁夏回族自治区来说，推动资本、劳动力等生产要素的自由流动和合理配置，能够带动全域经济高质量发展，同时要最大限度发挥自身优势，尽管地处内陆，无法比肩沿海地区的对外贸易条件，但是可以借助丝绸之路经济带，对内与沿线城市进行交流往来，对外与中亚等沿线地区加强出口，尤其是煤炭等矿产资源和能源资源，可以借鉴上海等沿海开放城市的贸易模式，提高引进外资的水平，为整体经济发展创造新的增长点，与延长产业链相结合，推动最终产品的销售，扩大市场。

从内部来看，不同城市的经济发展质量与经济发展速度不一，2020年GDP增长率较高的城市为固原市和吴忠市，GDP增长率分别为9%和7%，而中卫市的GDP增长率仅为1%，与固原市相差巨大，2020年GDP总量处于领先的城市为银川市，较落后的城市为固原市，数值分别为1964.4亿元和352.5亿元，其中银川市的GDP总量占整个宁夏回族自治区的49.7%，接近总量的一半，而固原市的GDP总量占比仅为8.9%[①]。因此，尽管宁夏回族自治区整体近几年经济总量有所提升，但是其共同富裕指数并未有较大提高，在未来政府的工作重心是提升全自治区经济总量，一味地将各种资源聚集到省会确实使银川市有较高的经济水平和城市化水平，但是更要关注银川市的发展是否对其他城市起到辐射带动作用；同时，各城市要破除盲目跟风的思维，对于黄河沿岸的城市来说，其具有天然的农业生产优势，不应该盲目进行工业生产，破坏自然环境，而是要延长农业生产的产业链，使农业产品多元化和商业化，充分发挥"塞上江南"的优势；还可以发展旅游业，运用自身的独特风光吸引各地游客，既能够带动当地餐饮、娱乐以及酒店等一系列服务业的发展，又能够对当地和当地的农业产品起到宣传作用；对于干旱缺水的城市来说，可以采取

---

① 《宁夏统计年鉴2021》。

人退自然进的举措，退耕还林和退耕还草，而不是一味地使用当地仅有的资源和破坏脆弱的生态。

不仅如此，城乡收入差距同样是制约共同富裕的重要因素，从宁夏回族自治区整体的城乡收入差距来看，2020年城镇居民的人均可支配收入为35720元，农村居民的人均可支配收入为13889元，城乡收入差距为21831元；从地区的城乡收入差距来看，2020年城乡收入差距最大的城市为银川市，其城镇居民的人均可支配收入为39416元，农村居民的人均可支配收入为16428元，城乡收入差距达到22988元，固原市城镇居民的人均可支配收入为30052元，农村居民的人均可支配收入为11950元，城乡收入差距达到18102元，银川市、石嘴山市城镇居民的人均可支配收入为34157元，农村居民的人均可支配收入为16405元，城乡收入差距为17752元，吴忠市城镇居民的人均可支配收入为31159元，农村居民的人均可支配收入为14698元，城乡收入差距为16461元，中卫市城镇居民的人均可支配收入为30478元，农村居民的人均可支配收入为12122元，城乡收入差距为18356元[1]，由此可见，银川市整体富裕程度较高，但是城乡收入差距过大，如果能合理解决城乡收入差距过大问题，将提高共享程度，进而促进当地共同富裕的实现。此外，个人可支配收入直接影响居民消费水平和消费能力的大小，受个人可支配收入的影响，城乡居民的消费差距也较大，2020年银川市城镇居民人均生活消费支出为26670元，农村居民人均生活消费支出为13318元，城乡生活消费差距为13352元[2]。由此可见，在解决分配制度不完善的道路上，宁夏回族自治区还有很长的路要走。

总体而言，宁夏回族自治区深入贯彻落实中央各项决策部署，不断加强经济社会发展的综合力度和创新力度，不断完善科技体制和创新创业环境，使其在迈向共同富裕的进程中逐步取得了显著的成就。可以说，宁夏回族自治区已经成为中国在西北地区的"领头羊"，为全国决胜全面建设社会主义现代化国家贡献自己的力量。

二、社会因素

基本公共服务均等化是推动共同富裕进程取得有效性进展的必由之路，深

---

① ②　《宁夏统计年鉴2021》。

刻揭示了共同富裕的本质特征，基本公共服务的供给水平和质量为积累物质财富以及提升居民个人幸福感提供强有力的保障。

卫生健康是筑牢共同富裕的健康根基，为适应共同富裕的时代要求，需要重视卫生健康在共同富裕进程中的核心地位和关键作用。健康是创造社会财富的前提，只有在保障身体健康的前提条件下，才能讨论自我价值的实现问题。卫生健康作为居民消费的一大领域，居民健康需求与日俱增，且这种需求具有刚性，能够有效提升健康产业在国民经济中的地位。此外，以共享程度为落脚点，健康同样是保证全民共享经济建设成果以及美好生活的必需。实现人的全面发展不仅是物质财富和精神财富的极大丰厚，更重要的是体现在人本身身体健康素质的提升。健康问题关系到人民生活品质的提升，关乎人民幸福感和安全感。而宁夏回族自治区主要的医疗资源集中在作为省会的银川市，其他城市的医疗服务水平与银川市具有较大差距，在 2020 年银川市的医院数为 78 个，占全自治区的 35.78%，卫生技术人员数为 28264 人，占全自治区的 48.21%，卫生机构床位数为 17621 张，占全自治区的 42.71%，这也是银川市共同富裕水平始终位于宁夏回族自治区首位的原因之一，尽管银川市的医疗资源最集中，但其内部的永宁县和贺兰县与城区医疗水平不一，在 2020 年两个县医院数共有 8 个，占银川市的 10.26%，卫生技术人员数共有 2896，占银川市的 10.25%，卫生机构床位数共有 1728 张，占银川市的 9.81%[①]，因此宁夏回族自治区内部医疗资源存在省会城市与其他城市之间分配不均、城乡分配不均的问题。促进基本公共服务均等化是社会资源利用和效率提升的重要手段之一，同时也是扎实推动宁夏回族自治区共同富裕所实现的目标之一。基本公共服务占地区财政支出比重的增加关乎地区的生产力水平，关乎经济社会发展水平。重视医疗、卫生等公共服务设施建设，既有助于提升基本公共服务供给的质量，又有助于保证经济建设的稳定。"基本"与"均等"两个关键词是缩小区域、城乡间差距，保障全体人民群众生存与发展的核心要求。基本公共服务的均等化配置有助于实现各城市间基本公共服务的均衡发展，是推进共同富裕道路上的核心内容。

---

① 《宁夏统计年鉴 2021》。

三、政策因素

宁夏回族自治区政府积极响应实现共同富裕的号召，出台各项政策促进全区经济高质量发展和社会公平的实现。

从经济发展的角度来看，产业发展是地区经济的主要推动方式，为了使工业经济平稳运行，当地政府采取多种方式降低相关企业运营成本，如实行电价支持政策、对工业企业进行技术改造的贷款给予适当的贴息补偿、国有房屋租金减免以及税收减免；同时，为加快推进新兴产业发展，当地政府加大财政投入，弥补基础设施不健全的短板，创造良好的发展环境，如建设大型数据中心项目、修建公路和铁路来完善交通基础设施以及引进先进的技术设备；对于中小微企业加大扶持力度，帮助其生存发展，如开展防范和化解拖欠中小企业账款的专项行动、加大贷款支持力度以及延期还本付息缓解其资金困难。但是，良好的营商环境和发展环境不是一蹴而就的，需要持续的政策支持和财政保障，对于先天条件不足、后天发展落后的情况，需要当地政府加大投入力度、发挥当地优势，因地制宜制定扶持政策，而不是照搬东部发达省份经验。

从促进社会永续发展的角度来看，宁夏回族自治区通过加大科技创新力度提高自主创新的能力，推出了一系列扶持政策，包括设立科技创新专项基金，促进新兴产业发展、培养创新人才等。这些政策为技术创新和转型提供了稳定的资金和支持。同时，宁夏回族自治区通过大力发展特色农业和工业，实现乡村就业扶贫，让更多的贫困家庭脱贫致富。此外，宁夏回族自治区也实施了创业扶贫，为贫困家庭提供创业资金和技能培训，帮助他们自主创业、摆脱贫困，还要加大就业公共服务力度，为就业困难群体提供更多的帮扶和支持。

第三节　本章小结

本章在阐述共同富裕的本质内涵的基础上，从富裕程度和共享程度两大维度综合评价了宁夏回族自治区五个城市的共同富裕指数，并以此分析宁夏回族自治区的共同富裕的发展水平及其发展趋势。通过总结宁夏回族自治区在推动共同富裕过程中所面临的现实困境，探寻了制约其共同富裕进程的关键变量，旨在为加快宁夏回族自治区实现全民共同富裕的长期愿景而提供新的路径选择。通过上述研究，本章得出以下结论：

从宁夏回族自治区整体的共同富裕指数来看，共同富裕发展水平整体呈现平稳发展的趋势，仅有小幅度变动，然而，五个城市的共同富裕的发展水平存在明显差距，在两种不同的指标下得出了相同的结果。在第一种指标构建下，以 2020 年为例，共同富裕程度最高的城市为银川市，共同富裕程度最低的城市为吴忠市。由于资源禀赋以及经济发展状况不一，不同城市的共同富裕发展进程不同。只有银川市和固原市能达到宁夏回族自治区共同富裕的均值水平，其余城市的共同富裕程度并未达到均值水平。从不同时间跨度下的发展趋势来看，银川市的共同富裕发展水平 2011～2020 年始终位于宁夏回族自治区的首位，远远高于其他城市的共同富裕指数，而吴忠市的共同富裕发展水平一直位于宁夏回族自治区的末尾，且共同富裕指数整体呈下降态势，这主要受到经济增速放缓，收入分配制度不合理，教育、医疗以及养老等公共服务水平不高以及财政支出结构失衡等因素的制约。其他三个城市的共同富裕指数在 2011～2020 年没有大幅度的变动。根据两种指标下得出的结论可以发现，教育、城镇化水平、卫生健康以及基础性民生建设四方面为扎实推动宁夏回族自治区共同富裕取得有效性进展而注入新动力。教育关系着一个地区经济的发展潜力，良好的教育水平为人力资本的积累奠定了扎实的基础，尤其对于宁夏回族自治区这样的西部地区来说，更需要科学技术来补齐自然条件上的短板，而科学技术的创造者是人才，因此在当地培养属于自己的人才对于提升共同富裕发展水平至关重要；城镇化进程的推动有利于破除绝对贫困问题，提高农村人均可支配收入，提升农村居民的生活水平，缩小城乡差距，使发展成果由全体居民共享；卫生健康事业的不断进步，不仅提升居民的身体素质，促进经济社会的发展，还为广大居民提供最基本的保障，符合共同富裕的时代要求。

第五章 内蒙古自治区共同富裕
指数的测度以及影响因素分析

第一节 共同富裕指数测度及评价

一、共同富裕指标说明

由于部分数据缺失，本章在前文对共同富裕指数的测度方法的基础上，将城镇居民医疗保险基金支出、基本养老保险基金支出以及城乡居民社会养老保险基金支出分别替换为医疗保险覆盖率、养老保险覆盖率以及城镇居民人均可支配收入。除此之外，本章与第三章共同富裕指标体系构建相同，主要选取经济高质量发展、居民人均可支配收入、消费水平、城镇化率、受教育程度、基本公共服务和社会保障水平七个二级指标共同衡量富裕程度，其中经济高质量发展、居民人均可支配收入、消费水平、城镇化率四个二级指标测度物质富裕程度；受教育程度、基本公共服务和社会保障水平三个二级指标测度精神富裕程度。同时，主要选取城乡收入差距、城乡消费差距和民生性财政支出比重三个二级指标衡量共享程度。

二、内蒙古自治区共同富裕程度的整体评价

(一)第一种指标构建下的共同富裕程度评价

1. 同一时间维度不同地区的比较

根据第三章共同富裕指数计算方法得出 2011~2020 年内蒙古自治区十二个城市的共同富裕指数,取值区间为 51.57~92.23(见表 5-1)。同时,根据内蒙古自治区内各城市常住人口占总人口比重赋权,计算得出内蒙古自治区总体共同富裕指数。2011 年,内蒙古自治区总体共同富裕指数为 67.96,有五个城市的共同富裕指数超过内蒙古自治区的总体水平。到 2020 年,内蒙古自治区总体共同富裕指数为 70.79,共有三个城市的共同富裕指数超过内蒙古自治区的总体水平。

表 5-1 2011~2020 年内蒙古自治区共同富裕指数(第一种指标)

年份 城市	2011	2012	2013	2014	2015	2016	2017	2018	2019	2020
呼和浩特市	74.05	74.36	75.92	78.48	77.03	75.50	77.82	78.45	76.13	78.07
包头市	83.99	85.08	83.62	86.79	85.93	85.31	89.48	89.96	91.14	92.23
呼伦贝尔市	67.14	69.07	67.04	71.43	68.69	67.86	64.82	64.66	65.25	66.10
兴安盟	69.79	70.31	70.34	75.29	71.00	69.00	68.09	69.27	66.03	70.04
通辽市	57.11	57.77	56.03	62.55	62.45	62.67	66.27	63.10	62.70	61.17
赤峰市	66.87	67.44	68.14	71.83	68.84	69.62	68.45	68.40	69.15	69.46
锡林郭勒盟	64.69	66.91	67.74	68.13	66.93	67.49	68.86	67.53	68.90	67.43
乌兰察布市	67.22	69.08	69.00	72.16	69.43	70.61	70.17	70.17	67.25	69.15
鄂尔多斯市	68.83	69.72	70.62	71.29	66.60	68.85	71.93	70.55	71.16	68.57
巴彦淖尔市	55.69	55.83	55.88	58.50	54.89	55.29	54.52	53.27	51.57	52.79
乌海市	72.11	70.94	70.91	75.05	76.44	75.50	81.02	78.77	76.70	75.46
阿拉善盟	60.66	57.52	58.33	60.95	60.19	57.54	61.29	62.86	62.93	61.37
总体	67.96	68.83	68.71	72.24	70.03	70.03	71.07	70.58	70.07	70.79

从内蒙古自治区十二个城市的共同富裕发展水平来看,内蒙古自治区内部共同富裕的发展水平不一,地区间差异明显,以 2011 年为例,共同富裕指数较高的城市为包头市、呼和浩特市以及乌海市,可见,中西部地区的共同富裕

发展水平远高于东部地区。具体来看，2011年包头市和呼和浩特市的共同富
裕指数分别为83.99和74.05，高于内蒙古自治区的总体水平，巴彦淖尔市、
通辽市以及阿拉善盟的共同富裕指数远低于内蒙古自治区的总体水平，其余七
个城市与均值水平较为接近；到2020年，除包头市和巴彦淖尔市，其余各城
市的共同富裕水平与内蒙古自治区的总体水平差距逐渐缩小，包头市共同富裕
指数远高于内蒙古自治区的总体水平，差值为21.44，巴彦淖尔市共同富裕指
数远低于内蒙古自治区的总体水平，差值为18.00，体现出内蒙古自治区内部
发展不均衡。在内蒙古自治区迈进共同富裕的道路上，包头市起到很好的引领
和带头作用，2011年包头市共同富裕指数为83.99，到2020年增长至92.23，
始终处于领先地位，呼和浩特市和乌海市紧随其后，共同富裕指数也在稳步提
升，但巴彦淖尔市、通辽市以及阿拉善盟共同富裕程度始终处于落后水平。

从图5-1中具体分析内蒙古自治区共同富裕指数的变动趋势，内蒙古自治
区的共同富裕发展水平趋势平稳，总体波动范围为67.96~72.24，波动幅度较
小。共同富裕指数的增长反映出共同富裕发展进程取得有效进展，而个别年份
出现指数下降情况是因为现阶段经济发展水平与人民日益增长的多样化需求不
相适应。

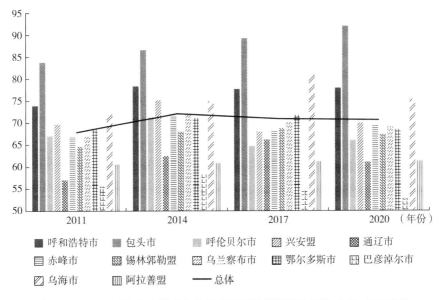

图5-1 2011~2020年内蒙古自治区共同富裕指数变动趋势（第一种指标）

2. 不同时间维度下的发展趋势

从 2011~2020 年不同城市的共同富裕指数变动情况进一步分析各城市的共同富裕的发展趋势（见图 5-2）。

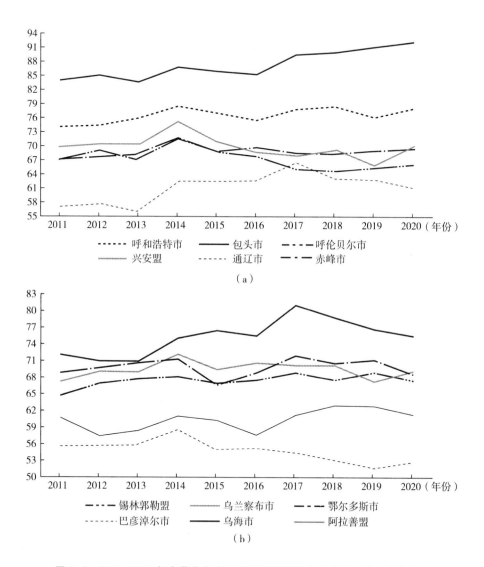

图 5-2 2011~2020 年内蒙古自治区共同富裕指数变动趋势（第一种指标）

呼和浩特市的共同富裕指数的变动情况整体呈现波动上升的趋势，其中个别年份出现指数下降的情况。具体来看，呼和浩特市共同富裕指数在 2011～2014 年出现大幅跃升，从 74.05 增长至 78.48，这与经济的高速度和高质量发展、居民收入水平的提升、城乡差距水平缩小以及社会保障水平的提升密切相关。而在 2014～2016 年和 2018～2019 年出现下降，原因可能是呼和浩特市大力开展一系列城区建设，使其城乡差距在一定程度上扩大。

包头市的共同富裕指数始终处于内蒙古自治区首位，并且总体呈上升趋势，特别是在 2016 年以后处于一直上升的状态，在 2020 年达到 92.23。这与城乡居民人均可支配收入持续增长和城镇化率的提高密切相关，体现出包头市的经济发展使广大居民受益，提高了居民生活水平，同时缩小了城乡差距。

呼伦贝尔市的共同富裕指数在 2011～2014 年呈波动上升趋势，2014～2018 年呈大幅度下降趋势，在 2018～2020 年出现小幅度回升，但回升速度较慢，到 2020 年共同富裕指数为 66.10，仍低于内蒙古自治区均值水平。从衡量共同富裕指数的各项指标可以看出，自 2014 年以后，呼伦贝尔市的 GDP 增长率逐年下降，甚至出现负增长的状态，地区经济发展速度缓慢；从需求层面来看，社会消费品零售总额占 GDP 的比重下降也减缓了呼伦贝尔市共同富裕的发展速度。

兴安盟的共同富裕指数自 2014 年开始大幅度下降，直到 2017 年才出现波动式上升。表明当地政府积极应对共同富裕发展落后的问题，通过提高教育经费支出和医疗卫生保障水平来提升居民生活质量，并且通过发展第三产业来优化产业结构，从而带动当地 GDP 的增长，推动共同富裕发展进程。

通辽市的共同富裕指数在 2011～2017 年呈阶梯式增长，即在 2011～2013 年和 2014～2016 年波动程度较小，在 2013～2014 年和 2016～2017 年大幅度增长，这体现出当地各类改善民生政策取得显著成效。而在 2017 年后共同富裕指数开始逐年递减，主要与当地 GDP 增长速度减缓有关，在 2020 年通辽市 GDP 增长率仅为 0.74%，与 2011 年相比减少了 22.39%[①]，因此下一步当地政府应大力推动当地经济发展，从而推动共同富裕水平提高。

赤峰市与乌兰察布市的共同富裕指数变动趋势相近，都只在 2014 年有大幅度增长，但赤峰市其余各年份均保持稳定增长趋势，增长幅度较小，2020

---

① 《内蒙古统计年鉴 2021》。

年共同富裕指数仅比 2011 年增长了 2.59，乌兰察布市在 2018~2020 年有一定程度波动，两个地区的共同富裕指数始终维持在内蒙古自治区的均值水平，表明当地经济发展水平和民生保障水平还有待提高，需要发挥地理位置的优越性，分别与东北地区和呼包鄂地区加强联系，寻求新的经济增长点。

锡林郭勒盟的共同富裕指数呈现波动式上升趋势，波动范围在 64.69~68.90，波动范围较大，整体发展水平有所提升，这与当地 GDP 增长率和民生性财政支出的波动变化有关。

鄂尔多斯市的共同富裕指数总体上呈波动式下降趋势，其中 2015 年下降幅度最大，从 2014 年的 71.29 下降到 2015 年的 66.60，其余年份变动幅度较小。具体来看，2011~2020 年鄂尔多斯市共同富裕指数没有出现大幅跃升，究其原因是基本公共服务和社会保障水平没有实现大幅度提升。

巴彦淖尔市的共同富裕指数除 2014 年有一定程度增长外，呈现稳步下降的趋势，且始终低于内蒙古自治区的均值水平，并且长期处于落后地位，原因可能与 GDP 增长速率、教育经费的比重、社会保障水平以及民生事业的发展等因素相关，经济增速放缓，收入分配制度不合理，教育、医疗及养老等公共服务水平不高以及财政支出结构失衡等影响了巴彦淖尔市的共同富裕指数。

乌海市的共同富裕指数在 2011~2017 年呈现稳步向好的趋势，在 2017 年后出现持续下降。乌海市力求走出一条符合当地的共同富裕之路，因此其充分利用当地特点，发挥比较优势，为乌海市的共同富裕增添新动能。

阿拉善盟的共同富裕指数整体呈不规则的"W"趋势变动，即先下降后上升，再下降再上升的发展态势，共同富裕指数的增加不仅体现在地区经济总量的增加，还体现在地区内城乡差距以及基本公共服务均等化等问题的解决取得了实际成效。

3. 内蒙古自治区共同富裕指数的分项评价

将内蒙古自治区十二个城市的共同富裕指数分为富裕指数和共享指数的意义在于具体衡量各指标的影响程度。对富裕程度和共享程度两个二级指标进行重新赋权，赋权方法同上，得出内蒙古自治区十二个城市的富裕指数和共享指数（见表 5-2 和表 5-3）。

表5-2 2011~2020年内蒙古自治区富裕指数（第一种指标）

年份 城市	2011	2012	2013	2014	2015	2016	2017	2018	2019	2020
呼和浩特市	79.17	78.10	79.47	79.26	79.25	77.05	81.08	78.37	77.31	78.46
包头市	80.08	81.95	81.22	84.19	81.21	81.26	82.49	83.51	84.77	86.90
呼伦贝尔市	69.30	72.48	69.47	73.20	67.00	64.35	63.80	61.82	62.86	65.48
兴安盟	58.11	59.59	58.26	60.75	56.55	52.17	51.47	51.11	51.40	56.33
通辽市	48.52	49.27	47.49	51.35	51.51	50.65	54.78	54.82	52.53	52.89
赤峰市	54.76	56.09	56.90	57.53	54.31	52.69	52.46	52.99	55.37	56.53
锡林郭勒盟	59.60	62.16	63.17	64.03	62.86	62.14	64.82	65.60	66.53	65.70
乌兰察布市	50.87	53.07	51.72	53.13	48.95	48.90	48.43	47.78	48.19	52.65
鄂尔多斯市	70.10	70.65	72.82	74.41	70.70	71.80	73.95	77.51	72.46	68.07
巴彦淖尔市	58.87	58.54	57.95	62.35	57.40	55.80	55.30	53.69	55.52	56.74
乌海市	82.49	82.40	83.68	82.81	81.92	82.75	84.71	84.53	79.53	80.53
阿拉善盟	72.87	66.80	67.81	69.44	69.80	70.39	71.59	74.00	73.61	69.86
总体	63.44	64.58	64.36	66.42	63.66	62.48	63.79	63.65	63.58	65.40

表5-3 2011~2020年内蒙古自治区共享指数（第一种指标）

年份 城市	2011	2012	2013	2014	2015	2016	2017	2018	2019	2020
呼和浩特市	68.92	70.62	72.37	77.71	74.80	73.95	74.56	78.52	74.95	77.68
包头市	87.90	88.21	86.02	89.38	90.66	89.35	96.46	96.41	97.52	97.56
呼伦贝尔市	64.98	65.65	64.62	69.67	70.38	71.37	65.85	67.51	67.64	66.72
兴安盟	81.46	81.03	82.43	89.83	85.45	85.84	84.71	87.43	80.67	83.75
通辽市	65.70	66.27	64.57	73.75	73.38	74.68	77.75	71.38	72.87	69.45
赤峰市	78.99	78.79	79.39	86.13	83.36	86.54	84.44	83.81	82.93	82.39
锡林郭勒盟	69.79	71.67	72.31	72.24	71.00	72.84	72.90	69.46	71.26	69.16
乌兰察布市	83.57	85.10	86.27	91.19	89.92	92.32	91.91	92.56	86.30	85.65
鄂尔多斯市	67.57	68.79	68.43	68.17	62.50	65.90	69.92	63.59	69.86	69.07
巴彦淖尔市	52.50	53.12	53.81	54.65	52.38	54.78	53.74	52.84	47.62	48.85
乌海市	61.72	59.48	58.15	67.30	70.97	68.24	77.34	73.00	73.88	70.38
阿拉善盟	48.44	48.24	48.84	52.46	50.59	44.69	50.99	51.73	52.25	52.87
总体	72.47	73.09	73.06	78.05	76.40	77.58	78.34	77.51	76.55	76.18

以 2011 年为例，内蒙古自治区的富裕指数的取值范围在 48.52～82.49，共享指数的取值范围在 48.44～87.90，根据内蒙古自治区各城市常住人口占总人口比重赋权，得出内蒙古自治区总体的富裕指数和共享指数分别为 63.44 和 72.47。富裕程度较高的城市为乌海市、包头市以及呼和浩特市，其中乌海市的富裕指数为 82.49，而富裕程度较低的通辽市为 48.52，差值为 33.97，差距较大，说明内蒙古自治区内部各城市在富裕程度上体现出较大的差异性。因此，内蒙古自治区在实现共同富裕的发展道路上，需要注重经济的高质量高水平发展。共享程度较高的城市为包头市、乌兰察布市以及兴安盟，其中处于领先地位的包头市共享指数为 87.90，与处于落后位置的阿拉善盟差距明显，差值为 39.46。可以发现，部分城市的富裕程度较高但共享程度反而较低，如乌海市富裕程度处于前列而共享程度较低，可能的原因是当地虽然经济发展水平较高，但城乡差距较大，因此导致共享指数下降；部分城市的富裕程度较低但共享程度反而较高，如兴安盟和乌兰察布市，可能的原因是当地总体经济发展较为落后，城区与农村之间差距较小。

到 2020 年，内蒙古自治区的富裕指数的取值范围在 52.65～86.90，共享指数的取值范围在 48.85～97.56，内蒙古自治区总体的富裕指数和共享指数分别为 65.40 和 76.18，与 2011 年相比其富裕指数差距扩大，共享指数差距扩大，值得注意的是这两个指数为相对指数，不能直接作数值上的绝对比较。总体而言，内蒙古自治区在共享层面仍存在较大问题，需要完善分配措施，缩小城乡差距。

（二）第二种指标构建下的共同富裕程度评价

1. 同一时间维度不同地区的比较

依照第二种指标构建方法计算出的 2011～2020 年内蒙古自治区十二个城市的共同富裕指数的取值区间为 53.33～90.82（见表 5-4）。同第一种计算方法一致，得出内蒙古自治区总体共同富裕指数。2011 年，内蒙古自治区总体共同富裕指数为 66.79，仅有五个城市的共同富裕指数超过内蒙古自治区的总体水平；2020 年，内蒙古自治区总体共同富裕指数为 69.28，仅有三个城市的共同富裕指数总体水平超过内蒙古自治区的总体水平，其余九个城市低于该平均值。

表5-4 2011~2020年内蒙古自治区共同富裕指数（第二种指标）

年份 城市	2011	2012	2013	2014	2015	2016	2017	2018	2019	2020
呼和浩特市	76.39	75.73	76.97	78.40	78.03	76.14	79.72	79.14	76.95	78.08
包头市	82.69	84.43	82.68	86.11	84.10	83.67	87.08	88.05	89.42	90.82
呼伦贝尔市	68.42	71.05	68.31	72.78	68.55	67.18	64.94	64.36	64.99	66.50
兴安盟	66.47	67.01	66.61	70.91	67.63	64.28	63.45	64.30	62.07	66.52
通辽市	54.87	55.46	53.67	59.31	59.33	59.19	63.39	61.20	59.75	58.99
赤峰市	63.35	64.20	64.89	67.55	64.85	64.74	63.83	64.06	65.39	65.77
锡林郭勒盟	62.71	64.98	65.77	66.49	65.56	65.59	67.71	66.90	67.99	66.28
乌兰察布市	61.96	64.07	63.29	65.87	62.88	63.94	63.43	63.29	61.41	64.03
鄂尔多斯市	68.66	69.38	71.04	72.23	67.77	69.99	72.88	73.23	71.14	68.01
巴彦淖尔市	57.42	57.34	56.87	60.32	56.31	56.12	55.44	53.85	53.33	54.51
乌海市	75.61	74.88	75.09	77.25	78.27	77.78	82.52	81.11	77.39	76.72
阿拉善盟	63.94	60.12	61.17	63.55	63.12	61.40	64.38	66.01	65.78	63.57
总体	66.79	67.74	67.42	70.54	68.30	67.89	69.20	68.87	68.33	69.28

从表5-3和表5-4中可以发现，内蒙古自治区内各城市共同富裕指数不一，各城市间共同富裕指数差异显著。以2011年为例，共同富裕指数较高的城市为包头市、呼和浩特市和乌海市。具体来看，2011年包头市和呼和浩特市的共同富裕指数分别为82.69和76.39，远高于内蒙古自治区的总体水平，而发展程度较落后的城市与内蒙古自治区的总体水平相去甚远，2011年通辽市受地理条件和自然资源等条件的制约，共同富裕发展水平落后。到2020年，内蒙古自治区内各城市的共同富裕发展水平与内蒙古自治区的总体水平差距逐渐缩小，2020年共同富裕指数较高的城市为包头市、呼和浩特市和乌海市，与2011年相同。

从图5-3中具体分析内蒙古自治区共同富裕指数的变动趋势，同第一种构建方法得出的结论基本一致，内蒙古自治区的共同富裕发展水平趋势平稳，波动幅度较小。

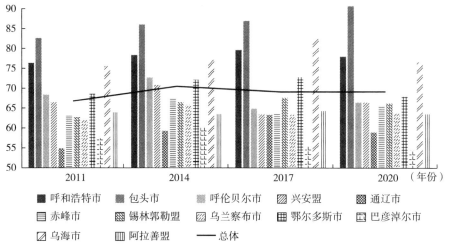

图 5-3 2011~2020 年内蒙古自治区共同富裕指数变动趋势（第二种指标）

2. 不同时间维度下的发展趋势

在第二种指标构建方法下，2011~2020 年内蒙古自治区内各城市的共同富裕的发展趋势与第一种方法的测度结果基本一致。具体来看，通辽市和锡林郭勒盟的共同富裕指数整体呈现逐步上升的趋势，个别年份有下降的态势。呼伦贝尔市、巴彦淖尔市和兴安盟的共同富裕指数自 2014 年以后处于下降的状态，到 2019 年开始有回升趋势。呼和浩特市的共同富裕发展水平呈现波动中上升的趋势，波动范围在 75.73~79.72，波动幅度较小但整体发展水平提升。包头市的共同富裕发展水平呈现稳步向好的趋势，仅在个别年份指数出现下降，但下降幅度较小。阿拉善盟的共同富裕指数呈现不规则的"W"形趋势，即先下降后上升，再下降再上升的发展态势。赤峰市和乌兰察布市的共同富裕指数总体变动较小，仅在 2014 年有大幅度增长，其余年份增长缓慢。值得注意的是，鄂尔多斯市的共同富裕指数不同于其他城市，整体的变动情况呈现剧烈的变动趋势，个别年份出现明显的骤升和骤降，波动幅度较大（见图 5-4）。

3. 内蒙古自治区共同富裕指数的分项评价

同第一种计算方法类似，对衡量物质富裕程度、精神富裕程度以及共享程度三个二级指标进行重新赋权，赋权方法同上，得出内蒙古自治区十二个城市的富裕指数和共享指数，并对内蒙古自治区十二个城市的精神富裕程度作进一步讨论（见表 5-5~表 5-7）。

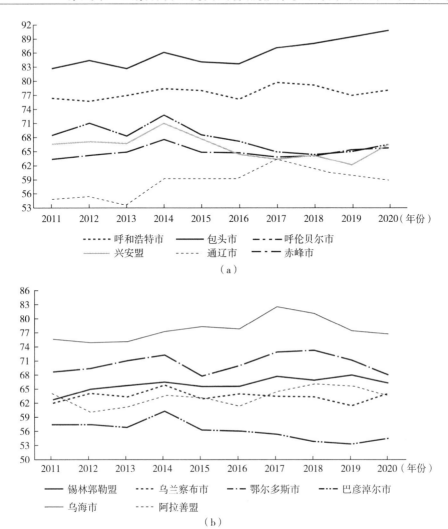

图 5-4　2011~2020 年内蒙古自治区共同富裕指数变动趋势（第二种指标）

表 5-5　2011~2020 年内蒙古自治区富裕指数（第二种指标）①

年份 城市	2011	2012	2013	2014	2015	2016	2017	2018	2019	2020
呼和浩特市	78.95	77.26	78.29	78.02	78.61	76.42	81.01	78.50	77.15	77.56
包头市	78.94	81.27	79.97	83.21	79.98	80.06	81.49	82.81	84.11	86.16

① 此处的富裕指数综合了物质富裕和精神富裕。

续表

年份 城市	2011	2012	2013	2014	2015	2016	2017	2018	2019	2020
呼伦贝尔市	69.27	72.68	69.23	73.26	66.73	64.30	63.56	61.84	62.91	65.56
兴安盟	58.20	59.26	57.98	60.69	57.55	52.85	52.00	51.83	52.11	57.23
通辽市	48.80	49.41	47.60	51.49	51.66	50.84	55.57	55.47	52.58	53.20
赤峰市	54.87	56.20	56.89	57.56	54.82	53.15	52.79	53.47	55.95	56.80
锡林郭勒盟	58.50	60.91	61.78	62.79	61.97	61.23	64.24	64.82	65.61	64.18
乌兰察布市	50.58	52.94	51.26	52.67	48.82	49.18	48.59	48.05	48.44	52.69
鄂尔多斯市	68.45	68.91	71.20	73.07	69.44	70.83	73.31	76.84	71.02	66.79
巴彦淖尔市	59.14	58.63	57.65	62.27	57.52	56.09	55.49	53.58	55.50	56.63
乌海市	81.43	81.33	82.44	81.37	80.87	81.73	83.96	83.87	78.30	79.05
阿拉善盟	70.86	65.28	66.50	68.16	68.51	68.93	70.27	72.35	71.75	68.17
总体	63.12	64.21	63.77	65.94	63.41	62.30	63.75	63.69	63.46	65.08

表 5-6　2011~2020 年内蒙古自治区精神富裕指数（第二种指标）

年份 城市	2011	2012	2013	2014	2015	2016	2017	2018	2019	2020
呼和浩特市	38.72	35.68	35.02	34.70	37.08	36.00	40.27	39.68	38.03	35.64
包头市	35.48	38.26	35.61	38.15	35.69	35.81	37.22	38.96	39.75	40.50
呼伦贝尔市	34.51	37.05	33.76	36.85	32.44	31.95	30.95	31.01	31.61	33.05
兴安盟	29.40	28.48	28.01	30.14	32.28	28.82	27.83	28.45	28.56	31.77
通辽市	25.36	25.18	24.17	26.24	26.32	26.07	30.52	30.00	26.44	27.67
赤峰市	27.82	28.49	28.44	28.86	29.20	28.19	27.57	28.40	29.98	29.33
锡林郭勒盟	25.37	26.08	26.02	27.06	27.88	27.42	30.12	29.67	29.59	26.74
乌兰察布市	24.25	26.02	24.02	24.71	23.98	25.60	24.83	24.99	25.07	26.50
鄂尔多斯市	28.44	28.38	29.94	31.84	30.28	32.03	34.43	36.06	30.47	28.92
巴彦淖尔市	30.48	29.64	27.78	30.88	29.17	29.07	28.42	26.39	27.70	27.94
乌海市	36.98	36.91	36.90	35.64	36.74	37.29	39.36	39.63	34.85	34.32
阿拉善盟	28.40	27.34	28.66	29.58	29.72	29.34	30.48	30.42	29.38	28.18
总体	30.43	30.80	29.79	31.28	30.82	30.50	31.74	31.99	31.29	31.45

表5-7　2011~2020年内蒙古自治区共享指数（第二种指标）①

年份 城市	2011	2012	2013	2014	2015	2016	2017	2018	2019	2020
呼和浩特市	68.92	70.62	72.37	77.71	74.80	73.95	74.56	78.52	74.95	77.68
包头市	87.90	88.21	86.02	89.38	90.66	89.35	96.46	96.41	97.52	97.56
呼伦贝尔市	64.98	65.65	64.62	69.67	70.38	71.37	65.85	67.51	67.64	66.72
兴安盟	81.46	81.03	82.43	89.83	85.45	85.84	84.71	87.43	80.67	83.75
通辽市	65.70	66.27	64.57	73.75	73.38	74.68	77.75	71.38	72.87	69.45
赤峰市	78.99	78.79	79.39	86.13	83.36	86.54	84.44	83.81	82.93	82.39
锡林郭勒盟	69.79	71.67	72.31	72.24	71.00	72.84	72.90	69.46	71.26	69.16
乌兰察布市	83.57	85.10	86.27	91.19	89.92	92.32	91.91	92.56	86.30	85.65
鄂尔多斯市	67.57	68.79	68.43	68.17	62.50	65.90	69.92	63.59	69.86	69.07
巴彦淖尔市	52.50	53.12	53.81	54.65	52.38	54.78	53.74	52.84	47.62	48.85
乌海市	61.72	59.48	58.15	67.30	70.97	68.24	77.34	73.00	73.88	70.38
阿拉善盟	48.44	48.24	48.84	52.46	50.59	44.69	50.99	51.73	52.25	52.87
总体	72.47	73.09	73.06	78.05	76.40	77.58	78.34	77.51	76.55	76.18

以2020年为例，内蒙古自治区的富裕指数取值范围在52.69~86.16，共享指数的范围在48.85~97.56。根据内蒙古自治区内各城市常住人口占总人口比重赋权，得出内蒙古自治区总体富裕指数、精神富裕指数以及共享指数分别为65.08、31.45和76.18。富裕程度较高的城市为包头市、乌海市、呼和浩特市、阿拉善盟以及鄂尔多斯市，其中包头市和乌海市的富裕指数与富裕程度较低的通辽市和乌兰察布市相比差距较大，与前文得出的结论基本一致。从精神富裕程度来分析，其指数的波动范围在26.50~40.50，内蒙古自治区的十二个城市的精神富裕发展程度差异明显，发展程度较高的城市为包头市、呼和浩特市、乌海市、呼伦贝尔市以及兴安盟，表明总体富裕指数高的城市，其精神富裕程度也较高，精神富裕指数较高的包头市和呼和浩特市与指数较低的锡林郭勒盟和乌兰察布市相差较大。共有五个城市的精神富裕指数超出内蒙古自治区的总体水平，其他城市的精神富裕发展水平均虽然低于内蒙古自治区的总体水

---

①　在第一种和第二种指标构建方法中，共享程度权重和衡量指标并未发生改变，因此两种方法中的共享指数数据一样。

平，但也较为接近，表明内蒙古自治区内十二个城市精神富裕程度发展较为均衡。共享程度较高的城市为包头市、乌兰察布市、兴安盟、赤峰市以及呼和浩特市，其中包头市和乌兰察布市的共享指数与阿拉善盟和巴彦淖尔市差距明显。以包头市为例，2020年其富裕水平与共享水平皆处于前列，原因可能是包头市重视城乡共同发展，既注重缩小城乡发展差距，又注重初次分配、再分配以及第三次分配在共同富裕道路上所起到的重要作用。总体而言，两种指标构建方法得出的结论大体一致。

（三）两种测度方法下的对比分析

1. 同一时间维度下的共同富裕指数对比

基于前文两种指标构建方法下的共同富裕指数评价分析，总体而言，首先，两种构建方法均能体现出内蒙古自治区内部的共同富裕发展水平的差异性；其次，以2018~2020年为例，共同富裕发展程度位于中等水平的城市出现小幅度波动，部分城市有所提升，如兴安盟和通辽市，也存在部分城市发展小幅度倒退的情况，如鄂尔多斯市和阿拉善盟。

2. 共同富裕指数的发展趋势对比

从共同富裕指数的发展趋势来看，更换指标构建方法后，内蒙古自治区内十二个城市的共同富裕整体水平随时间推移的发展趋势与第一种指标体系的趋势基本保持一致，同时也从侧面印证了本章所构建的共同富裕测度指标体系的科学性和合理性，共同富裕指数的发展态势并未因体系构建的不同而体现出较大差异。

3. 共同富裕指数的分项评价对比

在对各城市的共同富裕指数进行分项评价时，可以看出，不同城市的富裕程度以及共享程度体现出明显的区别，并且两种指标构建方法下的富裕指数和共享指数在小范围内波动；同时，从十二个城市的富裕指数以及共享指数随时间的变动趋势具体来看，两种分析方法得出的分项指数的时间发展趋势前后基本保持一致。因此，无论从哪种角度对共同富裕发展水平进行测度，并不会对当前城市的共同富裕发展水平的衡量以及发展趋势的判定造成较大影响，同时也从侧面反映出本章指标体系构建的科学性和合理性，对本章的研究具有重要意义。

第二节　内蒙古自治区共同富裕影响因素分析

内蒙古自治区是能源和战略资源基地、农畜产品生产基地，从我国推进实现全民共同富裕的征程中来看，内蒙古自治区的发展取得了显著的进步，然而内蒙古自治区的发展与中国东部地区的发展水平相比仍存在较明显的差距。国家统计局官网的数据调查显示，2020年内蒙古自治区的地区生产总值为17359.82亿元，浙江省的地区生产总值为64613.34亿元，江苏省的地区生产总值为102718.98亿元，由此可见，地区生产总值排名靠前的省份大多位于东部沿海地区，而位于西部的内蒙古自治区与沿海省份经济发展差距巨大。需要注意的是，西部地区实现共同富裕理应同全国一样，由先富带动后富，最终实现共同富裕。因此，探讨内蒙古自治区共同富裕进程的影响因素，不仅要考虑当地发展的比较优势，也要正视其在实现共同富裕道路上所面临的困难。在前文对内蒙古自治区共同富裕发展水平分析的基础上，本节将以内蒙古自治区共同富裕发展过程中面临的现实问题作为落脚点，探索新时代实现共同富裕的制约因素。

一、经济因素

内蒙古自治区作为中国经济发展的重要组成部分，正加快脚步，朝着共同富裕的目标迈进。在过去十年中，内蒙古自治区经济快速发展，成为中国经济的新引擎之一，为了实现共同富裕的目标，内蒙古自治区采取了积极的经济举措。

内蒙古自治区大力发展新兴产业，随着国家政策的支持和投资的增加，内蒙古自治区新能源、新材料、现代装备制造和信息技术等领域的产业发展迅速，成为全国最大风电和最大太阳能电力基地，对于提高能源利用效率、保护环境起到了重要作用。同时，内蒙古自治区注重提高农牧业发展水平，加强农牧业现代化经营。农牧业在内蒙古自治区的经济中占据很大比重，为了提高农牧业质量和效益，内蒙古自治区采取了一系列措施，通过引进高新技术，大力发展现代农牧业、创新产品和品牌，促进了农牧业健康、可持续发展。此外，内蒙古自治区提高了基础设施水平，推动经济繁荣。基础设施建设是实现共同富裕的关键，内蒙古自治区通过对基础设施建设的投入，形成了较为完善的交通网络和信息化体系，大大提高了其整体经济水平。

由于内蒙古自治区各地区之间的经济基础和自然资源不同，近几年在吸引投资方面也有了明显的差异。近年来，蒙中地区的呼包鄂依托优越的科研条件和经济发展形势吸引了越来越多的投资者，从吸引投资的角度来看，蒙中地区明显高于其他地区，吸收大量的固定资产投资，为改善硬件设备、增强本地区的社会生产力、提高生产效率奠定了坚实的基础。

二、社会因素

实现社会保障事业的高水平发展，提升居民的生活水平和品质，最终达到共同富裕是人民的共同愿望。社会保障制度体系的完善全面阐释了共同富裕的两大层面，医疗、养老以及教育等基本保障的覆盖，为共同富裕的实现提供物质支撑。同时，社会保障以社会福利、互助救济的形式发挥再分配功能，实现财富在不同区域和群体间的流动分配，使全体居民以社会保障的方式更加普惠享有经济建设成果，是维护公平正义，促进共同富裕目标实现不可或缺的重要内容。

（一）医疗卫生条件

每万人医疗机构床位数、每万人拥有卫生技术人员数是衡量一个地区医疗卫生状况的重要指标，这两个指标对解决疾病、年老等问题有重要作用，使广大居民病有所医也是实现共同富裕的方式之一。其中，呼和浩特市和包头市每万人医疗机构床位数、每万人拥有卫生技术人员数遥遥领先于巴彦淖尔市和阿拉善盟，与前文共同富裕指数结果相近，表明医疗卫生水平会对共同富裕程度产生较大影响，内蒙古自治区内医疗卫生水平发展不均衡也导致各城市共同富裕发展进程不一。

（二）教育文化水平

无论是从积累物质财富和精神财富，还是从社会财富和收入分配的角度出发，教育都具有举足轻重的作用，因此，考量教育与共同富裕之间的关系应当纳入整个内蒙古自治区的发展的大环境中。在实现内蒙古自治区共同富裕的整个过程中，教育文化水平与技术创新能力、人力资本积累速度、居民生活满意水平以及经济高质量发展水平息息相关，因此教育文化水平起到了引领和导航作用。通过教育的方式能最大限度地激发人的潜力，提高人们的创造能力，培养经济发展所需的高质量人才，人力资本水平的提升关键在于教育事业的发展。党的十八大以来，内蒙古自治区加大教育文化事业的投资力度，使教育事业迅速发展。例如，2013 年内蒙古自治区十二个城市的每十万人口高等学校平均在校生数为 149.05，而 2020 年为 191.92[①]。

（三）社会保险保障程度

基本养老保险和基本医疗保险是人们生活的基本保证，基本养老保险覆盖率和基本医疗保险覆盖率是衡量共同富裕指标的重要因素，内蒙古自治区内各城市之间基本养老保险覆盖率和基本医疗保险覆盖率相差较大，以 2020 年为例，包头市基本养老保险覆盖率为 37.21%，基本医疗保险覆盖率为 32.00%，远高于落后的阿拉善盟，差距分别为 19.88% 和 20.84%[②]，差距明显，所以在迈向共同富裕的进程中，内蒙古自治区仍面临巨大挑战。共同富裕不仅是指单方面的物质富裕和精神富裕，还包括社会共享程度。

三、政策因素

在区域经济发展中，人才资源和科研设施等科研条件至关重要，是地区科技进步的主要推动力和提高生产力的核心资源，经济的发展需要有高素质的科技人才，只有拥有高素质的科技队伍，才能快速提升本地区经济发展。内蒙古自治区人才资源方面和科技资源分布不均衡，高等学校和科研机构主要集中在蒙中地区的呼和浩特和包头市，而蒙东地区和蒙西地区科研机构和高校等科研条件及环境相对较差，当地政府出台各类人才引进政策，如提供编制内工作、发放住房补贴等，但是大部分高校毕业生为了自身长久的发展和良好的生活环境仍集中在呼包鄂三市，在地方政府与高校科研工作的合作与融合方面有待进一步发展。

内蒙古自治区幅员辽阔，但经济发展中心集中在呼包鄂三市，因此当地政府鼓励和支持以呼包鄂为核心的蒙中地区区域经济发展，在发挥"领头羊"作用的同时，也有必要在重点投资和金融支持方面进一步政策倾斜以及提高扶

---

① 《内蒙古统计年鉴 2020》。

② 《内蒙古统计年鉴 2021》。

持力度，加强蒙西地区和蒙东地区固定资产投资和科研投资力度，扶持和帮助解决科研人才不足的局面，通过宏观政策调控使各个地区之间能够合理有效的协调发展。内蒙古自治区政府充分发挥自身宏观调控能力、协调机制和扶持机制，合理协调各区域经济发展，互通有无、取长补短，努力实现各地区之间的区域经济发展的相辅相成，通过整合区域自然资源和人力资源，调整和优化各区域产业结构，壮大跨区域的龙头产业，以低成本、少投入促进产业优势的发挥，走联动发展、共同繁荣的道路。以优势产业的"重心布局、合理融合、优势互补"加快发展势头良好的蒙东地区区域经济，要充分发挥其资源优势和地理优势，推动牛羊肉产品品牌建设及发挥旅游行业等特色产业在本地区经济发展中的带动作用。同时，在原有的传统产业基础上，大幅增加高新技术产业比重，促进资源主导型产业进一步向资本密集型和技术密集型产业转型。

在产业发展过程中，供给侧结构性改革对于内蒙古自治区的长远发展至关重要，内蒙古自治区各地区注重借鉴国内先进省市的产业转型先例，大力搞好招商引资，利用内蒙古自治区独特的资源优势吸引先进的企业，带动全区区域经济走出一条科技含量高、经济效益好、资源消耗低、环境污染少、人力资源得到充分发挥的新的发展道路。但这一过程需要完善的基础设施和充足的人力资本，只有创造良好的营商环境才能吸引更多的企业，因此当前政府的工作重心不能简单放在招商引资方面，而是注重提升自身，形成优势。

第三节　本章小结

本章在阐述共同富裕的本质内涵的基础之上，从富裕程度和共享程度两大维度综合评价了内蒙古自治区内十二个城市的共同富裕指数，并以此分析当地的共同富裕的发展水平及其发展趋势。通过总结内蒙古自治区在推动共同富裕过程中所面临的制约因素，旨在为加快内蒙古自治区实现全民共同富裕的长期愿景而提供新的路径选择。通过上述研究，本章得出以下结论：

共同富裕是中国特色社会主义的本质要求，是中国式现代化的重要特征，是中国共产党人为之而奋斗的初心和使命。共同富裕是一个相对概念，是一个不断发展的状态，既不是同步富裕，也不是同等富裕。在实现共同富裕的过程中，可以有些人先富起来，有些人后富起来，有些人富裕的程度高一些，有些人富裕的程度低一些。共同富裕既不是贫富悬殊的两极分化，也不是整齐划一的平均主义，内蒙古自治区在迈向共同富裕的道路上还有很长的路要走。

从内蒙古自治区总体的共同富裕指数来看，共同富裕发展水平呈现平稳上升的趋势，且波动幅度较小，然而，各城市间共同富裕的发展水平存在明显差距，以 2020 年为例，共同富裕程度较高的城市为包头市和呼和浩特市，共同富裕程度较低的城市为通辽市和巴彦淖尔市。由于资源禀赋、比较优势以及发展状况不一，不同城市的共同富裕发展进程不同。内蒙古自治区内部位于中部地区的共同富裕发展水平优于西部地区的发展水平。从不同时间跨度下的发展趋势来看，包括呼和浩特市、包头市以及乌海市在内的大多数城市的共同富裕指数总体呈现稳步提升的态势，波动幅度较小，这主要与各城市的经济高质量发展水平、对教育事业的持续投入、对完善收入分配结构以及民生事业的发展等因素息息相关；包头市的共同富裕发展水平 2016~2020 年呈稳步增长的态势，且一直位于内蒙古自治区的领先地位；巴彦淖尔市的共同富裕发展在 2011~2020 年，呈现下降的趋势，这主要受到经济大环境的影响，收入分配制度不合理、基础物质条件匮乏、教育医疗资源相对集中于呼和浩特市以及包头市、养老等公共服务水平不高以及财政支出结构失衡等因素的制约。从分项指数的结果评价来看，以 2020 年为例，在第一种指标构建下，内蒙古自治区的富裕指数的取值范围在 52.65~86.90，共享指数的范围在 48.85~97.56，共享程度层面的短板问题凸显，各城市间的共享差距较大。部分共同富裕程度较高的地区共享程度反而较低，可能原因是民生性财政支出差距大，表明了当前形势下保障社会总财富及收入合理分配的重要性。

第六章　广西壮族自治区共同富裕指数的测度以及影响因素分析

第一节　共同富裕指数测度及评价

一、共同富裕指标说明

由于广西壮族自治区部分数据缺失，本章根据前文对共同富裕指数的测度方法，将基本养老保险基金支出替换为基本养老保险覆盖率、城镇基本医疗保险基金支出替换为基本医疗保险覆盖率、城乡居民社会养老保险基金支出替换为城镇居民人均可支配收入。各指标的具体计算方法如下：GDP 增长率为各城市的地区生产总值增长率，GDP 增长率 = (GDP_t − GDP_{t-1})/GDP_{t-1}×100%；需求结构 = 社会消费品零售总额/地区 GDP；产业结构 = 第三产业产值/地区 GDP。

二、广西壮族自治区共同富裕程度的整体评价

（一）第一种指标构建下的共同富裕程度评价

1. 同一时间维度不同地区的比较

根据以上数据计算得出 2011~2020 年广西壮族自治区十四个城市的共同富裕指数，取值区间为 45.44~83.25（见表 6-1）。同时，根据广西壮族自治区各城市常住人口占总人口比重赋权，得出广西壮族自治区的总体共同富裕水

平。2011 年，广西壮族自治区总体共同富裕指数为 64.93，有七个城市的共同富裕指数超过广西壮族自治区的总体水平；2020 年，广西壮族自治区总体共同富裕指数为 67.75，共有六个城市的共同富裕指数超过总体水平，其余八个城市的共同富裕指数低于总体水平。

表 6-1　2011~2020 年广西壮族自治区共同富裕指数（第一种指标）

年份 城市	2011	2012	2013	2014	2015	2016	2017	2018	2019	2020
南宁市	76.22	79.15	74.05	77.33	76.06	70.24	78.77	77.57	77.05	79.56
柳州市	77.32	79.47	76.87	78.98	82.12	75.49	77.47	83.18	82.12	83.25
桂林市	63.40	60.78	58.38	63.97	60.21	58.26	59.16	58.79	59.41	60.37
梧州市	65.78	71.05	68.26	61.25	57.86	64.01	64.87	63.96	66.47	66.27
北海市	61.44	68.04	56.43	64.22	61.15	58.82	62.24	58.13	66.04	63.96
防城港市	69.44	70.96	64.58	71.43	67.60	63.13	64.92	65.54	67.97	65.96
钦州市	56.61	59.66	51.88	62.76	61.38	65.62	66.17	62.92	62.13	68.26
贵港市	47.48	52.65	49.89	53.69	49.63	49.51	45.44	51.80	52.11	56.01
玉林市	62.29	66.80	55.36	64.79	61.91	56.34	58.73	58.17	57.58	59.72
百色市	73.48	77.18	75.44	75.44	74.17	69.34	66.71	68.15	67.30	70.14
贺州市	60.80	66.99	59.26	55.68	58.16	60.14	60.56	62.55	59.61	64.59
河池市	66.38	59.25	67.13	75.28	73.45	73.58	74.93	75.30	75.15	77.50
来宾市	65.44	70.64	64.12	68.32	64.43	67.86	66.56	64.51	66.00	67.95
崇左市	61.44	61.12	76.58	62.60	62.29	67.88	59.83	57.62	56.66	59.05
总体	64.93	67.33	63.80	67.27	65.39	63.93	64.94	65.32	65.42	67.75

从十四个城市的共同富裕发展水平来看，广西壮族自治区内部共同富裕的发展水平速度不一，地区间差异较为明显，以 2011 年为例，共同富裕指数较高的城市为柳州市、南宁市、百色市和防城港市。具体来看，2011 年柳州市和南宁市的共同富裕指数分别为 77.32 和 76.22，远高于广西壮族自治区的总体水平，其余地区除贵港市，共同富裕指数与广西壮族自治区总体水平相近。到 2020 年，贵港市和钦州市的共同富裕指数增长幅度较大，与总体水平差距缩小。值得注意的是，广西壮族自治区在解决绝对贫困问题以及教育、医疗、

社会保障等民生事业发展层面上取得了显著进展，成为全国民族团结的进步示范区，人民生活品质得以提升，保障全区各族人民在迈向共同富裕的道路上跨出关键一步。

从图6-1中具体分析广西壮族自治区共同富裕指数的动态变化，可以发现共同富裕发展水平趋势平稳，波动幅度较小，共同富裕指数的增长反映出共同富裕发展进程取得有效进展。而个别年份出现指数下降情况并不能说明共同富裕发展出现退步，要从整体把握共同富裕发展进程。

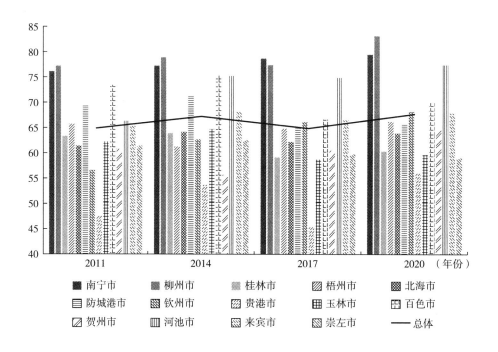

图6-1 2011~2020年广西壮族自治区共同富裕指数变动趋势（第一种指标）

2. 不同时间维度下的发展趋势

从2011~2020年不同城市的共同富裕指数变动情况进一步分析各城市的共同富裕的发展趋势（见图6-2）。

南宁市的共同富裕指数始终位于广西壮族自治区前列水平，以2020年为例，南宁市的共同富裕指数为79.56，远高于总体水平，南宁市在GDP增长率、产业结构、医疗保险覆盖率和教育经费占比上领先于自治区内的其他城

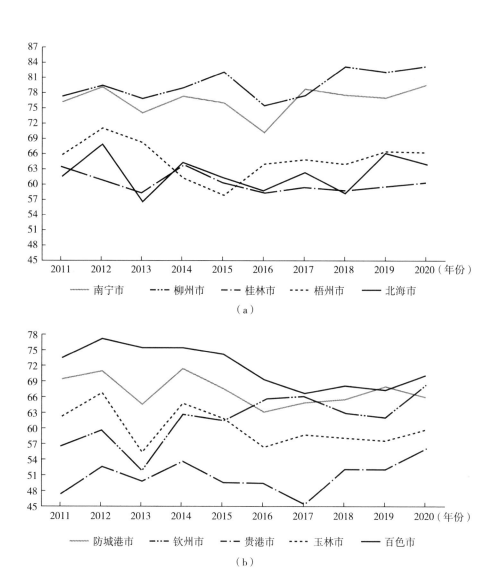

图6-2　2011～2020年广西壮族自治区共同富裕指数变动趋势（第一种指标）

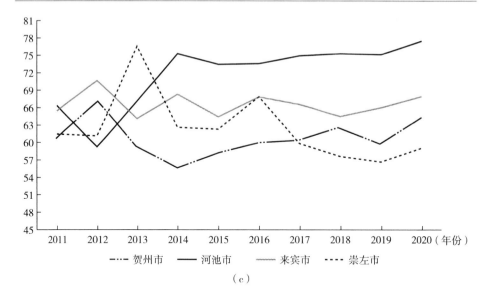

（c）

图 6-2　2011~2020 年广西壮族自治区共同富裕指数变动趋势（第一种指标）（续）

市，使其共同富裕水平高于其他地区，由此可见，物质富裕对在推动共同富裕进程上有重要作用。

柳州市、防城港市和玉林市的共同富裕指数变化呈"W"形趋势，即先下降再上升，而后再下降接着再上升趋势，波动范围分别为 75.49~83.25、63.13~71.43 和 55.36~66.80，整体上变动范围较小，并且整体呈上升趋势，这表明其在实现共同富裕的道路上并不是一帆风顺，而是波动式前进的。

桂林市的共同富裕指数在 2014~2016 年出现急剧下降，在 2016~2020 年才出现缓慢平稳的上升，以 2020 年为例，其共同富裕指数为 60.37，低于 2011 年的 63.40，且低于广西壮族自治区 2020 年的总体水平，这表明近五年桂林市在迈向共同富裕的道路上进展缓慢。

梧州市的共同富裕指数在 2012~2015 年出现大幅度下降，下降幅度为 13.19，在 2016~2020 年缓慢上升，到 2020 年梧州市的共同富裕指数为 66.27，高于 2011 年的 65.78，由此可见，梧州市的共同富裕进程缓慢。

北海市与来宾市在 2011~2020 年的共同富裕指数均展现出一定的波动性。其中，北海市的波动更为显著，其指数在 2012 年达到最高，为 68.04，而在 2013 年降至最低，为 56.43，总体波动范围相差 11.61。来宾市的指数在 2012

年达到最高点，为 70.64，而在 2013 年触及最低点，为 64.12，总体波动范围相差 6.52。相较之下，这两个城市的共同富裕指数波动可能受到了各种因素的影响，包括经济政策、地区发展策略、外部经济环境等。尽管来宾市的波动范围相对较小，但其指数的变化趋势与北海市在某种程度上是相似的，这可能暗示了广西壮族自治区内部的一些宏观经济因素对这两个城市都产生了影响。

钦州市的共同富裕指数在 2013～2020 年呈波动式增长，增长幅度较大，增幅为 16.38；2020 年钦州市的共同富裕指数为 68.26，超过广西壮族自治区的总体水平，原因可能是党的十八大以来，钦州市一直坚持发展重点惠民工程，为保障和改善民生事业做出巨大贡献。

贵港市的共同富裕指数虽然在 2017～2020 年持续增长，但始终低于广西壮族自治区的均值水平，且发展水平始终靠后，原因可能是贵港市地处广西壮族自治区的中部，地理位置不具有优越性，贵港市人员流失比较大造成劳动力缺失，且当地高等教育发展落后，缺乏高等院校的支持，使其人力资本短缺，最终延缓共同富裕的进程。

百色市和崇左市的共同富裕指数整体呈下降趋势。百色市呈缓慢式下降，在 2012～2017 年始终保持下降趋势，但其波动范围为 66.71～77.18；崇左市呈波动式下降，波动范围在 56.66～76.58，波动幅度较大，百色市与崇左市相比其波动幅度较小。

贺州市的共同富裕指数在 2011～2020 年始终低于广西壮族自治区的总体水平，原因在于，贺州市存在人才短缺问题，其在中等教育和高等教育方面处于落后位置，同时当地经济发展水平较低，无法吸引和留住人才，导致恶性循环，无法突破人才短缺的困境。

河池市的共同富裕指数的变动情况整体呈逐步上升后趋于稳定的趋势，其中 2012～2014 年出现大幅度跃升，原因可能是党的十八大召开充分分析了我国当前社会主要矛盾的变化，给河池市的发展指明了方向。

3. 广西壮族自治区共同富裕指数的分项评价

将广西壮族自治区的共同富裕指数分为富裕指数和共享指数，其意义在于具体衡量各指标的影响程度。对富裕程度和共享程度两个二级指标进行重新赋权，赋权方法同上，得出广西壮族自治区十四个城市的富裕指数和共享指数（见表 6-2 和表 6-3）。

表6-2　2011~2020年广西壮族自治区富裕指数（第一种指标）

年份 城市	2011	2012	2013	2014	2015	2016	2017	2018	2019	2020
南宁市	85.63	86.59	80.63	82.06	81.66	72.69	79.84	83.41	83.23	83.23
柳州市	84.31	86.44	85.15	85.84	85.84	84.17	85.88	86.98	84.26	86.01
桂林市	73.52	70.96	64.78	68.58	70.78	65.82	67.11	65.69	67.39	69.64
梧州市	70.76	72.70	72.34	61.86	60.57	61.74	63.12	59.14	62.40	66.00
北海市	75.80	76.82	67.31	69.86	66.23	67.27	68.66	65.72	67.97	60.99
防城港市	70.89	74.04	69.44	75.21	70.73	69.15	70.46	70.66	72.37	68.94
钦州市	60.34	56.56	51.94	63.10	60.80	61.73	57.61	56.00	56.41	56.47
贵港市	54.91	54.47	54.92	56.85	54.68	53.50	50.88	53.45	54.60	54.18
玉林市	72.51	69.78	58.77	68.94	69.63	63.41	61.91	64.08	62.95	63.46
百色市	60.55	56.86	61.87	58.20	59.79	63.75	61.70	62.36	62.70	65.03
贺州市	60.52	60.24	57.41	49.84	53.06	53.14	53.99	57.11	55.53	56.91
河池市	60.03	56.46	54.83	59.72	58.56	61.90	64.22	66.74	65.65	68.40
来宾市	64.86	63.57	60.36	61.51	59.11	56.88	59.33	58.89	60.00	63.73
崇左市	57.95	53.96	53.17	53.35	52.87	56.60	55.80	55.09	55.36	58.17
总体	69.12	67.87	64.19	66.47	66.12	64.18	64.93	65.78	66.00	67.07

表6-3　2011~2020年广西壮族自治区共享指数（第一种指标）

年份 城市	2011	2012	2013	2014	2015	2016	2017	2018	2019	2020
南宁市	66.82	71.70	67.48	72.60	70.47	67.79	77.70	71.73	70.87	75.90
柳州市	70.33	72.50	68.59	72.12	78.40	66.81	69.06	79.38	79.98	80.48
桂林市	53.27	50.61	51.98	59.36	49.64	50.70	51.21	51.88	51.42	51.11
梧州市	60.81	69.41	64.19	60.65	55.15	66.27	66.62	68.79	70.54	66.54
北海市	47.09	59.25	45.55	58.59	56.06	50.38	55.83	50.53	64.11	66.93
防城港市	67.99	67.87	59.72	67.65	64.48	57.12	59.37	60.42	63.56	62.98
钦州市	52.87	62.76	51.82	62.42	61.95	69.51	74.73	69.84	67.86	80.06
贵港市	40.04	50.82	44.86	50.54	44.58	45.51	40.00	50.15	49.63	57.83
玉林市	52.07	63.83	51.95	60.63	54.18	49.28	55.56	52.16	52.21	55.98
百色市	86.41	97.49	89.01	92.68	88.54	74.93	71.73	73.94	71.90	75.25

续表

年份 城市	2011	2012	2013	2014	2015	2016	2017	2018	2019	2020
贺州市	61.08	73.74	61.10	61.52	63.26	67.14	67.13	67.98	63.69	72.26
河池市	72.74	62.04	79.42	90.85	88.33	85.27	85.63	83.87	84.65	86.61
来宾市	66.02	77.71	67.89	75.12	69.75	78.83	73.80	70.12	72.00	72.17
崇左市	64.92	68.29	90.21	71.85	71.71	79.16	63.86	60.15	57.96	59.93
总体	60.75	66.79	62.97	68.07	64.65	63.68	64.96	64.85	64.85	68.43

柳州市和贵港市的共同富裕水平在 2011~2020 年始终保持平稳趋势。其中，柳州市的富裕指数始终保持在 85 左右，贵港市的富裕指数则始终在 54~57。这种稳定性可能意味着这些地区的经济政策和产业结构相对稳固。

南宁市、北海市、来宾市和崇左市的富裕指数在 2011~2015 年呈轻微的下降趋势。尽管中间可能有一些波动，但从长期趋势来看，这些地区的经济状况可能受到了某些外部或内部因素的影响。

桂林市、梧州市和钦州市的富裕指数在 2011~2015 年经历了较大的波动。例如，梧州市在 2014 年的富裕指数与 2013 年相比下降了 10.48 个百分点，而钦州市在 2013 年的富裕指数达到了五年来的最低点，但在 2014 年又有所回升。这种显著的波动可能与地区内的经济政策变动、产业调整或外部经济环境的变化有关。

从总体的富裕指数来看，2011~2020 年广西壮族自治区总体富裕指数从 69.12 逐渐下降到 67.07，这表明整体的经济状况有所下滑。这种下滑可能与宏观经济环境、国家政策或全球经济因素有关。综上所述，不同地区的富裕指数发展趋势反映了各自的经济特点和挑战。

（二）第二种指标构建下的共同富裕程度评价

1. 同一时间维度不同地区的比较

依照第二种指标构建方法计算出 2011~2020 年广西壮族自治区十四个城市的共同富裕指数的取值区间为 46.78~83.42（见表 6-4）。同第一种计算方法一致，得出广西壮族自治区总体共同富裕指数。2011 年，广西壮族自治区总体共同富裕指数为 66.17，仅有六个城市的共同富裕指数超过广西壮族自治区的总体水平；2020 年，广西壮族自治区总体共同富裕指数为 67.34，南宁市、柳州市、百色市和河池市的共同富裕指数超过广西壮族自治区的总体水平，其余城市低于总体水平。

表6-4　2011~2020年广西壮族自治区共同富裕指数（第二种指标）

年份 城市	2011	2012	2013	2014	2015	2016	2017	2018	2019	2020
南宁市	78.88	81.27	76.49	78.51	77.42	71.08	78.89	79.30	78.43	80.24
柳州市	78.94	81.50	79.42	80.51	82.62	77.32	79.22	83.42	81.64	83.32
桂林市	66.70	63.89	60.44	65.32	63.51	60.61	61.70	60.72	61.63	63.66
梧州市	67.20	71.05	68.44	61.26	58.63	62.97	64.00	62.21	64.93	66.22
北海市	65.64	70.51	59.51	65.45	62.14	61.13	63.84	60.04	66.21	62.76
防城港市	69.13	71.59	65.40	72.04	67.51	64.26	65.94	66.54	68.77	66.07
钦州市	57.61	58.18	51.80	62.92	60.90	64.43	63.08	60.34	59.88	64.30
贵港市	50.25	52.67	51.19	54.57	50.76	50.68	46.78	52.04	52.76	55.38
玉林市	65.01	66.49	56.05	64.60	62.91	58.07	58.85	59.39	58.36	60.25
百色市	69.62	70.81	71.25	69.73	69.49	67.54	64.75	66.39	65.70	68.59
贺州市	60.75	64.52	58.70	53.67	56.67	57.80	58.49	60.93	58.16	62.24
河池市	64.75	58.99	63.91	70.28	68.87	69.51	71.18	72.35	71.65	74.42
来宾市	64.95	67.96	62.56	65.81	62.47	64.07	63.95	62.27	63.79	66.60
崇左市	60.93	59.53	69.23	60.25	59.84	64.47	58.63	56.63	56.61	59.33
总体	66.17	67.19	63.84	66.66	65.23	63.79	64.56	65.14	65.16	67.34

从表6-4中可以发现，广西壮族自治区内各城市共同富裕指数水平差距明显。以2011年为例，共同富裕指数较高的城市为柳州市、南宁市和百色市。具体来看，2011年柳州市和南宁市的共同富裕指数分别为78.94和78.88，远高于广西壮族自治区的总体水平，而较落后的钦州市和贵港市与广西壮族自治区的总体水平相差甚远，其余十个城市的共同富裕指数与总体水平较为接近，表明广西壮族自治区内共同富裕水平发展较为均衡。到2020年，广西壮族自治区内各城市的共同富裕发展水平与其总体水平差距逐渐缩小，各城市发展不平衡不充分的问题得到了极大的改善，2020年共同富裕指数较高的城市分别为柳州市、南宁市和河池市，与2011年相比河池市共同富裕指数出现较大提升，原因可能是新一轮科技革命和产业变革有力推动了经济发展，带动了当地

GDP 的增速。

从图6-3 中具体分析广西壮族自治区共同富裕指数的变动趋势，同第一种构建方法得出的结论一致，广西壮族自治区的共同富裕发展水平趋势平稳，波动幅度较小。党的十八大以来，广西壮族自治区的经济虽然增速放缓，但是在教育、医疗和就业保障等民生性财政支出上不降反增，因此该地区共同富裕指数实现了增长。

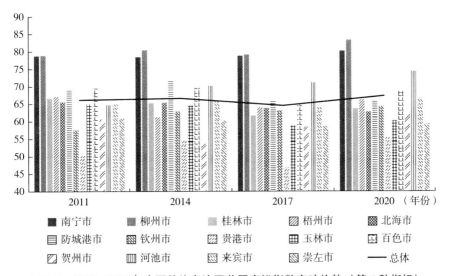

图 6-3　2011~2020 年广西壮族自治区共同富裕指数变动趋势（第二种指标）

2. 不同时间维度下的发展趋势

在第二种指标构建方法下，2011~2020 年广西壮族自治区内各城市的共同富裕的发展趋势与第一种方法的测度结果基本一致。具体来看，柳州市、南宁市和贵港市的共同富裕指数整体呈逐步上升趋势，仅有个别年份出现下降；北海市、桂林市和防城港市的共同富裕指数整体出现下降态势，但是下降幅度不大；百色市的共同富裕指数从 2011 年的 69.62 下降到 2017 年的 64.75，到2020 年共同富裕指数增长到 68.59，仅出现了小幅度的回升；钦州市的共同富裕指数从 2013 年的 51.80 大幅增长到 2020 年的 64.30，虽然 2020 年仍低于广西壮族自治区 67.34 的总体水平，但与总体水平差距逐年缩小，共同富裕发展整体向好；梧州市的共同富裕指数在十年内整体波动幅度不大，共同富裕进展缓慢，2011 年为 67.20，2020 年为 66.22，差值仅为 0.98；玉林市的共同富裕指数在 2016~2020 年增长缓慢，且始终低于广西壮族自治区的总体水平，2016 年为 58.07，2020 年为 60.25，仅增长了 2.18，共同富裕程度有待提升；贺州市的共同富裕指数在 2012~2014 年出现大幅度下降，原因可能是城乡差距的拉大导致共同富裕指数下降，2014~2020 年呈缓慢上升趋势；河池市的共同富裕指数在 2012~2014 年出现大幅度增长，由 58.99 增加到 70.28，增幅为 11.29，到 2020 年增长到 74.42，原因可能是河池市在破除绝对贫困问题上取得了巨大进步，因此当地的共同富裕指数由低于总体水平发展到高于总体水平，促使社会公平从而推动共同富裕发展。2016~2020 年，来宾市和崇左市的共同富裕程度展现出不同的发展轨迹，但两者之间存在一定的相似性和差异。2016 年，两市的共同富裕程度都在 64 左右，这意味着在这一年，两市在共同富裕方面的起点相当接近。尽管两市在这五年间都经历了一些波动，但从整体趋势来看，两者都呈上升的趋势。来宾市的共同富裕程度在这五年间相对稳定，从 2016 年的 64.07 逐渐上升到 2020 年的 66.60。而崇左市则经历了较大的波动，从 2016 年的 64.47 下降到 2019 年的 56.61，然后在 2020 年回升至59.33。崇左市在 2016~2019 年的连续下降可能意味着该市在这段时间内经历了一些经济或社会挑战，而在 2019~2020 年的回升则可能反映了该市成功应对这些挑战并抓住了新的发展机遇（见图 6-4）。

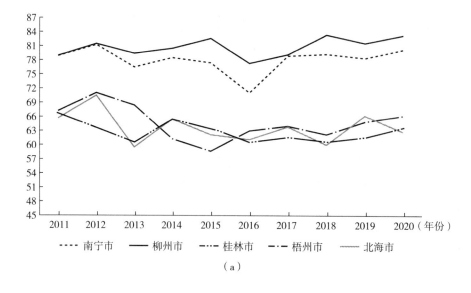

（a）

图 6-4　2011~2020 年广西壮族自治区共同富裕指数变动趋势（第二种指标）

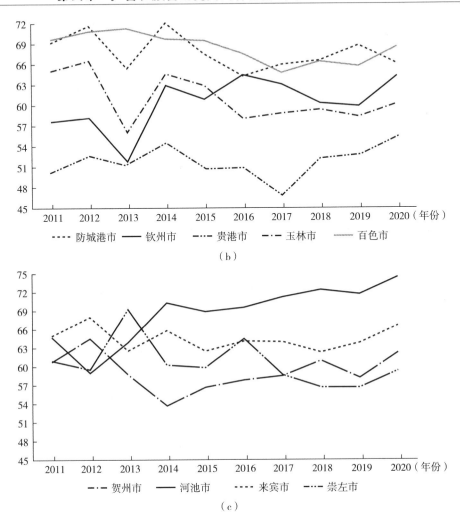

图 6-4 2011~2020 年广西壮族自治区共同富裕指数变动趋势（第二种指标）（续）

3. 广西壮族自治区共同富裕指数的分项评价

同第一种计算方法类似，对衡量物质富裕程度、精神富裕程度以及共享程度三个二级指标进行重新赋权，赋权方法同上，得出广西壮族自治区十四个城市的富裕指数和共享指数，并对广西壮族自治区十四个城市的精神富裕程度作进一步讨论（见表 6-5~表 6-7）。

表 6-5 2011~2020 年广西壮族自治区富裕指数（第二种指标）①

城市 \ 年份	2011	2012	2013	2014	2015	2016	2017	2018	2019	2020
南宁市	84.92	86.05	80.99	81.46	80.90	72.73	79.48	83.08	82.21	82.40
柳州市	83.24	85.99	84.84	84.70	84.73	82.58	84.30	85.44	82.47	84.73
桂林市	73.41	70.53	64.67	68.30	70.44	65.56	66.95	65.13	66.74	69.94
梧州市	70.40	71.87	70.57	61.57	60.37	61.31	62.69	58.92	62.13	66.06
北海市	74.91	76.14	66.49	68.87	65.17	66.50	67.85	64.79	67.26	60.67
防城港市	69.70	73.45	68.24	74.23	69.03	67.84	69.23	69.59	71.38	67.61
钦州市	59.98	55.89	51.79	63.17	60.37	61.90	57.25	55.60	55.88	56.42
贵港市	55.35	53.59	54.35	56.58	53.85	53.26	50.17	52.98	54.33	54.16
玉林市	71.48	67.82	58.10	66.58	67.27	62.47	60.49	63.01	61.43	62.39
百色市	61.23	57.48	62.36	58.26	59.97	63.85	61.26	62.61	62.61	65.26
贺州市	60.58	59.91	57.50	49.74	53.37	53.13	54.18	57.40	55.40	57.24
河池市	60.76	57.46	56.16	60.00	59.14	61.64	63.96	66.59	65.15	68.33
来宾市	64.41	63.08	59.90	61.15	58.83	56.69	59.02	58.35	59.68	63.82
崇左市	58.94	55.15	53.85	54.45	53.91	57.13	56.01	54.87	55.93	59.04
总体	68.88	67.39	64.05	65.95	65.52	63.84	64.35	65.29	65.32	66.79

表 6-6 2011~2020 年广西壮族自治区精神富裕指数（第二种指标）

城市 \ 年份	2011	2012	2013	2014	2015	2016	2017	2018	2019	2020
南宁市	39.96	41.13	41.78	38.62	37.81	36.50	38.48	40.38	37.53	38.31
柳州市	37.87	41.44	41.34	38.35	38.47	35.73	36.63	37.33	34.97	37.90
桂林市	36.30	33.76	31.93	33.18	34.04	31.87	32.89	30.61	31.07	36.02
梧州市	33.92	33.05	29.07	29.78	29.49	29.18	29.84	28.69	30.11	33.24
北海市	34.37	35.68	30.36	31.01	28.87	30.57	31.06	29.14	31.15	29.22
防城港市	30.70	34.63	29.94	33.69	28.56	29.33	30.30	31.05	32.19	29.15
钦州市	28.71	25.62	25.37	31.79	28.70	31.53	27.38	26.38	26.09	28.03
贵港市	29.20	23.69	25.18	27.36	24.01	25.80	22.61	24.83	26.22	26.99

---

① 此处的富裕指数综合了物质富裕和精神富裕。

续表

年份 城市	2011	2012	2013	2014	2015	2016	2017	2018	2019	2020
玉林市	32.12	27.05	26.73	25.06	25.35	27.97	25.28	27.77	25.40	27.44
百色市	33.00	30.89	32.90	29.33	30.59	32.27	29.10	32.20	30.99	33.40
贺州市	30.47	28.80	29.08	24.52	27.78	26.55	27.74	29.72	27.27	29.75
河池市	32.96	32.23	32.73	30.99	31.58	29.89	31.07	32.75	30.79	33.90
来宾市	30.65	29.81	28.34	29.31	28.42	27.69	28.43	27.28	28.74	32.22
崇左市	32.91	31.74	29.32	31.08	30.59	30.43	28.76	26.64	29.97	32.56
总体	33.61	32.02	31.53	31.15	30.66	30.76	30.16	30.90	30.26	32.41

表6-7　2011~2020年广西壮族自治区共享指数（第二种指标）[①]

年份 城市	2011	2012	2013	2014	2015	2016	2017	2018	2019	2020
南宁市	66.82	71.70	67.48	72.60	70.47	67.79	77.70	71.73	70.87	75.90
柳州市	70.33	72.50	68.59	72.12	78.40	66.81	69.06	79.38	79.98	80.48
桂林市	53.27	50.61	51.98	59.36	49.64	50.70	51.21	51.88	51.42	51.11
梧州市	60.81	69.41	64.19	60.65	55.15	66.27	66.62	68.79	70.54	66.54
北海市	47.09	59.25	45.55	58.59	56.06	50.38	55.83	50.53	64.11	66.93
防城港市	67.99	67.87	59.72	67.65	64.48	57.12	59.37	60.42	63.56	62.98
钦州市	52.87	62.76	51.82	62.42	61.95	69.51	74.73	69.84	67.86	80.06
贵港市	40.04	50.82	44.86	50.54	44.58	45.51	40.00	50.15	49.63	57.83
玉林市	52.07	63.83	51.95	60.63	54.18	49.28	55.56	52.16	52.21	55.98
百色市	86.41	97.49	89.01	92.68	88.54	74.93	71.73	73.94	71.90	75.25
贺州市	61.08	73.74	61.10	61.52	63.26	67.14	67.13	67.98	63.69	72.26
河池市	72.74	62.04	79.42	90.85	88.33	85.27	85.63	83.87	84.65	86.61
来宾市	66.02	77.71	67.89	75.12	69.75	78.83	73.80	70.12	72.00	72.17
崇左市	64.92	68.29	90.21	71.85	71.71	79.16	63.86	60.15	57.96	59.93
总体	60.75	66.79	62.97	68.07	64.65	63.68	64.96	64.85	64.85	68.43

---

① 在第一种和第二种指标构建方法中，共享程度权重和衡量指标并未发生改变，因此两种方法中的共享指数数据一样。

以 2020 年为例，广西壮族自治区的富裕指数取值范围在 54.16~84.73，共享指数的取值范围在 51.11~86.61，精神富裕指数的取值范围在 26.99~38.31。依据各城市年末常住人口占总人口份额加权得到的 2020 年广西壮族自治区总体的富裕指数、精神富裕指数和共享指数分别为 66.79、32.41 和 68.43。富裕程度较高的城市为柳州市、南宁市、桂林市、河池市和防城港市，其中柳州市的富裕指数与发展落后的贵港市相比差距较大，与前文得出的结论基本一致。从精神富裕程度来分析，广西壮族自治区十四个城市的精神富裕发展程度差异明显，指数较高的城市为南宁市、柳州市、桂林市、河池市和百色市，表明除百色市以外，富裕指数高的城市，其精神富裕程度也较高。精神富裕指数较高的南宁市和柳州市与较低的玉林市和贵港市相差较大。贺州市、北海市、防城港市、钦州市、玉林市、贵港市和来宾市的精神富裕指数低于广西壮族自治区的总体水平，表明广西壮族自治区内十四个城市精神富裕程度发展较为均衡。共享程度较高的城市为河池市、柳州市、钦州市、南宁市和百色市，其中河池市和柳州市的共享指数与玉林市和桂林市差距明显。以柳州市和南宁市为例，2020 年其富裕水平和精神富裕程度位于前列，且共享水平也较高，表明经济高质量发展首先能够解决实现共同富裕的物质基础和精神富裕方面的问题，并且能够保障人民的需求实现从"量"到"质"的转变，不把经济高质量发展放在首要位置很难推动生产力的进步。

（三）两种测度方法下的对比分析

1. 同一时间维度下的共同富裕指数对比

基于前文两种指标构建方法下的共同富裕指数评价分析，总体而言，首先，两种构建方法均体现出广西壮族自治区内部的共同富裕发展水平的差异性；其次，2011~2020 年，各城市间共同富裕水平差异变动较小，部分城市共同富裕程度有所提升，其中河池市进步明显。

2. 共同富裕指数的发展趋势对比

从共同富裕指数的发展趋势来看，更换指标构建方法后，广西壮族自治区内十四个城市的共同富裕整体水平随时间推移的发展趋势与第一种指标体系的趋势基本保持一致，同时也从侧面印证了本章所构建的共同富裕测度指标体系的科学性和合理性，共同富裕指数的发展态势并未因体系构建的不同而体现出较大差异。

3. 共同富裕指数的分项评价对比

在对各城市的共同富裕指数进行分项评价时，可以看出，不同城市的富裕程度以及共享程度体现出明显的区别，并且两种指标构建方法下的富裕指数和共享指数在小范围内波动；同时，从十四个城市的富裕指数以及共享指数随时间的变动趋势具体来看，两种分析方法得出的分项指数的时间发展趋势前后基本保持一致。因此，无论从哪种角度对共同富裕发展水平进行测度，并不会对当前城市的共同富裕发展水平的衡量以及发展趋势的判定造成较大影响，同时也从侧面反映出本章指标体系构建的科学性和合理性，对本章的研究具有重要意义。

第二节　广西壮族自治区共同富裕影响因素分析

广西壮族自治区作为全国民族团结的进步示范区，在解决绝对贫困问题以及教育、医疗、社会保障等民生事业发展层面上取得了显著进展，人民生活品质得以提升，保障全区各族人民向着实现共同富裕美好愿景的征程前进。自中国共产党广西壮族自治区第十一次代表大会以来，广西富民兴桂各项事业取得历史性成就，与全国同步全面建成了小康社会，历史性地解决了绝对贫困问题，就业、教育、医疗、社保、住房等民生事业全面发展，人民生活显著改善。但同时也可以看到，由于发展基础差、底子薄，广西壮族自治区城乡居民收入水平仍然较低，民生保障和社会治理存在不少短板弱项，巩固拓展脱贫攻坚成果、全面推进乡村振兴的任务仍然艰巨繁重，全面建成小康社会处在全国相对较低水平。广西壮族自治区明确提出要在边疆西部地区率先推动共同富裕取得实质性进展，并立足于实现这一目标的总体思路、工作重点和基本路径，要求准确把握习近平总书记关于"现在，已经到了扎实推动共同富裕的历史阶段"的重大论断，坚持以人民为中心的发展思想，坚持尽力而为、量力而行、循序渐进，坚持在高质量发展中促进共同富裕，着力提高发展平衡性协调性包容性、扩大中等收入群体规模、促进基本公共服务均等化、促进人民精神生活共同富裕、促进农民农村共同富裕，不断缩小地区、城乡和收入差距，加快补齐基础设施、公共服务和民生保障短板，让全区各族人民共享改革发展成果。广西壮族自治区需要优化空间布局，深入实施主体功能区战略，建立健全区域战略统筹、合作互助机制，促进沿海、沿江、沿边协同发展。要着力强化行业发展的协调性，围绕培育壮大市场主体深化改革，推动一二三产业进一步融合发展，做强做优做大国资国企，大力发展现代金融业，提高金融服务实体经济的能力，壮大共同富裕根基。要以更大力度支持民营企业、中小企业健康发展，推动有效市场和有为政府更好结合，持续优化营商环境，破除制约发展壁垒，激发各类市场主体活力，构建大中小企业相互依存、相互促进的企业发展生态。

一、经济因素

广西壮族自治区濒临北部湾，隔海与海南岛相望，紧邻越南，向西是广阔的大西南腹地，西江（流量全国第二）横穿全境，直通珠三角，海陆兼备，地理位置极为优越，是全国唯一一个沿海沿边又沿江的省份。广西壮族自治区自然资源丰厚，大部分地区全年受亚热带温润季风气候控制，雨水丰沛、热量丰富，作物四季生长，不受地理位置、自然资源等因素的影响，但是广西壮族自治区作为欠发达地区，原因之一是其对教育的重视程度不够，间接影响共同富裕的实现。在实现地区共同富裕的整个历史长河中，教育关系到技术创新水平，关系到人力资本积累程度，关系到高素质人才的培养，进而关系到经济高质量发展水平。在21世纪的今天，知识和技术已经成为经济发展的决定性要素。经济成为知识化和技术化的经济，知识变成具有经济价值的知识。

广西壮族自治区加大对新兴产业的扶持，推动了经济发展的低碳、绿色、可持续化，同时也深入探索城乡融合发展。例如，广西壮族自治区重点发展数字经济、高技术产业和生态环保产业，为改善经济结构、提高经济效益发挥了重要作用。广西壮族自治区着重加强基础设施建设，如铁路、公路、港口等交通基础设施，推进水利、电力等领域的设施提升，持续推动地区经济的健康发展。此外，广西壮族自治区通过开展国家级和区域性综合交通枢纽人口城市建设，进一步提高了城市与乡村经济的互动发展。广西壮族自治区注重生态保护，为生态修复和管理投入了大量的资金和人力，采用自然保护系统建设、湿地保护与恢复、关键生态系统保护等手段，实现了经济、社会和生态效益的协同发展，地区环境质量和生态环境逐步得以改善。

此外,城乡收入差距过大也是制约广西壮族自治区迈向共同富裕的因素之一。从广西壮族自治区整体的城乡收入差距来看,2020 年城镇居民的人均可支配收入为 35859 元,农村居民的人均可支配收入为 14815 元,城乡收入差距为 21044 元。从地区的城乡收入差距来看,2020 年城乡收入差距最大的城市为柳州市,其城镇居民的人均可支配收入为 38479 元,农村居民的人均可支配收入为 15848 元,城乡收入差距达到 22631 元;南宁市城镇居民的人均可支配收入为 38542 元,农村居民的人均可支配收入为 16130 元,城乡收入差距达到 22412 元;桂林市城镇居民的人均可支配收入为 38145 元,农村居民的人均可支配收入为 17345 元,城乡收入差距为 20800 元[1]。由此可见,阻碍广西壮族自治区迈向共同富裕的一个关键因素是发展不均衡。个人可支配收入直接影响居民消费水平和消费能力的大小,受个人可支配收入的影响,城乡居民存在消费差距,因此造成个人满足度较低。

二、社会因素

正如前文所说,城镇化的目的是缩小城乡差距,提高乡村农民的生活水平,城镇化的发展不仅作为经济发展的有力支撑,还是促使共同富裕进程加快的新动力。但是,广西壮族自治区在城镇化的进程中由于地区经济发展差异大,各地方小城镇发展不平衡。广西壮族自治区各市由于各地的地理位置、自然资源条件、历史条件等不同,形成了四个发展水平和发展层次的城镇类型,分别是以北海、钦州、防城港为主的北部湾沿海城镇群,以贵港市、玉林市为主的桂东城镇密集区,以南宁、柳州、桂林为主的沿桂海高速公路点轴发展区和以西北山区城镇点状发展区。每个地区城镇发展带动力都不一样,造成了各城市之间以及城市与农村之间的发展不均衡,进而造成了广西壮族自治区十四个城市间发展的不均衡。

一是教育。教育是实现共同富裕的基础,因为只有教育才能够帮助人们获得知识和技能,提高其就业能力和薪资水平,然而,广西壮族自治区的教育质量和其他发达地区相比还有差距,据国家统计局统计,其高等教育覆盖率相对较低,因此,需要加强教育投资,提高教育质量,并为所有学生提供相等的教

---

[1] 《广西统计年鉴 2021》。

育机会。二是基础设施。要实现共同富裕，需要有先进而可靠的基础设施。广西壮族自治区已经在交通和通信基础设施方面取得了一些巨大的进步，但一些地区的公路和铁路系统仍然不够完善，一些农村地区仍然面临电力、自来水、燃气等基础设施供应不足的问题。因此，广西壮族自治区仍需要加强基础设施建设，特别是在贫困地区，为所有人提供现代、可靠、高效的基础设施。三是人口结构。人口结构是共同富裕实现的另一个关键因素。广西壮族自治区是一个多民族、多文化的地区，相对而言，妇女和少数民族群体在社会和经济方面往往处于劣势地位，此外，在一些偏远地区，老龄化、人口减少和劳动力流失也存在。因此，广西壮族自治区仍需要采取措施，促进社会平等，推动妇女和少数民族的发展，并寻找方法吸引人口前往农村和边远地区。四是创新和科技。创新和科技是经济发展的引擎，能够帮助提高生产力、提供更高的产品和服务质量。广西壮族自治区在新兴产业、高技术和文化创意领域方面已经取得了一些成果，但仍需要加强科技创新和产业升级，吸引更多的资金和人才，培育具有市场竞争力的产业和企业。

综上所述，广西壮族自治区政府在扶贫步伐上不能停下脚步，要继续加大扶贫力度，同时建立健全的扶贫机制，让所有人都能够受益于共同富裕的发展。此外，需要积极推动和实现城乡发展一体化，建立公平、开放、透明的市场机制，让市场资源真正配置到广西各地，推动广西经济高质量发展。

三、政策因素

广西壮族自治区以前一直是中国贫困地区之一，政府一直在采取措施推动当地经济发展和促进贫困人口的脱贫。2018年，广西壮族自治区提出了"打赢脱贫攻坚战，全面建设小康社会"的目标，各级政府部门也加大了扶贫力度。广西壮族自治区实施了大规模的贫困县退出机制，推进了农村电商和"互联网+扶贫"，加强了贫困人口的社会保障等政策，这些措施都有效促进了广西壮族自治区的经济发展。同时，广西壮族自治区还积极推进精准扶贫，确保扶贫资源有效用于最需要的人群身上，提高教育、健康、住房等方面的扶贫水平，努力实现"共同富裕"。在全国范围内，广西壮族自治区一直是典型的"东到西北"帮扶地，通过帮扶工作，共建益项目和实施交换计划等措施，为广西壮族自治区的贫困地区提供了很大的帮助。2020年，广西壮族自治区建档立卡贫困人口全部脱贫。

一是产业政策。广西壮族自治区区位优势明显，多个产业优势十分明显。政府一直在推动广西壮族自治区的产业结构调整和创新、科技领域的发展，以提高当地居民的生产力和收入水平。政府扶持多个具有竞争力的重点产业，如现代农业、生态旅游、生物医药、新能源、光电子、新材料等。此外，广西壮族自治区还大力发展与丝绸之路经济带、21世纪海上丝绸之路等国家战略相融合的新兴产业，推动全区经济全面发展和产业转型升级。

二是文化政策。广西壮族自治区拥有悠久的历史文化，旅游资源丰富，文化遗产和自然景观世界闻名。政府采取了积极措施，通过挖掘本地文化遗产，打造旅游品牌，促进当地旅游业的繁荣发展。例如，设置旅游优惠政策和旅游补贴等，支持乡村旅游发展；注重加强分布在全国各个重要旅游市场的导游培训工作；提升旅游驱动下的文旅融合发展，如举办各种文化活动和节日。同时，政府还注重保护当地的文化遗产，严禁破坏文物古迹，修复破损文物，弘扬本地文化，培育和发展文化产业。政府还建立了"广西百城文化创意产业发展规划"，通过提供专业的培训和投资，创造文化相关公司和产业的机会，为推动文化产业的创新与发展，壮大本地经济实力做出重要贡献。

此外，广西壮族自治区单独出台了一些政策以促进共同富裕。在社会保障方面，广西壮族自治区在参照完全国家平均水平后，更进一步贯彻国家扶贫攻坚精神，确保了所有困难群众的基本生活。政府定期为困难群众送来生活补贴，全面提升了当地贫困地区的生活水平和幸福感。在生态环境保护方面，政府采取了积极措施，建立省、市、县三级环保工作机构，强化环境监管，限制重度旅游市场以及工程建设的数量和范围。政府还建立了一套非常完善的与生态方面相关的税收与财政政策，旨在培育本地生态产业，促进经济生态双赢。

在政策上，政府积极与当地企业开展合作。如在农业领域，政府颁布了一些鼓励新型农业企业发展的扶持政策，努力提高当地的资本运用率和农村产业社会化水平。总之，为了推动广西壮族自治区向共同富裕的目标迈进，政府采取的政策非常多样化。政府各个部门在推进各自的工作时，也十分注重政策的协同效应，以推动广西壮族自治区的全面、快速发展，并提高广西壮族自治区各民族群众的生活标准和幸福感。

第三节　本章小结

　　本章在阐述共同富裕的本质内涵的基础上，从富裕程度和共享程度两大维度综合评价了广西壮族自治区的共同富裕指数，并以此分析广西壮族自治区的共同富裕的发展水平及其发展趋势。本章通过总结广西壮族自治区在推动共同富裕过程中所面临的高等教育制约以及城乡发展不均衡两方面，探析了制约广西壮族自治区共同富裕进程的关键变量，旨在为加快广西壮族自治区实现全民共同富裕的长期愿景而提供新的路径选择。通过上述的研究，本章得出以下结论：

　　从广西壮族自治区共同富裕发展阶段所面临的困境考察，广西壮族自治区在共同富裕道路上存在的主要问题是经济高质量发展水平低下、城乡差距明显、存在社会保障短板问题、各城市之间发展差距大以及基本公共服务设施建设不完善等。首先，广西壮族自治区因其特殊的地缘环境，导致其与中东部地区的经济发展步调不一，并且十四个城市之间发展步调也不一致。因此，促进经济高质量发展对于提升广西壮族自治区整体经济发展水平具有关键作用。其次，广西壮族自治区经济增长的同时涌现出城乡收入及消费差距等问题，这逐步成为广西壮族自治区共同富裕发展过程中不容忽视的变量。最后，社会保障是共同富裕的关键因素之一。医疗、养老等社会保险覆盖率的增加有利于提高工作者的劳动生产率，促进生产发展。医疗保险和养老保险是生产发展和社会进步的必然结果。反过来，医疗保险和养老保险覆盖率的增加又进一步促进了生产发展、制度完善和社会进步。医疗保险一方面减轻了劳动者的担忧，使他们能够专心工作，提高工作效率，提升生活满意度；另一方面对于整个广西壮族自治区迈向更高水平的共同富裕具有关键作用。

第七章 贵州省共同富裕指数的测度以及影响因素分析

第一节 共同富裕指数测度及评价

一、共同富裕指标说明

由于贵州省部分数据缺失，本章在前文对共同富裕指数的测度方法的基础上，将每万人拥有医疗机构床位数替换为病床使用率，基本养老保险基金支出替换为基本养老保险覆盖率，城镇基本医疗保险基金支出替换为基本医疗保险覆盖率，城乡居民社会养老保险基金支出替换为城镇居民人均可支配收入。

二、贵州省共同富裕程度的整体评价

（一）第一种指标构建下的共同富裕程度评价

1. 同一时间维度不同地区的比较

依据以上数据计算得出 2011～2020 年贵州省九个城市的共同富裕指数，取值区间为 53.14～77.15（见表 7-1）。同时以各城市常住人口占总人口比重赋权得出贵州省总体共同富裕指数。2011 年，贵州省总体共同富裕指数为 66.76，有四个城市的共同富裕指数超过贵州省的总体水平；2020 年，贵州省总体共同富裕指数为 61.90，共有六个城市的共同富裕指数超过贵州省的总体水平，其余三个城市的共同富裕指数低于贵州省的总体水平。

表 7-1　2011~2020 年贵州省共同富裕指数（第一种指标）

年份 地区	2011	2012	2013	2014	2015	2016	2017	2018	2019	2020
贵阳市	71.73	76.83	70.85	64.06	67.00	67.41	70.09	70.55	69.83	65.27
六盘水市	53.89	59.17	55.23	55.97	55.63	55.04	56.54	58.93	60.63	59.31
遵义市	75.29	77.15	60.78	62.98	64.43	61.28	61.23	60.75	61.99	62.36
安顺市	66.94	67.57	56.94	58.46	55.47	54.99	57.66	58.61	59.32	53.14
毕节市	73.59	75.25	62.75	69.51	67.22	60.95	63.34	62.69	65.18	63.59
铜仁市	58.24	63.56	57.86	65.51	64.27	65.58	67.95	68.04	58.64	63.23
黔西南州	61.12	66.83	66.56	64.01	64.93	65.69	62.20	64.15	63.40	65.57
黔东南州	65.64	72.66	65.09	67.79	66.60	66.79	66.27	67.26	67.76	63.98
黔南州	56.65	55.63	55.76	58.22	53.60	55.86	57.66	57.47	53.16	55.34
总体	66.76	69.99	61.56	63.98	63.20	61.73	62.82	63.14	62.67	61.90

　　从贵州省九个城市的共同富裕发展水平来看，贵州省内部共同富裕的发展水平速度不一，地区间差异明显。以 2011 年为例，共同富裕指数较高的城市为遵义市、毕节市和贵阳市，而指数较低的城市为铜仁市、黔南州和六盘水市，可见以上六个城市共同富裕发展水平差距较大。具体来看，2011 年遵义市和毕节市的共同富裕指数分别为 75.29 和 73.59，均高于贵州省的总体水平；黔南州和六盘水市的共同富裕指数分别为 56.65 和 53.89，远低于贵州省的总体水平，2020 年，仅有黔南州，六盘水市、安顺市的共同富裕水平低于贵州省的总体水平，而位于前列的黔西南州和贵阳市与贵州省总体水平较为接近，由此可见，贵州省内九个城市共同富裕水平发展较为均衡，九个城市之间的差距逐渐缩小，指数最高和指数最低的城市其差值从 2011 年的 21.40 下降到 2020 年的 12.43。

　　从图 7-1 中具体分析贵州省共同富裕指数的变动趋势，贵州省的共同富裕发展水平趋势平稳，波动幅度较小。共同富裕指数的增长反映出共同富裕发展进程取得有效进展，而个别年份出现指数下降情况可能是因为经济周期性波动，从而使 GDP 增速出现起伏、需求结构和产业结构出现变化，造成共同富裕指数波动。

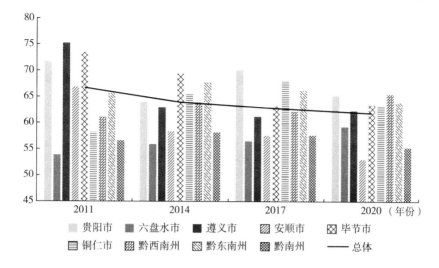

图7-1　2011~2020年贵州省共同富裕指数变动趋势（第一种指标）

2. 不同时间维度下的发展趋势

从2011~2020年贵州省不同城市的共同富裕指数变动情况进一步分析各城市的共同富裕的发展趋势（见图7-2）。

安顺市和毕节市2011年的共同富裕指数分别为66.94和73.59，2020年分别下降到53.14和63.59，虽然两市GDP均有所增长，但共同富裕指数不仅仅包括物质富裕，还需要考虑到精神富裕程度和共享程度，因此这两座城市在迈向共同富裕的道路上均出现了倒退。

贵阳市和遵义市的共同富裕指数分别在2012~2014年和2012~2013年出现了大幅度下降，分别从76.83下降到64.06和77.15下降到60.78，下降幅度分别为12.77和16.37，且均在下降之后的年份中出现了小幅度回升。

六盘水市的共同富裕指数始终低于贵州省的均值水平，原因可能是六盘水市的城市定位没有涵盖突出的凸显优势和潜在优势，无法把突出优势转化为共同富裕的发展动力，虽然六盘水市共同富裕指数在稳步提升，但提升幅度较小，还有增长的潜力。

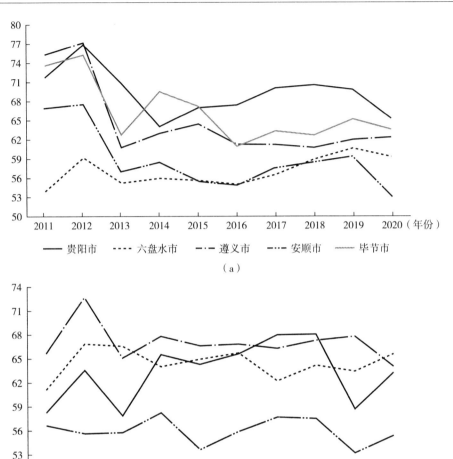

图 7-2 2011～2020 年贵州省共同富裕指数变动趋势（第一种指标）

铜仁市的共同富裕指数仅在 2014～2018 年平稳增长，其余年份呈波动变化，2011～2020 年波动范围在 57.86～68.04，波动范围较大，原因可能是当地经济发展易受外部环境影响，GDP 增长率和全体居民人均可支配收入变化幅度较大，进而影响了共同富裕指数的波动。

黔西南州的共同富裕指数在 2011～2020 年频繁波动，但总体上实现了增长，从 2011 年的 61.12 增长至 2020 年的 65.57，表明当地的一系列民生保障措施取得了一定成效，但还有提升空间，还需要通过发展经济增加政府财政收入，从而全面提升物质富裕程度，为保障居民高质量生活提供物质基础。

黔东南州的共同富裕指数在 2013~2020 年呈小幅度变动，其变动范围在 63.98~67.79，其间出现了小幅度下降，但始终高于贵州省均值水平，表明当地政府未协调好物质富裕、精神富裕和共享程度之间协同发展，导致了共同富裕指数下降。

黔南州的共同富裕指数整体呈波动变化，且在 2011~2020 年始终低于贵州省的均值水平，波动范围在 53.16~58.22。在共同富裕的道路上，黔南州始终没有取得较大进展，还需要结合当地的比较优势，充分发挥自身经济发展潜力，提高物质富裕程度，政府要协调好城乡之间的发展差距，提高共同富裕程度。

3. 贵州省共同富裕指数的分项评价

将贵州省的共同富裕指数分为富裕指数和共享指数的意义在于具体衡量各指标的影响程度。对富裕程度和共享程度两个二级指标进行重新赋权，赋权方法同上，得出贵州省九个城市的富裕指数和共享指数（见表 7-2 和表 7-3）。

表 7-2　2011~2020 年贵州省富裕指数（第一种指标）

年份 地区	2011	2012	2013	2014	2015	2016	2017	2018	2019	2020
贵阳市	75.53	75.73	79.67	76.30	77.79	78.00	78.38	78.26	78.05	75.07
六盘水市	48.96	46.75	49.33	45.51	42.55	43.77	43.80	45.51	45.89	44.46
遵义市	61.25	61.15	52.76	57.43	56.53	54.90	54.68	53.85	54.46	57.02
安顺市	55.54	55.59	48.82	51.08	48.04	46.66	46.01	45.31	44.14	43.22
毕节市	52.10	52.53	46.02	45.57	43.49	41.58	43.04	42.63	43.66	45.73
铜仁市	46.96	48.00	44.92	46.70	46.67	47.94	50.07	50.35	46.18	48.94
黔西南州	50.18	55.13	50.22	48.73	48.17	49.91	45.99	46.82	45.23	48.95
黔东南州	55.23	59.41	54.56	51.40	50.32	52.53	47.47	50.39	48.97	50.13
黔南州	48.18	53.94	49.46	51.92	48.62	50.69	49.50	51.28	46.61	47.33
总体	55.13	56.54	52.14	52.41	51.05	51.10	50.62	51.07	50.23	51.44

表7-3   2011～2020年贵州省共享指数（第一种指标）

年份 地区	2011	2012	2013	2014	2015	2016	2017	2018	2019	2020
贵阳市	67.92	77.93	62.03	51.83	56.21	56.83	61.81	62.84	61.61	55.46
六盘水市	58.81	71.59	61.14	66.43	68.71	66.30	69.29	72.35	75.38	74.17
遵义市	89.34	93.15	68.80	68.53	72.34	67.66	67.77	67.65	69.52	67.70
安顺市	78.34	79.54	65.07	65.84	62.91	63.33	69.32	71.91	74.51	63.06
毕节市	95.07	97.98	79.48	93.46	90.95	80.32	83.64	82.76	86.71	81.45
铜仁市	69.52	79.12	70.81	84.32	81.88	83.22	85.83	85.74	71.11	77.53
黔西南州	72.07	82.54	82.89	79.28	81.69	81.46	78.41	81.47	81.57	82.20
黔东南州	76.06	85.91	75.62	84.18	82.88	81.05	85.07	84.13	86.54	77.84
黔南州	65.12	57.32	62.07	64.51	58.58	61.04	65.83	63.66	59.72	63.34
总体	78.39	83.43	70.99	75.55	75.35	72.36	75.01	75.22	75.11	72.35

　　以2020年为例，贵州省的富裕指数的取值范围在43.22～75.07，共享指数的取值范围在55.46～82.20。富裕程度较高的城市为贵阳市、遵义市和黔东南州，其中贵阳市的富裕指数与相对落后的安顺市差距较大，差值为31.85，说明贵州省在富裕维度体现出较大的差异性。因此，贵州省在实现共同富裕的道路上最大的挑战是各城市之间物质富裕发展不均衡。共享程度较高的城市为黔西南州、毕节市和黔东南州，其中黔西南州的共享指数与贵阳市差距明显，部分共同富裕程度较高的城市共享程度反而较低，可能原因是城乡收入差距、城乡消费差距的拉大导致城乡发展不均衡，进而使其共享指数下降。值得注意的是，富裕指数和共享指数为相对指数，不能直接作数值上的绝对比较。总体而言，与贵州省总体共同富裕水平相比，贵州省内部各城市的富裕程度和共享程度贡献不一，物质富裕层面和共享层面仍存在短板问题。截至2020年底，虽然全面小康社会已经建立，但不可否认的是贵州省内部分城市的城乡差距逐渐扩大。

　　（二）第二种指标构建下的共同富裕程度评价

　　1. 同一时间维度不同地区的比较

　　依照第二种指标构建方法计算得出2011～2020年贵州省九个城市的共同

富裕指数，取值区间为 50.63～77.09（见表 7-4）。同第一种计算方法一致，得出贵州省总体共同富裕指数。2011 年，贵州省总体共同富裕指数为 63.50，有三个城市的共同富裕指数超过贵州省的总体水平；2020 年，贵州省总体共同富裕指数为 59.11，有五个城市的共同富裕指数超过贵州省的总体水平，四个城市低于总体水平。

表 7-4　2011～2020 年贵州省共同富裕指数（第二种指标）

年份\地区	2011	2012	2013	2014	2015	2016	2017	2018	2019	2020
贵阳市	73.60	77.09	74.30	68.89	71.32	71.55	73.30	73.60	72.90	68.91
六盘水市	53.21	55.90	53.81	53.32	51.84	51.65	52.67	55.05	56.20	54.77
遵义市	71.27	72.59	59.22	61.85	62.50	60.13	59.87	59.40	60.49	61.26
安顺市	63.07	63.70	54.76	56.71	53.48	52.76	54.18	54.87	54.95	50.63
毕节市	66.64	68.10	57.99	62.29	60.23	55.57	57.38	57.20	59.14	58.61
铜仁市	55.16	59.22	54.70	60.22	59.34	60.85	63.17	63.39	55.43	59.41
黔西南州	58.28	63.20	61.73	59.56	59.94	60.86	57.20	58.88	58.04	60.41
黔东南州	63.19	68.64	62.35	63.21	62.18	62.79	61.18	62.77	62.59	60.05
黔南州	54.79	55.56	54.31	56.71	52.75	54.72	55.51	56.14	51.69	53.38
总体	63.50	66.06	59.22	60.89	59.93	58.98	59.49	60.02	59.38	59.11

从表 7-4 中可以发现，贵州省的共同富裕指数差异明显。以 2011 年为例，共同富裕指数较高的城市为贵阳市、遵义市和毕节市，具体来看，贵阳市和遵义市的共同富裕指数分别为 73.60 和 71.27，远高于贵州省的均值水平，而相对落后的黔南州和六盘水市与贵州省的均值水平相差甚远。到 2020 年，各城市的共同富裕水平与贵州省的均值水平差距逐渐缩小，各城市之间共同富裕水平逐渐均衡，黔南州和安顺市与均值水平差距逐渐缩小。2020 年，共同富裕指数较高的城市为贵阳市、遵义市和黔西南州，高于贵州省的均值水平。

从图 7-3 中具体分析贵州省共同富裕指数的变动趋势，同第一种构建方法得出的结论一致，贵州省的共同富裕发展水平趋势平稳，波动幅度较小。

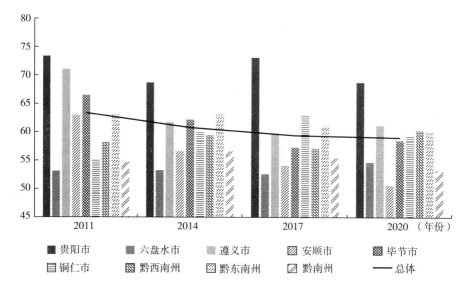

图 7-3　2011~2020 年贵州省共同富裕指数变动趋势（第二种指标）

2. 不同时间维度下的发展趋势

在第二种指标构建方法下，2011~2020 年贵州省内九个城市的共同富裕的发展趋势与第一种方法的测度结果基本一致。具体来看，六盘水市、铜仁市和黔西南州的共同富裕指数整体呈逐步上升的趋势，在个别年份有所下降，但幅度较小。其中，铜仁市共同富裕发展缓慢的原因可能是城乡统筹力度不大，在城乡统筹方面城镇化建设推进缓慢，农民生活环境较差、农业经济占比较小、城乡发展差距较大。贵阳市的共同富裕指数始终位于贵州省的前列，仅在2012~2014 年有较大幅度下降，其余年份均稳定发展，2011~2020 年波动范围为 68.89~77.09，差值为 8.20。遵义市的共同富裕指数经过十年发展不升反降，虽然部分经济指标如 GDP、社会消费品零售总额、全体居民人均可支配收入均有所增长，但共同富裕衡量的不仅仅是物质富裕，还有精神富裕和共享程度，可见遵义市在实现共同富裕的道路上还有很长的路要走。安顺市与六盘水市在 2011~2020 年共同富裕的表现上展现出了不同的趋势。具体来说，安顺市在前五年经历了一个显著的下滑，而后五年虽有所恢复，但整体仍呈下降态势，这可能暗示了该市在经济策略、产业布局或其他宏观经济因素上存在的挑战；而六盘水市在同一时期内的共同富裕指数变化较为稳定，尤其在 2016~2020 年，该市的指数逐渐攀升，表明其在这段时间内可能采纳了一些有效的经济策略或措施，有助于提高共同富裕的水平。黔西南州的共同富裕指数整体呈小幅度波动，2011~2020 年波动范围在 57.20~63.20，始终未有大幅度提升，表明当地仍需要加强经济发展和增加民生保障支出。黔东南州的共同富裕指数在 2013~2020 年未有大幅度变动，基本维持在 62 的水平，保持平稳发展。黔南州的共同富裕指数总体呈 "M" 形变化，2011~2020 年波动范围在 51.69~56.71，并且始终低于贵州省的总体水平，这表明当地尽管尝试突破共同富裕水平低的困境，但是还未取得实际进步（见图 7-4）。

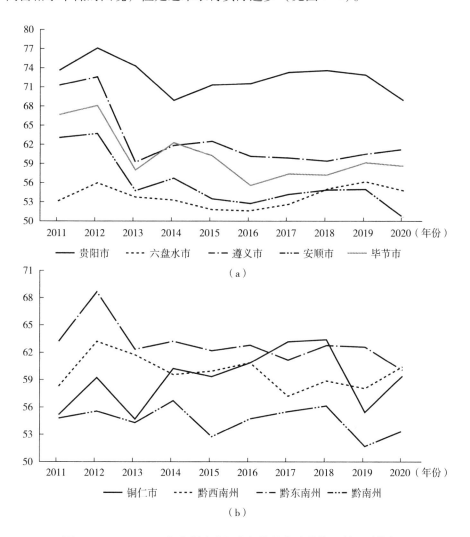

图 7-4　2011~2020 年贵州省共同富裕指数变动趋势（第二种指标）

3. 贵州省共同富裕指数的分项评价

同第一种计算方法类似，对衡量物质富裕程度、精神富裕程度以及共享程度三个二级指标进行重新赋权，赋权方法同上，得出贵州省九个城市的富裕指数和共享指数，并对九个城市的精神富裕程度作进一步讨论（见表7-5~表7-7）。

表7-5　2011~2020年贵州省富裕指数（第二种指标）[1]

年份 地区	2011	2012	2013	2014	2015	2016	2017	2018	2019	2020
贵阳市	77.87	78.09	82.22	78.82	80.39	80.51	80.77	80.68	80.33	77.17
六盘水市	51.24	48.86	51.31	47.62	44.27	45.35	45.44	47.42	47.75	45.87
遵义市	63.44	63.45	55.48	59.64	58.66	57.30	57.09	56.31	56.81	59.25
安顺市	56.89	57.23	50.75	53.45	50.13	48.59	47.82	47.38	46.14	45.36
毕节市	53.24	53.95	48.18	47.68	45.71	43.95	45.29	45.17	46.23	48.32
铜仁市	49.30	50.53	47.68	49.32	49.26	50.59	52.96	53.34	48.57	51.57
黔西南州	52.79	56.89	52.31	50.90	50.31	51.84	47.78	48.69	47.13	50.64
黔东南州	58.43	61.64	57.27	54.23	53.19	55.22	50.28	53.40	51.82	52.60
黔南州	50.82	55.88	51.56	54.10	50.77	52.67	51.50	53.65	48.57	49.36
总体	57.27	58.55	54.51	54.73	53.33	53.38	52.90	53.53	52.54	53.67

表7-6　2011~2020年贵州省精神富裕指数（第二种指标）

年份 地区	2011	2012	2013	2014	2015	2016	2017	2018	2019	2020
贵阳市	43.32	43.54	44.91	44.65	45.31	44.65	43.80	43.97	42.88	41.61
六盘水市	31.80	29.95	29.25	29.10	25.77	25.13	25.23	27.43	26.79	25.60
遵义市	36.33	37.04	34.71	34.68	34.06	34.94	33.91	34.19	34.92	34.18
安顺市	28.41	29.68	28.62	30.99	27.93	27.62	26.38	27.82	27.10	27.27
毕节市	28.36	29.83	28.90	28.34	28.19	28.23	27.31	29.43	29.48	29.62
铜仁市	28.48	29.95	30.31	30.10	29.85	31.89	33.21	33.78	29.65	31.10
黔西南州	31.14	30.30	29.86	29.18	28.60	28.44	26.23	27.26	27.68	27.60

---

① 此处的富裕指数综合了物质富裕和精神富裕。

续表

年份地区	2011	2012	2013	2014	2015	2016	2017	2018	2019	2020
黔东南州	34.96	33.22	33.07	32.02	32.26	31.88	31.85	33.11	32.07	30.13
黔南州	31.13	31.13	29.69	30.63	30.24	29.87	29.23	31.21	28.54	28.85
总体	32.62	32.89	32.12	32.03	31.40	31.56	30.94	32.17	31.40	31.06

表7-7 2011~2020年贵州省共享指数（第二种指标）①

年份地区	2011	2012	2013	2014	2015	2016	2017	2018	2019	2020
贵阳市	67.92	77.93	62.03	51.83	56.21	56.83	61.81	62.84	61.61	55.46
六盘水市	58.81	71.59	61.14	66.43	68.71	66.30	69.29	72.35	75.38	74.17
遵义市	89.34	93.15	68.80	68.53	72.34	67.66	67.77	67.65	69.52	67.70
安顺市	78.34	79.54	65.07	65.84	62.91	63.33	69.32	71.91	74.51	63.06
毕节市	95.07	97.98	79.48	93.46	90.95	80.32	83.64	82.76	86.71	81.45
铜仁市	69.52	79.12	70.81	84.32	81.88	83.22	85.83	85.74	71.11	77.53
黔西南州	72.07	78.54	82.89	79.28	81.69	81.46	78.41	81.47	81.57	82.20
黔东南州	76.06	85.91	75.62	84.18	82.88	81.05	85.07	84.13	86.54	77.84
黔南州	65.12	57.32	62.07	64.51	58.58	61.04	65.83	63.66	59.72	63.34
总体	78.39	83.43	70.99	75.55	75.35	72.36	75.01	75.22	75.11	72.35

以2011年为例，贵州省的富裕指数的取值范围在49.30~77.87，共享指数的取值范围在58.81~95.07，精神富裕指数的取值范围在28.36~43.32。富裕程度较高的城市为贵阳市和遵义市，并且贵阳市与铜仁市的富裕指数相差较大，与前文第一种指标下得出的结论一致。精神富裕程度较高的城市为贵阳市和遵义市，由此可见精神富裕程度较高的城市其富裕程度也较高。共享程度较高的城市为毕节市和遵义市，虽然毕节市的富裕程度和精神富裕程度比较落后，但其共享程度处于领先地位，与前文得出的结论一致。2020年，贵州省的富裕指数的取值范围在45.36~77.17，共享指数的取值范围在55.46~

① 在第一种和第二种指标构建方法中，共享程度权重和衡量指标并未发生改变，因此两种方法中的共享指数数据一样。

82.20，精神富裕指数的取值范围在 25.60~41.61；贵州省总体的富裕指数、精神富裕指数和共享指数分别为 53.67、31.06 和 72.35，与 2011 年相比，各城市之间富裕程度差距缩小，共享程度差距缩小。总体而言，两种指标构建方法得出的结论基本一致。

(三) 两种测度方法下的对比分析

1. 同一时间维度下的共同富裕指数对比

基于前文两种指标构建方法下的共同富裕指数评价分析，总体而言，首先，两种构建方法均能体现出贵州省各城市之间内部的共同富裕发展水平的差异性；其次，2011~2022 年，部分城市之间共同富裕水平出现波动上升，也有部分城市共同富裕指数下滑，如安顺市和毕节市，而贵阳市始终处于领先位置；最后，在更细致分析富裕程度和共享程度的前提下，贵州省内部各城市在共享和富裕两方面出现明显差异，如贵阳市的共享程度远低于富裕程度，究其原因可能是贵阳市内部城乡差距较大，发展成果未使全体居民共享，相较于其他城市，权重的变更导致贵阳市共同富裕指数变化较大。

2. 共同富裕指数的发展趋势对比

从共同富裕指数的发展趋势来看，更换指标构建方法后，贵州省九个城市的共同富裕整体水平随时间推移的发展趋势与第一种指标体系的趋势保持一致，同时也从侧面印证了本章所构建的共同富裕测度指标体系的科学性和合理性，共同富裕指数的发展态势并未因体系构建的不同而体现出较大差异。

3. 共同富裕指数的分项评价对比

在对贵州省的共同富裕指数进行分项评价时发现，首先，不同城市的富裕程度以及共享程度体现出明显的区别，并且两种指标构建方法下的富裕指数和共享指数均在小范围内波动；其次，更换指标构建方法后，仍能反映出贵州省各城市内存在的共享层面的短板问题，特别是贵阳市，其富裕程度较高时反而共享程度较低，地区内部分项指标对总指标的贡献程度不一；最后，从贵州省九个城市的富裕指数以及共享指数随时间的变动趋势具体来看，两种分析方法得出的分项指数的时间发展趋势前后保持一致。总之，无论从哪种角度对共同富裕发展水平进行测度，并不会对当前城市共同富裕发展水平的衡量以及发展趋势的判定造成较大影响，同时也从侧面反映出本章指标体系构建的科学性和合理性，对本章的研究具有重要意义。

第二节　贵州省共同富裕影响因素分析

贵州省地处云贵高原，位于中国西南的东南部，东靠湖南、南邻广西、西毗云南、北连四川和重庆。贵州省总面积 176167 平方千米，下辖 6 个地级市、3 个自治州、16 个市辖区、10 个县级市、50 个县、11 个自治县、1 个特区，是中国西南地区的交通枢纽、长江经济带重要组成部分。贵州省作为整个中国共同富裕发展中的关键一环，探讨贵州省的共同富裕程度既彰显了中国实现共同富裕一般性特征，又凸显了地域的特殊性。从我国推进实现全民共同富裕的征程中来看，贵州省的发展取得了显著的进步。贵州省在夯实城乡基础设施支撑，持续深入推进"六网会战"，构建现代化基础设施体系。贵州省下大力气在水利建设上取得重大突破，构建立体联网、内外联通、多式联运、无缝衔接的现代综合交通运输体系，加快现代化能源基础设施建设，加快 5G、人工智能等新型基础设施建设，建设新型智慧城市和智慧乡村等方面取得了十足的进展。然而，在综合考量区域协调发展、城乡差距以及基本公共服务均等化等方面，贵州省还有提升空间。实现高质量的共同富裕不单单是物质上的富裕，还应该包括精神层面的富裕和共享层面的富裕，既要保证具有丰厚的物质依赖，同时也做到社会财富和收入的公平分配，保障人人都能享受到发展成果，都能享受到共享的成果。在前文对贵州省共同富裕发展水平分析的基础上，本节将以贵州省共同富裕发展过程中面临的现实困境作为落脚点，探析新时代实现贵州省共同富裕的制约因素。

一、经济因素

经济高质量发展首先能够解决实现共同富裕的物质基础和精神富裕方面的问题，并且能够保障人民的需求实现从"量"到"质"的转变，不把经济高质量发展放在首要位置很难推动生产力的进步，也很难提升人民的生活满意度。贵州省地理位置偏僻，偏离对外开放前沿地带，长期饱受对外开放区位劣势之苦。近年来经济增长幅度虽超过全国平均增长幅度，但一些主要经济指标并未实现快速增长。同时，由于贵州省内各城市之间资源禀赋以及政策等因素的差异性，贵州省地区内部经济发展速度差异明显。据贵州省 2021 年各地区生产总值显示，2021 年贵阳市 GDP 总量为 4711.04 亿元，位居全省第一，分别是安顺、黔东南州和铜仁地区的 4.36 倍、3.75 倍、3.22 倍①。贵州省县域经济发展水平偏低，贵州省县级行政区划有 88 个，县域单位总面积为 17.1 万平方千米，约占全省面积的 97.1%，县域单位总人口为 3455.2 万，占全省总人口的 88.5%②。因此，应大力发展经济，把工作任务重心放到经济建设上来是提升贵州省整体经济发展水平的应有之义。同时，应重视基础设施建设，尤其是要重视构建完善的交通运输网络，完善的交通网络可以促进人口的快速转移，是区域间合作的重要条件。要加快城市与城市之间、城市与乡村之间、乡村与乡村之间的交流联系，能够有效促进区域的共同进步，同时要创建市场，形成比较优势。贵州省东部沿海地区历经了 40 年改革开放才有了充分的市场竞争环境，然而广大的中西部地区仍缺乏市场竞争意识。趁现在产业转移的当口，向这些地方进行"市场精神"的普及与健全是东部沿海产业转移能否在此生根发芽的前提条件，即是否有促进市场竞争的合适环境。

从数据可以看出，贵州省在城乡收入差距、收入分配不均等方面取得了一定的成效。收入分配是衡量共同富裕程度的重要指标，也是影响社会公平正义感和社会稳定的关键因素。贵州省作为一个多民族省份，历史上存在着城乡差距、区域差距、民族差距等收入分配问题，这些问题在经济发展过程中有所缓解。

二、社会因素

贵州县域经济发展中遇到的问题引起了党和国家的高度重视，与地方政府积极制定了相关的经济扶持政策，通过建设中部地区发展部分地区的经济，然后通过先富后富的方式逐步发展其他相关地区的经济。然而，从发展进程来看，位于贵州省中部的贵阳市并没有发挥出带头作用，贵阳市的经济在政策的支持和帮助下取得了提升，但是位于贵州省其他地区的城市，经济发展上并没有很好的提升。

共同富裕的前提条件是保证富裕程度的实现，保障每个人都能体会到共同

---

① 笔者根据《贵州统计年鉴 2022》计算所得。
② 《贵州统计年鉴 2022》。

富裕的果实，这也体现了社会的公平正义。从地区的城乡收入差距来看，2020年贵州省城镇居民的人均可支配收入为36096元，农村居民的人均可支配收入为11742元①。此外。个人可支配收入直接影响消费水平和消费能力的大小，受个人可支配收入的影响，城乡居民的消费差距也较大，由此可见，分配制度的不完善所反映出的区域差距、城乡差距、收入差距等问题已然成为贵州省迈向更高层面共同富裕的一大难题。社会保障既是保障人民基本生活的重要制度，也是促进社会和谐稳定的重要手段。贵州省作为一个经济欠发达的省份，其社会保障体系不健全、覆盖面不广、水平不高等问题在经济社会发展过程中有所改善，但仍然存在不足和挑战。

贵州省要实现共同富裕，必须坚持以公平正义为价值取向，完善分配制度和社会保障体系，在经济增长与收入分配、城乡区域与各群体之间实现良性互动、协调发展；要坚持按劳分配为主体、多种分配方式并存的分配制度，提高居民收入和劳动报酬比例，增加中低收入群体的财产性收入、扩大中等收入群体、增加高收入者对社会的回馈；要坚持以公共财政为主体、多元主体参与的社会保障体系，促进基本公共服务均等化，提高教育、医疗、养老、住房等领域的公共服务供给能力和质量，保障人民基本生活；要坚持以社会组织为主体、政府引导的社会保障体系，引导社会力量通过公益事业、志愿服务、社会慈善等方式济困扶弱，改善收入和财富分配格局。

教育是解决物质分配不均和共享分配不均的关键。因此，教育与共同富裕之间的关系应当纳入整个贵州省的发展的大环境中，把教育放在战略地位。在实现贵州省共同富裕的整个历史长河中，教育关系到技术创新水平，关系到人才培养，关系到基础设施的更新换代，关系到资源的分配，进而关系到经济高质量发展。人们在接受教育的同时也是在不断挖掘自我价值的过程，也是在不断实现自我价值的过程，能够通过教育的方式最大限度地发挥人的主动创造作用，培养人们塑造自我、贡献社会的价值理念。贵州省教育事业发展迅速，为推动贵州省经济社会的发展以及全面推进共同富裕进程夯实基础。迈向追求全民共同富裕的新征程离不开人力资本水平的提升，而人力资本水平的提升关键在于教育事业的发展。以教育进行人力资本投资是实现共同富裕的核心变量，

---

① 《贵州统计年鉴2021》。

因为，相较于诸如物质资本在内的其他资本要素，人力资本可以通过接受教育的方式弥补差距，并且可以开发出多层面的人力资本，如身体素质、知识积累等。只有教育资源配置效率提升才能保证为实现全民共同富裕提供人才支撑。基于此，教育对实现西部地区共同富裕的远景目标发挥着决定性作用。

此外，贵州省要实现共同富裕，必须坚持以社会主义核心价值观为引领，弘扬中华优秀传统文化和贵州多民族文化，培育和践行社会主义核心价值观，提高人民文化素养和道德水平；要坚持以马克思主义为指导，深入开展理论宣传教育，普及科学知识，提高人民思想觉悟和创新能力；要坚持以人民为中心的创作导向，丰富公共文化服务供给，满足人民群众的精神文化需求；要坚持以铸牢中华民族共同体意识为目标，构建现代社会治理体系，多维推进守边固边兴边，促进各民族交往交流交融，维护社会和谐稳定。

三、政策因素

一是易地扶贫搬迁政策。随着国家对脱贫攻坚工作越来越重视，易地扶贫搬迁政策逐渐成为贵州扶贫的一项重要举措。这项政策通过将贫困人口从山区转移到较为富庶的地区，提高了他们的生活质量和发展机会。易地扶贫搬迁政策的优势在于，通过改善贫困地区的生态环境和社会保障，有效地破解了贵州贫困户的困境，促进了社会公平和经济发展。但实施过程中也存在挑战，如搬迁后的就业和社会融入问题等，需要政府加强配套措施，为搬迁户提供更好的生活保障。

二是资金投入政策。资金投入政策的优势在于，可以增加贫困地区的基础设施建设和农业生产力水平。这对促进社会公平和贵州经济的发展具有重要意义。然而，在实施过程中，也面临资金使用效益问题的挑战，需要政府建立健全督查、总结、评估机制和制度，防止资金的滥用。

三是旅游开发政策。贵州省素有"中国山水甲天下"的美誉，拥有得天独厚的自然风光和丰富的民族文化。近年来，贵州省加大了对旅游业的投入和开发，通过建设旅游景区和旅游路线，吸引了大量的游客和投资，并促进了当地经济发展。旅游开发政策的优势在于，可以对贫困地区进行综合开发和利用，增加就业机会，促进经济发展和资源保护。但也存在不规范的旅游开发、危害生态环境等问题，需要政府对旅游开发进行合理规划和管理。

综上所述，易地扶贫搬迁、资金投入和旅游开发政策因素都是贵州省迈向共同富裕的重要因素。这些政策的实施为贫困地区带来了生态环境改善、产业发展、就业机会增加和城镇化推进等积极影响。但也需要政府加大政策执行力度，建立有效的政策约束机制，以确保政策的正确执行。

第三节　本章小结

本章在阐述共同富裕的本质内涵的基础之上，从富裕程度和共享程度两大维度综合评价了贵州省的共同富裕指数，并以此分析贵州省的共同富裕的发展水平及其发展趋势。通过总结贵州省在推动共同富裕过程中所面临的城乡发展不均问题，探析了制约贵州省共同富裕进程的关键变量，旨在为加快贵州省实现全民共同富裕的长期愿景而提供新的路径选择。通过上述研究，本章得出以下结论：

从贵州省的共同富裕指数来看，各城市之间共同富裕的发展水平存在明显差距。在第二种指标构建下，以 2020 年为例，共同富裕程度较高的城市为贵阳市和遵义市，共同富裕程度较低的城市为安顺市和黔南州。由于资源禀赋以及经济发展状况不一，导致不同城市的共同富裕发展进程不同，收入分配制度不合理、教育、医疗及养老等公共服务水平不高以及财政支出结构失衡等因素的制约。从分项指数的结果评价来看（第一种指标构建下），以 2020 年为例，贵州省的富裕指数的取值范围为 43.22~75.07，共享指数的范围在 55.46~82.20，富裕程度层面的短板问题凸显。从贵州省共同富裕发展阶段所面临的困境考察，贵州省在共同富裕道路上存在的制约是发展不足、"蛋糕"不够大，要正确认识和把握共同富裕，千方百计抓发展，把"蛋糕"做得更大、质量做得更好，才能更好地迈向共同富裕。

城乡发展差距最重要的表现是城乡之间居民收入差距的不断扩大。《贵州省统计年鉴》和国家统计局 2011~2020 年城乡居民收入差距的数据显示，自 2011 年以来，贵州省城镇居民人均可支配收入和农村居民人均可支配收入逐年上升，其中贵阳市的城镇居民人均可支配收入在 2020 年突破了 4 万元大关，达到了 40305 元，农村居民人均可支配收入达到 18674 元，而且在过去 10 年中，农村居民人均可支配收入增长幅度要高于城镇居民人均可支配收入，虽然城乡收入呈现向好态势，但总体来看城市增长速度还是远远快于乡村，自2011年以来贵州省的城乡居民收入差距呈现逐年扩大的态势。

　　贵州省在共同富裕道路上存在的主要问题是经济高质量发展水平低下、城乡差距明显、各城市之间发展差距大等。因此，促进经济高质量发展，对于提升贵州省整体经济发展水平具有关键作用。同时，医疗和养老也是制约贵州省共同富裕的两大难题，总体来看，贵州省的医疗资源分配不均，医疗资源集中在遵义市和贵阳市。医疗和养老等社会保障的增加可以在很大程度上解决劳动者的后顾之忧，可以让劳动者更加投入地工作，进一步促进经济发展，以此来推动共同富裕。

第八章 青海省共同富裕指数的
测度以及影响因素分析

　　青海省在实现共同富裕的道路上始终坚持以习近平新时代中国特色社会主义思想为指导，在中国共产党青海省第十四次代表大会上提出"坚定不移推进共同富裕"，强调"加快建设人民幸福的现代化新青海，必须坚持以人民为中心的发展思想，坚持生态保护优先与推动高质量发展、创造高品质生活有机结合、相得益彰，着力探索共同富裕的实践路径，不断满足各族群众对美好生活的向往"。扎实推动青海省共同富裕，是关乎全省人民民生福祉的大事，是青海省全面推进社会主义现代化建设的重要内涵，是始终高度贯彻中国特色社会主义制度的不断探索，是对全省人民对美好生活期望的殷切回应。青海省在党中央的正确领导和全省各族人民的不懈奋斗中，打赢了脱贫攻坚战，实现了全面建成小康社会，为扎实推动青海共同富裕创造了良好条件。但是，所有人都应该清醒地认识到青海省是一个生活环境相对艰苦、经济欠发达、发展不平衡的西部省份，要贯彻党中央的要求、跟上党中央的决策步伐，满足人民日益增长的美好生活需要，实现全体青海人民的共同富裕，就必须结合青海省情实际，坚持新视角新高度推动青海共同富裕稳步迈进，为青海各族人民谋求幸福美好的生活。

　　本章基于第三章对共同富裕指数的测算方法，结合青海省各州市2011~2020年的市级面板数据，从共同富裕的内涵"富裕程度"和"共享程度"两大维度，将多层面衡量共同富裕的指标纳入共同富裕指数综合测度体系，测算并分析青海省的共同富裕发展水平和发展趋势特征，对比分析西宁市、海东市、海北州、黄南州、海南州、果洛州、玉树州和海西州八个城市的共同富裕发展水平以及趋势的差异，并且针对不同发展水平地区，进一步分析共同富裕的影响因素。

第一节　共同富裕指数测度及评价

一、共同富裕指标说明

本章以第三章对共同富裕的测度方法为基础，结合青海省实际情况，计算青海省各城市的共同富裕指数。考虑到数据的可获得性以及研究内容的需要，本章将共同富裕发展水平测度的时间跨度选择为 2011~2020 年，共 10 年。数据主要来源于《青海省统计年鉴》和《青海省各市州社会发展统计公报》。在数据收集过程中，针对少数年份的数据缺失问题，本章主要通过计算年均增长率以及利用插值法的方式对缺失数据进行补充。本章以青海省的八个城市作为主要的研究对象，对青海省的共同富裕发展水平进行度量。

二、青海省共同富裕程度的整体评价

（一）第一种指标构建下的共同富裕程度评价

1. 同一时间维度不同地区的比较

根据上文对共同富裕指数的测度方法的讨论，计算得出 2011~2020 年青海省八个城市的共同富裕指数，取值区间为 50.80~81.23（见表 8-1）。根据各城市常住人口占青海省总人口比重赋权，计算得出青海省总体共同富裕指数。2011 年，青海省总体共同富裕指数为 66.04，有 2 个城市的共同富裕指数超过青海省总体共同富裕指数；2020 年，青海省总体共同富裕指数为 66.00，有 2 个城市的共同富裕指数超过青海省总体共同富裕指数，6 个城市低于青海省总体共同富裕指数。

从八个城市的共同富裕发展水平来看，青海省内部共同富裕的发展水平速度不一，各地区间差异明显。以 2011 年为例，共同富裕指数最高为果洛州的 73.39，最低为海北州的 53.83，可见，青海省各城市的共同富裕发展水平存在差异。具体来看，2011 年共同富裕发展水平较高的果洛州和玉树州的共同富裕指数分别为 73.39 和 70.27，均高于青海省总体共同富裕指数，其余地区的共同富裕指数与青海省总体共同富裕指数相差甚远。到 2020 年，各地区的共同富裕水平与全省的均值水平差距仍然在扩大。2011 年，除果洛州和玉树州外，其余地区的共同富裕指数在 53.83~65.73。其中，2011 年海北州的共同富裕发展水平最低，究其原因，其受到地理位置及自然条件的制约，地区经济发展速度缓慢。

表 8-1　2011~2020 年青海省共同富裕指数（第一种指标）

年份 地区	2011	2012	2013	2014	2015	2016	2017	2018	2019	2020
西宁市	61.79	62.16	62.87	62.83	68.39	70.32	74.97	72.53	70.50	73.86
海东市	55.76	57.28	59.17	58.63	56.79	57.37	60.87	56.74	57.82	59.29
海北州	53.83	54.16	54.30	52.54	52.44	53.67	55.36	52.62	52.24	53.16
黄南州	63.25	63.16	65.06	62.76	66.13	60.53	67.94	59.82	60.82	61.20
海南州	57.02	56.33	56.83	57.94	50.80	51.60	51.75	51.73	51.12	51.56
果洛州	73.39	72.75	74.67	76.28	78.12	78.21	81.23	76.58	75.21	72.70
玉树州	70.27	67.32	71.27	70.96	69.76	65.93	78.65	65.38	65.54	64.30
海西州	65.73	61.22	61.55	59.44	57.59	58.35	60.79	58.13	58.23	59.45
总体	66.04	66.56	58.27	58.56	59.22	59.73	61.13	65.15	63.06	66.00

从图 8-1 中具体分析青海省共同富裕指数的变动趋势，不难发现，青海省的共同富裕发展水平趋势平稳，波动幅度较小。共同富裕指数的波动反映出影响共同富裕发展进程的因素是多种多样的，而个别年份出现指数下降情况是因为现阶段经济发展水平与人民日益增长的多样化需求不相适应的矛盾体现出来。

2. 不同时间维度下的发展趋势

从 2011~2020 年不同市州的共同富裕指数变动情况进一步分析地区的共同富裕的发展趋势。西宁市的共同富裕指数的变动情况整体呈现逐步上升的趋势。其中，个别年份出现指数下降的情况与中国社会主要矛盾发生变化有关。具体来看，西宁市共同富裕指数在 2011~2020 年基本保持稳定增长，究其原因，无论从衡量富裕程度的经济高质量发展水平、居民的收入水平以及受教育

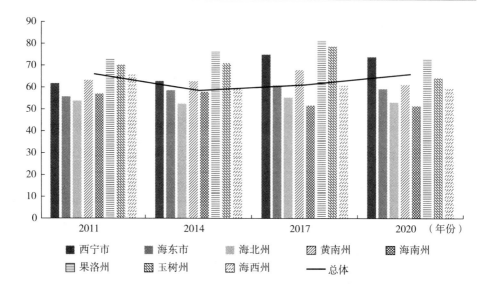

图8-1　2011~2020年青海省各城市共同富裕指数变动趋势（第一种指标）

水平等因素，还是从衡量共享程度的城乡差距等因素来看，都出现了明显的上升。党的十八大以来，西宁市坚持以习近平新时代中国特色社会主义思想为指导，落实好习近平总书记考察青海重要讲话精神，充分发挥省会城市引领作用，综合实力不断提升，人民生活水平持续改善、民族团结进步事业发展、生态环境优化可持续、改革攻坚蹄疾步稳、社会大局和谐稳定。具体表现为：经济总量稳步提升，产业加快转型升级；绿色发展成效显著，生态环境日益改善；公共事业全面发展，民生福祉不断增强；对外开放不断扩大，畅通双循环新格局。西宁市在推进共同富裕的过程中做出了如下努力：一是发挥好政府与市场作用做大高质量发展"蛋糕"。首先，持续优化营商环境，破除行政壁垒，打造规范有序的市场环境激发市场主体活力；其次，加快政府职能转变，避免政府职能越位、缺位、错位。二是以新发展理念推动高质量发展。在新征程中必须要将新发展理念贯穿到社会发展全过程，做到五个坚持，分别为坚持创新发展为共同富裕提供生产动力、坚持协调发展保证共同富裕的共享性与全民性、坚持绿色发展保证共同富裕的可持续性、坚持开放发展为共同富裕提供良好空间、坚持以共享发展为共同富裕提供保障。三是巩固精神文明建设成果，实现"精神""口袋"全面富裕。继续巩固西宁精神文明建设成果，实现精神文明高质量发展为人民群众营造风清气正、积极向上的社会环境。

海东市的共同富裕指数在十年间波动上升，从衡量共同富裕指数的各项指标可以看出，自 2011 年开始，海东市的 GDP 增长率逐年下降，地区经济发展速度缓慢，同时，体现在产业结构层面上的第三产业产值占地区 GDP 比重增幅缓慢降低了海东市推进共同富裕的速度。此外，中国人民银行海东支行的王兴顺（2010）从金融领域提出了制约海东共同富裕水平提高的几点因素：第一，金融总量较小，金融组织体系不完善。海东地区属经济欠发达地区，贫困县众多，全区 80% 以上的人口为农村人口，经济总量较小决定了金融总量较小。第二，农村银行业金融机构存贷比偏低，资金外流比较明显。从盈利角度看，存贷比偏低在很大程度上是由于农村银行业金融机构不愿意发放涉农贷款，农村信贷资金利用率低。第三，金融服务手段落后，金融产品供给单一。金融产品供给尤其是农村金融产品供给大部分仅限于存取款、贷款和汇兑业务，主要集中于生产环节。随着农业产业结构调整步伐加快、农村经济发展以及农牧民思想观念转变，单一的金融产品已难以满足"三农"多元化的金融需求。第四，政策性金融服务功能弱化。农业发展银行主要在农产品采购方面发挥着政策性金融组织作用，其业务功能主要表现为单一的"粮食银行"。第五，扶贫信贷功能发挥欠佳。随着农业银行商业化改革进程的加快，其市场地位发生了较大变化，信贷业务逐步从农村牧区转向城市，使其在农牧区的金融服务出现缺位，很难达到贫困户增收、农行增效的双重目标。第六，农牧业保险需求难以满足。海东地区干旱、冰雹、大雪、霜冻等自然灾害频繁，加之农牧业基础建设投入不足，基础设施落后，抵御自然灾害的能力十分有限，使农牧业生产时刻面临巨大风险，农牧业保险赔付率高、回报率低等问题难以有效避免，同时农业保险发展严重滞后于农村经济的发展。

海北州的共同富裕发展水平在十年间波动下降，从衡量共同富裕指数的各项指标可以看出，海北州的 GDP 增长率与第三产业增加值占比持续下降，经济增长速度的降低严重阻碍了海北州共同富裕水平的发展。黄南州的共同富裕水平在 2011~2017 年快速发展，于 2017 年之后又快速下降，黄南州地处青甘川三省交界地区，是四省涉藏地区集中连片特殊困难地区全覆盖区域，所属的一市三县中同仁市、尖扎县、泽库县均属于重点帮扶县，基础薄弱是该地区的主要特点。值得注意的是，海南州的共同富裕指数的整体变动情况呈现波动下降的趋势，综观海南州 GDP 增长率情况，2011～2020 年年均呈现下降趋势，经济增速缓慢严重制约着地区推动共同富裕目标的实现。此外，海南州以服务行业为主的第三产业对经济的贡献率不高，社会保障体系的不完善以及基础性民生建设进程缓慢造成了该地区共同富裕发展水平低下。果洛州与玉树州的共同富裕发展水平与黄南州呈现出相同的趋势，均为先上升后下降于 2017 年达到极大值点，其背后拥有相似原因。海西州的共同富裕指数在十年间波动下降，但值得注意的是海西州的人均可支配收入几乎与青海省省会西宁市不相上下，其中的原因主要可能是基尼系数较高，较少数人群拥有较大量的财富。

3. 青海省各城市共同富裕指数的分项评价

将青海省各城市的共同富裕指数分为富裕指数和共享指数的意义在于具体衡量各指标的影响程度。对富裕程度和共享程度两个二级指标进行重新赋权，赋权方法同第三章，得出青海省八城市的富裕指数和共享指数（见表 8-2 和表 8-3）。

表 8-2　2011～2020 年青海省富裕指数（第一种指标）

年份 地区	2011	2012	2013	2014	2015	2016	2017	2018	2019	2020
西宁市	84.75	85.60	87.25	86.94	87.27	89.32	91.37	94.58	86.94	91.17
海东市	65.97	66.65	71.73	70.80	67.80	69.21	68.69	65.94	64.96	66.89
海北州	63.18	63.42	65.00	61.94	64.53	65.73	63.61	63.70	61.75	62.11
黄南州	66.05	61.57	66.48	64.13	61.74	58.18	61.26	58.16	57.69	57.60
海南州	70.60	67.44	67.39	66.32	62.07	59.77	59.96	59.55	57.32	58.53
果洛州	58.09	53.35	56.14	59.87	58.69	57.81	57.82	54.61	51.90	46.63
玉树州	57.26	52.24	60.72	60.61	57.36	53.17	61.19	56.79	55.19	53.75
海西州	79.04	74.77	77.21	75.57	75.52	77.93	78.11	76.07	75.80	76.79
总体	67.65	66.35	65.00	64.62	65.48	67.14	64.24	65.80	65.05	69.42

表 8-3　2011～2020 年青海省共享指数（第一种指标）

年份 地区	2011	2012	2013	2014	2015	2016	2017	2018	2019	2020
西宁市	40.00	40.00	40.09	40.40	51.23	53.03	60.36	52.21	55.37	57.95
海东市	47.34	49.56	48.74	48.52	47.74	47.44	54.91	49.21	52.14	53.18

续表

年份　　地区	2011	2012	2013	2014	2015	2016	2017	2018	2019	2020
海北州	45.80	46.16	45.03	44.38	41.80	42.95	48.60	43.07	44.32	45.48
黄南州	61.89	66.01	64.98	62.64	71.89	63.95	75.89	62.7	65.27	66.03
海南州	45.25	46.57	47.63	50.85	40.84	44.56	44.57	45.02	45.95	45.81
果洛州	89.98	93.24	94.31	94.38	99.12	99.98	97.65	97.45	99.94	99.98
玉树州	84.39	83.57	83.06	82.72	83.51	79.67	97.73	75.09	77.42	76.05
海西州	53.43	48.67	47.00	44.40	40.82	40.16	44.79	41.40	41.54	42.93
总体	64.44	66.17	51.55	52.51	52.95	52.31	58.02	64.51	61.07	62.59

　　以 2020 年为例，青海省各城市的富裕指数的取值范围在 46.63～91.17，共享指数的取值范围在 42.93～99.98。依据各城市年末常住人口份额加权得到的总体富裕指数和总体共享指数分别为 69.42 和 62.59。富裕指数较高的三个城市分别为西宁市、海西州和海东市，其中富裕指数最高的西宁市较富裕指数较低的果洛州相比差距较大，说明在富裕维度体现出较大的差异性。因此，当前阶段为顺应共同富裕的时代需求，理应提升经济高质量发展水平。共享指数较高的三个城市分别为果洛州、玉树州和黄南州，值得一提的是果洛州的共享程度在历年数据当中都位列首位且明显高于其他市州，但其富裕程度却始终处于较低水平。值得注意的是富裕指数和共享指数为相对指数，不能直接作数值上的绝对比较。总体而言，共享指数不同于富裕指数，它更加能反映出地区资源分配的公平性，但如果整体经济实力落后，这样的公平意愿不大。改革开放以来，始终将追求效率公平作为经济发展核心目标之一，分析当前青海省各城市的共享程度具有现实意义。

　　（二）第二种指标构建下的共同富裕程度评价

　　1. 同一时间维度不同地区的比较

　　依照第二种指标构建方法计算出的 2011～2020 年青海省八个城市的共同富裕指数的取值区间为 53.35～88.51（见表 8-4）。同第一种计算方法一致，得出青海省总体共同富裕指数。2011 年，青海省总体共同富裕指数为 65.89，仅有 3 个城市的共同富裕指数低于青海省总体共同富裕指数；2020 年，青海省总体共同富裕指数为 66.19，仅有 1 个城市的共同富裕指数超过青海省总体共同富裕指数，其余 7 个城市低于青海省总体共同富裕指数。

表8-4　2011~2020年青海省共同富裕指数（第二种指数）

年份 地区	2011	2012	2013	2014	2015	2016	2017	2018	2019	2020
西宁市	69.36	69.48	70.43	70.19	73.99	76.11	80.13	80.04	75.56	79.63
海东市	60.58	61.50	64.74	64.28	61.77	62.92	64.94	61.08	61.64	63.89
海北州	58.00	57.86	58.60	56.50	57.26	58.73	58.88	56.85	55.93	56.73
黄南州	66.07	63.76	67.14	64.94	65.95	61.02	66.89	60.18	60.51	60.63
海南州	63.11	60.96	61.47	61.68	55.00	54.63	54.85	54.66	53.35	54.04
果洛州	70.11	67.54	70.07	72.48	73.31	73.12	88.51	70.34	68.27	64.46
玉树州	67.26	62.95	69.09	68.77	66.45	62.41	74.32	63.68	62.84	61.07
海西州	69.72	64.72	66.21	64.50	63.20	64.34	66.00	63.35	63.84	65.08
总体	65.89	65.63	59.66	59.75	60.34	61.17	61.38	64.51	62.96	66.19

从表8-4中可以发现，各地区的共同富裕指数不一，地区间共同富裕发展水平差异明显。以2020年为例，共同富裕发展水平较高的城市分别为西宁市、海西州和果洛州。具体来看，这三个城市的共同富裕指数分别为79.63、65.08和64.46，仅有西宁市的共同富裕指数高于青海省总体共同富裕指数，发展水平落后的城市与青海省总体共同富裕指数相去甚远。青海省民族自治州地区受地理条件等的制约，共同富裕发展水平整体较低。从第二种评价体系来看，青海省十年间共同富裕水平发展较慢。

从图8-2中具体分析青海省各城市共同富裕指数的变动趋势，同第一种构建方法得出的结论相似，青海省各城市的共同富裕发展水平趋势平稳，波动幅度较小。

2. 不同时间维度下的发展趋势

在第二种指标构建方法下，2011~2020年青海省各城市的共同富裕的发展趋势与第一种方法的测度结果一致，具体来看，西宁市的共同富裕指数整体仍然呈现波动上升的趋势。海东市的共同富裕指数先上升后下降，其波动范围为60.58~64.94，波动幅度较小，整体平稳，同时海北州呈现出与海东市相似的情况。而黄南州、海南州、果洛州、玉树州和海西州十年间均出现不同程度的下降，而果洛州整体波动幅度较大。

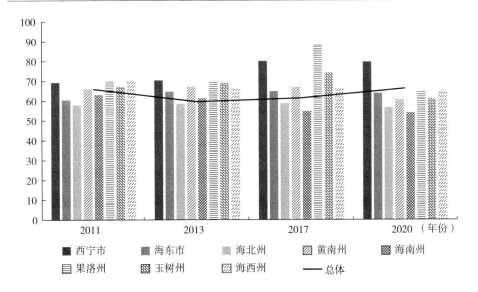

图 8-2　2011~2020 年青海省各城市共同富裕指数变动趋势（第二种指标）

3. 青海省各市州共同富裕指数的分项评价

同第一种计算方法类似，对衡量物质富裕程度、精神富裕程度以及共享程度三个二级指标进行重新赋权，赋权方法同上，得出青海省八个城市的富裕指数和共享指数，并对该地区的精神富裕程度作进一步讨论（见表 8-5~表8-7）。以 2020 年为例，青海省各城市的富裕指数的取值范围为 45.91~95.10，共享指数的取值范围为 42.93~99.98。从精神富裕程度具体来看，指数的波动范围在 19.04~34.45。依据各城市年末常住人口份额加权得到的青海省总体的物质富裕指数、精神富裕指数和共享指数分别为 68.00、29.03 和 62.59。

表 8-5　2011~2020 年青海省富裕指数（第二种指标）[①]

年份 地区	2011	2012	2013	2014	2015	2016	2017	2018	2019	2020
西宁市	88.72	93.59	96.88	97.80	98.34	99.01	99.15	98.08	94.38	95.10
海东市	58.40	61.54	65.36	62.40	61.67	60.26	60.86	59.24	56.14	52.49

①　此处的富裕指数综合了物质富裕和精神富裕。

续表

年份 地区	2011	2012	2013	2014	2015	2016	2017	2018	2019	2020
海北州	57.44	61.50	62.52	57.95	61.57	60.16	60.91	63.21	61.59	60.43
黄南州	53.15	54.93	55.77	52.09	54.03	49.67	54.15	53.39	54.78	55.38
海南州	61.70	62.94	61.15	61.38	61.80	60.17	59.60	59.75	58.74	60.56
果洛州	45.28	45.02	44.94	49.56	48.10	46.33	49.61	49.02	48.45	45.91
玉树州	48.38	49.58	52.10	53.25	53.80	49.34	52.30	49.39	52.79	54.52
海西州	85.94	86.70	85.35	81.53	82.07	86.70	86.91	86.29	80.50	80.37
总体	66.61	65.36	63.71	63.37	64.04	65.59	63.06	64.50	63.91	68.00

表 8-6 2011~2020 年青海省精神富裕指数（第二种指标）

年份 地区	2011	2012	2013	2014	2015	2016	2017	2018	2019	2020
西宁市	31.80	29.99	29.78	29.00	29.02	30.58	32.41	35.99	30.83	34.39
海东市	30.44	29.40	32.10	32.82	30.41	32.47	31.66	29.96	30.70	34.45
海北州	28.34	26.41	27.34	26.92	27.40	29.27	26.90	25.75	24.79	25.75
黄南州	33.32	28.18	32.32	32.09	28.82	27.82	28.31	25.82	24.64	24.24
海南州	33.00	29.39	30.30	29.17	24.99	23.70	24.19	23.73	22.18	22.34
果洛州	30.08	25.79	28.44	29.46	29.13	29.26	27.52	24.84	22.61	19.04
玉树州	27.65	22.33	28.90	28.19	24.86	23.32	29.23	26.67	23.37	21.10
海西州	27.96	23.56	26.56	27.07	26.73	26.52	26.57	24.99	27.83	28.82
总体	29.68	29.20	27.34	27.31	26.96	27.38	27.41	27.72	27.97	29.03

表 8-7 2011~2020 年青海省共享指数（第二种指标）①

年份 地区	2011	2012	2013	2014	2015	2016	2017	2018	2019	2020
西宁市	40.00	40.00	40.09	40.40	51.23	53.03	60.36	52.21	55.37	57.95
海东市	47.34	49.56	48.74	48.52	47.74	47.44	54.91	49.21	52.14	53.18

---

① 在第一种和第二种指标构建方法中，共享程度权重和衡量指标并未发生改变，因此两方法中的共享指数数据一样。

续表

年份 地区	2011	2012	2013	2014	2015	2016	2017	2018	2019	2020
海北州	45.80	46.16	45.03	44.38	41.80	42.95	48.60	43.07	44.32	45.48
黄南州	61.89	66.01	64.98	62.64	71.89	63.95	75.89	62.70	65.27	66.03
海南州	45.25	46.57	47.63	50.85	40.84	44.56	44.57	45.02	45.95	45.81
果洛州	89.98	93.24	94.31	94.38	99.12	98.67	99.45	95.67	99.94	99.98
玉树州	84.39	83.57	83.06	82.72	83.51	79.67	97.73	75.09	77.42	76.05
海西州	53.43	48.67	47.00	44.40	40.82	40.16	44.79	41.40	41.54	42.93
总体	64.44	66.17	51.55	52.51	52.95	52.31	58.02	64.51	61.07	62.59

富裕指数较高的三个城市分别为西宁市、海西州和海南州，其中西宁市和海西州的富裕指数与其他城市相比差距较大，与前文结论一致。从精神富裕程度来分析，青海省各城市的精神富裕发展程度差异明显，精神富裕程度指数较高的三个城市分别为海东市、西宁市和海西州，总体而言富裕程度较高的地区往往精神富裕程度也较高。仅有西宁市和海东市两个城市的精神富裕指数超出青海省总体精神富裕指数，其他地区的精神富裕发展水平均低于青海省总体精神富裕指数。共享程度指数较高的3个城市分别为果洛州、玉树州和黄南州，其中果洛州的共享指数与其余地区差距明显，与前文得出的结论一致，以果洛州为例，2020年共享程度指数最高而富裕水平最低。总体而言，两种指标构建方法得出的结论基本一致。

（三）两种测度方法下的对比分析

1. 同一时间维度下的共同富裕指数对比

基于前文两种指标构建方法下的共同富裕指数评价分析，总体而言，首先，两种构建方法均能体现出青海省各城市的共同富裕发展水平的差异性；其次，2011～2020年部分城市的共同富裕指数上升，如西宁市，也有部分市州共同富裕指数下降或保持不变。

2. 共同富裕指数的发展趋势对比

从共同富裕指数的发展趋势来看，更换指标构建方法后，青海省八个城市的共同富裕整体水平随时间推移的发展趋势与第一种指标体系的趋势保持一致，同时也从侧面印证了本章所构建的共同富裕测度指标体系的科学性和合理性，共同富裕指数的发展态势并未因体系构建的不同而体现出较大差异。

3. 共同富裕指数的分项评价对比

首先，在对青海省各城市共同富裕指数进行分项评价时，不同城市的富裕程度以及共享程度体现出明显的差别，并且两种指标构建方法下的富裕指数在小范围内波动，共享指数保持不变；其次，更换指标构建方法后，仍能反映出青海省各城市存在的共享层面的短板问题，并且总体富裕指数高于总体共享指数；最后，从青海省各城市的富裕指数以及共享指数随时间的变动趋势具体来看，两种分析方法得出的分项指数的时间发展趋势前后保持一致。总之，无论从哪种角度对共同富裕发展水平进行测度，并不会对当前青海省各城市共同富裕发展水平的衡量以及发展趋势的判定造成较大影响，同时也从侧面反映出本章指标体系构建的科学性和合理性，对本章的研究具有重要意义。

第二节　青海省共同富裕影响因素分析

青海省是西部地区中重要的一环，而共同富裕是一个物质积累和精神提升有机统一的发展过程。人民日益增长的美好生活需要涵盖了经济、政治、文化、社会和生态等各个方面。在青海，推进共同富裕要求各族群众在物质生活和精神文化方面都富裕。一方面，要着力缩小区域发展差距、缩小城乡差距、缩小居民收入差距；另一方面，要普遍提高城乡居民收入，满足各族群众多样化、多层次、多方面的精神文化需求。因此，要坚持物质富裕和精神文明协调推进、共同进步、二位一体。发展是实现共同富裕的基础前提，共享是共同富裕的核心要求。实现共同富裕并不是平均主义、养懒人，也不是整齐划一的同等富裕，而是推动形成全民共同参与、共同奋斗、共同发展的社会环境，在经济社会高质量发展中不断"做大蛋糕"。同时，坚持在发展中不断改善民生，构建初次分配、再分配、三次分配协调配套的制度机制，通过制度建设创造更加公平普惠的条件，实现"分好蛋糕"。通过不断推进青海省高质量发展，让全省各族人民生活丰裕、精神富足，让人们拥有获得各种财富和优质公共服务的公平权利，让困难群体享受到经济社会进步带来的福祉，让全体人民有机会、有能力、均等地参与经济社会发展，共享经济社会发展成果。在前文对青海省各城市共同富裕发展水平分析的基础上，本节将以青海省共同富裕发展过程中面临的现实困境和实现共同富裕的作用机制两大层面作为落脚点，探析新时代实现西部地区共同富裕的制约因素。

一、经济因素

（一）经济发展程度

国家统计局和《青海统计年鉴2021》公布的数据显示，2020年，青海省地区生产总值3005.92亿元，占全国总量的0.3%，一、二、三产业增加值分别占全国总量的0.43%、0.3%、0.28%。青海省肩负着保护"三江之源"和"中华水塔"的重任，经济发展速度和经济总体实力实现稳步增长。2020年，青海省人均生产总值5.07万元，位居全国第25，为全国平均数的70%、浙江省的50.35%、上海市的32.58%、北京市的30.88%。社会保障基础不断夯实，养老保险覆盖431.58万人，基本医疗保险覆盖566.96万人，不断满足人民群众的多样化需求，使人民群众的幸福感大幅提升。青海省内蕴藏丰富的矿产、水电和油气资源。长期以来，盐湖化工、水电工业、石油天然气和有色金属加工为青海经济增长做出了极为重要的贡献，成为青海的四大支柱产业。2010年以来，旅游业对青海经济增长的贡献度快速提升，2019年达到峰值19.09%，成为青海经济发展的新引擎。旅游业的发展为青海省的经济带来极大效益，扎实推进现代化建设，开启了实现共同富裕事业的青海新篇章。

在青海强省会战略引领和全省人才向省会集聚的双重效应推动下，省会西宁市发展迅速，市政配套日臻成熟，城市绿化建设和公园城市建设工作取得显著成效，居住环境明显改善。党的十八大以来，青海省城乡居民收入差距收窄的进程快于同期全国的平均水平，城乡一体化发展的同时，农村的各项事业发展迅速，农民收入提高，城乡居民收入相对差距逐年缩小，为扎实推动青海省共同富裕贡献力量。

（二）经济结构

青海省依托本地的特色资源优势，充分发挥盐湖产业与新能源融合发展的巨大效益，实现了盐湖产业的转型升级，坚持传统产业与新兴产业的融合发展，打造出独具青海特色的优质产业集群，夯实了青海省的产业基础，不断助推产业结构的转型升级，增强了新兴产业在青海省经济发展进程中的战略引导作用,为青海省实现共同富裕提供新的经济增长点。此外,青海省作为"三江之源",蕴藏着巨大的生态资源价值,对国家生态安全起着重要的作用。青海省挖掘生态潜力,不断完善生态环境,加快建设青海特色生态文明体系,全力打造生态文明建设平台已然成为青海省走向共同富裕的必由之路,加快国家示范旅游区建设,增加旅游产业创收,带动旅游经济的发展。青海省的绿色有机农牧业的发展取得成效,筑牢了绿色产业发展体系的根基。青海省紧抓新发展阶段机遇,构建绿色低碳的经济体系,发展生态旅游和绿色有机产品结合了青海省长期以来的产业基础,极大限度地发挥了青海地区的资源优势,为青海省实现共同富裕提供了重要的实践依据。总之,基于青海省的区位特征和生态保护等实现情况来看,青海省在落实西部大开发战略的背景下,坚持走绿色高质量发展道路,协调各方促进经济高质量发展的内在因素,不断满足青海人民对美好生活的追求,拓宽实现共同富裕的路径,才能实现共同富裕的真正落地。

二、社会因素

《青海统计年鉴2021》的数据显示,2020年,青海省居民每百户年末家用汽车拥有量47.1辆、居民每百户年末计算机拥有量37.5台、居民每百户年末电冰箱拥有量106.0台、居民每百户年末洗衣机拥有量100.8台,人民群众的平均富裕水平低于东部省市。2020年,青海省每万人医疗机构床位数4.13张、每万人拥有卫生技术人员83人,医疗资源匮乏,再加上固有的高寒缺氧气候特点使青海省的人均健康状况较低。2020年中国人口普查数据显示,青海省60岁以上健康老人占比为42.03%,低于全国平均水平,而基本健康、不健康的比例则高于全国平均水平。而社会养老负担也逐年加重,65岁及以上人口数逐年上涨,少儿抚养比、老年抚养比以及总抚养比呈现上升趋势。2020年,青海省人口总抚养比为38.97%,少儿抚养比为29.5%,高于全国的少儿抚养比,老年人口抚养比为12.3%,高于2019年的老年人口抚养比。

"绿水青山就是金山银山",经济增长不应该成为生态环境的负担,减少天然林砍伐面积、增加植被覆盖率、提升防护功能也应当是共同富裕的内在要求。青海省的高寒气候使脆弱的森林植被不易恢复。

2020年,青海省每十万人口高等学校平均在校生1499人;2019年,教育经费占地区 GDP 比重 0.0984，青海省高等教育事业尚未得到充分发展，教育经费投入也有待提高。共同富裕不只是物质生活的富裕，精神世界也同样要丰富多彩，教育水平低下，人才培养环境就会不良，包括人才运用不适、人才结构失衡等问题。如果专业人才所用非学，可能使培养的人才由于社会人才需求的局限性不能很好地创造价值，或流入外地发达地区。同时，如果科技知识普及程度低，久而久之将会制约产业经济的兴起，阻碍经济的发展。此外，文化水平也决定着市场化程度，如果城市工业化水平滞后，产业结构的转型将会非常困难，经济无法实现长久持续的发展。从教育方面来说，高素质的教师队伍是非常重要的，无论任何地区，教育水平的滞后会加剧人才流失，从而使经济发展缓慢，进而会影响共同富裕的进程。

三、政策因素

首先，由于在社会因素当中已经提到了医疗卫生的重要性，政府在制定政策时应该向这一领域有所偏重，因为医疗卫生水平的提高是共同富裕的基础。当前省内很多地区存在医疗人员少、服务能力弱的情况，应该着力引进全科医生、中医民族医等人才，提升医疗服务能力和水平来匹配群众的就医需求。此外，配套设施也应该得到及时补充。在缺少取暖、污水处理设备的乡镇医院下拨资金采购，以免影响乡村两级医疗卫生机构正常业务的开展。针对青海省高寒气候致使高原疾病多发的特点，医疗保险应该向此类多发疾病偏重，减少农牧民的经济负担。

其次，针对农、牧、小为主的省区，普惠金融是扶持第一产业发展的重要机制，金融机构放贷不应该过于谨慎，因为社会弱势群体，广泛分布在边远贫困地区，信用体系建设相对滞后，部分农户信用意识、法律意识淡薄。同时，农业生产活动受自然条件和市场环境影响，不确定性强，诸多因素提高了金融机构的信贷风险，导致金融机构放贷主动性弱。普惠金融的管理模式也应当及时更新，传统的线下申报审批效率低下，线上审核平台的运用性不强，部门线上集中会审的作用发挥有限。对新政策的宣传应当到位，普惠政策的落实涉及社区服务机构、银行业金融机构、担保机构等多部门，如果经办人员对政策的熟悉度不高，就会影响政策的落实效果。

再次，完善的税收制度是顺利开展税收工作的前提和基础，同时也有助于税收的健康发展。如果大部分年份的税收弹性系数大，有可能是因为税收制度导致一些税种的重复征收，这样就会出现税收增长的变动幅度大于经济增长的变动幅度，同时也导致了纳税主体负担加重，2019 年，由于国家深入推进"放管服"改革，加大减税降费力度，助力中小企业从事生产活动，扩大社会投资需求，用税收收入的减少换取经济的增长，使青海省税收收入再一次出现负增长。在税种结构中，增值税、企业所得税和资源税三大税种占青海省税收收入的比重大于 70%①，并为青海省经济增长作出了重要贡献，备受关注。但是，这三大税种仍存在优化的空间。例如，部分从事高科技产品开发和生产的创新型企业的增值税税率偏高，不利于其技术的研发。当主要税种发展受到重视时，就会不可避免地导致其他税种发展受到影响，个人所得税、车船税等税种的税收作用则有待提高。此外，税种体系的构建不能很好地适应经济发展的要求。税务部门的职责就是为实现社会经济的发展给纳税人或企业提供服务，做好税收征管工作。随着科技的快速发展，税务部门也在积极转变税收征管方式，提高了办事效率，但仍然存在不足。如果税务部门的风险监控能力弱，不能充分运用现代化的工具开展税收预测分析。那么他们对税收增减情况就缺乏掌控，税源风险分析能力和应对能力将会下降，有可能导致各年度间税收收入增减变动幅度大，而税收征管理念和征管模式则需要转换。不同类型、不同规模的纳税主体要采用不同的征管方式，并做好与纳税主体沟通，从而改进税收征管工作，制定有针对性的税收政策。此外，税务部门通过与其他经济部门的沟通，在深入了解政府经济规划的基础上改进税收征管工作，有助于解决税收中存在的问题，让税收更好地服务于经济发展，有利于推动共同富裕目标的实现。

最后，政府应当大力清理各类规范性文件，如果各市州、县、乡出台的涉及工业企业收费项目规范性文件没有得到及时撤销，就会导致工业企业的负担很重。个别不合理的行政规范性文件对市场机制发挥和市场正常运行产生了负面作用，规范性文件的清理应该持续深化。规范性文件的质量高低事关企业的合法权益能否得到有效保障。出台的涉及工业经济发展的规范性文件应当逻辑严密、条文明确，并严格审查公平性竞争，发挥市场机制的作用，促进了工业经济的正常发展。

---

① 笔者根据《青海统计年鉴》计算所得。

第三节　本章小结

本章在阐述共同富裕的本质内涵的基础之上，从富裕程度和共享程度两大维度综合评价了青海省各城市的共同富裕指数，并以此分析该地区的共同富裕的发展水平及其发展趋势。通过总结青海省在推动共同富裕过程中所面临的现实困境以及作用机制两方面，提出了促进青海省共同富裕进程的对策建议，旨在为加快青海省实现全民共同富裕的长期愿景而提供新的路径选择。通过上述研究，本章得出以下结论：

从青海省总体共同富裕指数来看，共同富裕发展水平基本呈现上升的趋势，且波动幅度较小，然而，省内各城市共同富裕的发展水平存在明显差距。以2020年为例，在第一种指标构建下，共同富裕程度较高的城市分别为西宁市和果洛州，而两市的富裕程度高存在不同原因，西宁市作为青海省省会城市拥有最高的物质富裕水平，但其共享水平较低，而果洛州恰好相反；共同富裕程度最低的市州分别为海北州和海南州。由于地理条件以及经济基础不同，导致不同城市的共同富裕发展进程不同。从不同时间跨度下的发展趋势来看，包括黄南州、海南州、果洛州、玉树州和海西州在内的大多数城市的共同富裕指数在十年间呈下降的态势，且波动幅度较小；而省会西宁市的共同富裕发展水平十年间呈稳步增长的态势且高于青海省总体共同富裕指数。从分项指数的结果评价来看，以2020年为例，在第一种指标构建下，青海省各市州的富裕指数的取值范围在46.63~91.17，共享指数的取值范围在42.93~99.98，各城市之间存在巨大差异。部分共同富裕程度较高的城市共享程度反而较低，可能原因是城乡差距的拉大导致共享指数的下降，表明了当前形势下保障社会总财富及收入合理分配的重要性。改革开放以来，始终将追求效率、保障公平作为经济发展核心目标之一。

从当前青海省共同富裕发展阶段所面临的现实矛盾与作用机制的角度考察，青海省当前存在以下问题：第一，经济基础相对薄弱，经济总量依然偏小，并且经济增长过于依赖传统产业，而省内重要支柱产业——旅游业在新冠肺炎疫情的影响下脆弱性凸显；第二，富裕程度较低，人民健康状况与全国平均水平仍有较大差距，社会抚养负担重；第三，发展不均衡不充分，区域发展不均衡，城乡收入差距依然较大。针对以上问题，青海省应当加快融入国内国际双循环，推动产业提档升级，依托全国统一大市场，提高富裕程度，改善城乡居民生活，缩小地域城乡差距。

第九章　云南省共同富裕指数的测度以及影响因素分析

　　中国共产党在共同富裕理想实现的道路上从未放弃探索。改革开放以来，以邓小平同志为核心的第二代领导班子开创性地提出了允许一部分人先富起来，利用先富带动后富的方法，实现共同富裕的目标。其中，发达地区对经济落后地区的帮扶正是"先富带动后富"的题中之意。以江泽民同志为核心的第三代领导人对均衡协调发展、西部大开发、扶贫开支等问题进行了详细说明，尤其强调对经济落后地区的帮扶工作，争取早日解决脱贫致富问题。以胡锦涛同志为核心的第四代中央领导人创造性地讲反贫困与构建社会主义和谐社会结合起来。到习近平新时代，中国完成了消除绝对贫困的战略目标，为我国的第一个百年计划画上了完美句号，同时，也为我国开启建设社会主义现代化国家吹响了号角。党的十九届五中全会提出，到2035年基本实现社会主义现代化远景目标，包括"全体人民共同富裕取得更为明显的实质性进展"。在建设社会主义现代化国家的新阶段，我国已经进入扎实推进共同富裕的新阶段。西部地区作为重要的战略区域，其共同富裕具备新特征，其中最明显的便是全面性。具体而言，共同富裕的内涵涉及"富裕"和"共享"两个维度。其中"富裕"一般指的是人民物质生活宽裕和精神生活丰富，即经济发展水平的提升、社会财富的增加以及人民生活质量的提高。物质层面的宽裕为共同富裕的实现奠定了经济基础，而精神层面的追求表现为政治文化生活丰富、社会风气和谐以及生态环境良好，最终实现人的全面发展。如何使云南省等少数西部地区实现共同富裕，不仅是摆在全体中国人民面前的重大实践问题，也是学术界面临的重要理论课题。

第一节 共同富裕指数测度及评价

一、共同富裕指标说明

依照第三章给出的共同富裕综合评价指标体系的构建思路以及构建原则，本章分别从富裕程度和共享程度两大维度出发，依次添加经济高质量发展、居民可支配收入、消费水平、城镇化率、受教育程度、基本公共服务、社会保障水平、城乡收入差距、城乡消费差距和民生性财政支出比重在内的 10 个二级指标以及部分需要进一步精确测度的三级指标（见表 3-1），构建了一套测度共同富裕发展水平的综合评价体系。考虑到数据的可获得性以及研究内容的需要，本章将共同富裕发展水平测度的时间跨度选择为 2011～2019 年，共 9 年。数据主要来源于国家统计局官网和《云南统计年鉴》，部分数据来源于云南地区统计局网站以及《云南省国民经济和社会发展统计公报》等。在数据收集过程中，针对少数年份的数据缺失问题，本章主要通过计算年均增长率以及利用插值法的方式对缺失数据进行补充。

二、云南省共同富裕程度的整体评价

（一）第一种指标构建下的共同富裕程度评价

1. 同一时间维度不同地区的比较

根据前文对共同富裕指数测度方法的讨论，计算得出 2011～2019 年云南省十六个城市的共同富裕指数（见表 9-1）。同时，根据云南省下辖地区数量，计算得出云南省总体共同富裕指数。

从云南省共同富裕指数的整体水平看，2011～2019 年云南省总体共同富裕指数由 53.41 上升至 54.87。其中，每年共同富裕指数高于总体水平的地区个数分别为 3 个、2 个、2 个、3 个、3 个、2 个、2 个、2 个、3 个。这意味着云南省共同富裕水平发展缓慢。一方面，云南省少数民族人口规模巨大、相对贫困人口数量多导致共同富裕进程发展缓慢；另一方面，云南省经济水平长期滞后于全国平均水平，导致部分地区贫困率高、贫困程度深，这也可能导致云南

地区共同富裕水平发展缓慢。

从十六个城市的共同富裕发展水平来看，云南省内部共同富裕程度发展呈现明显的头部化，如表9-1所示。2011~2015年，共同富裕程度较高的地区均为昆明市，可见，云南省内共同富裕程度明显分化。具体来看，2011年昆明市共同富裕指数为71.91，较西双版纳州高出15.75；2012年昆明市共同富裕指数为72.92，较楚雄市高出19.23；2013年昆明市共同富裕指数为71.98，较曲靖市高出18.39；2014年昆明市共同富裕指数为69.33，较楚雄市高出16.95；2015年昆明市共同富裕指数为71.39，较德宏州高出17.17。而云南省各城市发展至"十三五"时期该差距并未缩小。2016~2019年，昆明市与其他地区的共同富裕程度差距依旧很大。虽然云南省内各城市共同富裕程度在不断发生变化，但是并不能改变云南省内共同富裕水平呈现头部化的实质。

表9-1　2011~2019年云南省共同富裕指数（第一种指标）

年份 地区	2011	2012	2013	2014	2015	2016	2017	2018	2019
昆明市	71.91	72.92	71.98	69.33	71.39	73.00	75.00	74.78	76.68
曲靖市	52.46	53.16	53.59	50.94	51.79	50.59	51.80	50.73	52.90
玉溪市	51.41	51.26	52.62	51.56	52.30	51.98	50.89	51.06	54.89
保山市	48.33	47.81	47.71	45.74	46.88	46.79	46.58	45.91	47.60
昭通市	44.10	44.01	43.41	40.53	42.92	45.05	47.50	47.96	50.45
丽江市	51.50	50.47	51.29	49.67	49.38	46.51	46.55	46.50	50.81
普洱市	50.59	50.88	50.19	48.15	48.22	48.13	46.84	46.90	50.93
临沧市	49.45	49.23	49.10	48.12	50.68	47.44	45.68	45.41	47.76
楚雄市	53.88	53.69	53.04	52.38	50.55	47.90	46.27	46.32	48.79
红河州	50.58	50.78	50.39	49.42	50.45	49.97	50.95	50.79	54.30
文山州	52.43	51.87	51.93	49.52	49.00	46.74	46.20	46.41	49.25
西双版纳州	56.16	53.09	50.00	46.58	47.05	47.99	47.59	48.23	51.70
大理州	51.06	51.39	51.06	49.43	49.91	48.57	49.36	49.12	51.99
德宏州	49.27	48.48	46.97	48.38	54.22	55.14	57.29	54.48	55.86
怒江州	48.53	48.35	48.39	47.22	43.84	43.47	44.11	47.11	47.44
迪庆州	51.63	50.44	50.66	50.79	49.90	48.52	48.46	47.98	43.35
总体	53.41	53.46	53.15	51.24	52.26	51.87	52.44	52.26	54.87

2. 不同时间维度的发展趋势

为进一步分析云南省各城市的共同富裕的发展趋势，绘制 2011~2019 年各地区的共同富裕指数变动情况，如图 9-1 所示。昆明市的共同富裕指数变动整体呈先下降后逐步上升的趋势。具体而言，昆明市的共同富裕指数在 2012~2014 年由 72.92 下降至 69.33，在 2014~2019 年昆明市的共同富裕指数呈逐步上升的趋势，到 2019 年其共同富裕指数达到峰值 76.68。曲靖市的共同富裕指

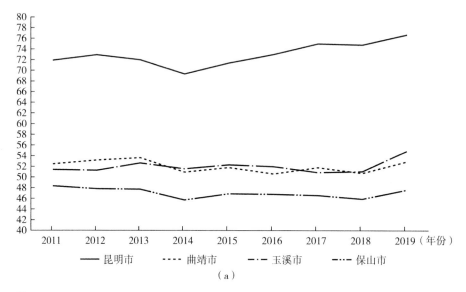

（a）

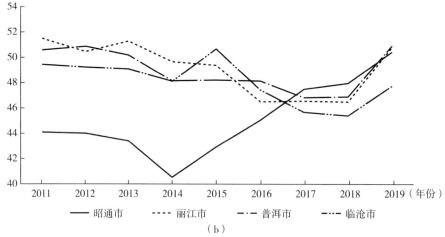

（b）

图 9-1　2011~2019 年云南省共同富裕指数变动趋势（第一种指标）

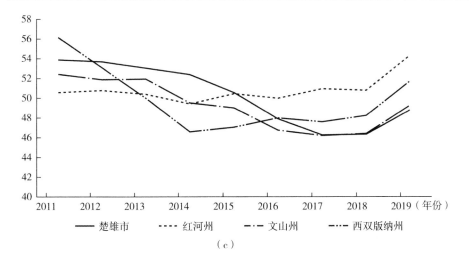

（c）

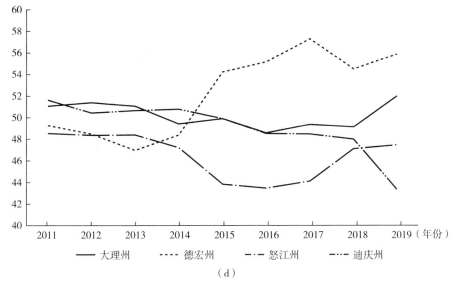

（d）

图 9-1　2011~2019 年云南省共同富裕指数变动趋势（第一种指标）（续）

数变动呈先上升后窄幅震荡的趋势。其中，2011~2013 年其共同富裕指数由
52.46 上升至 53.59；2014~2018 年其共同富裕指数位于 50~52 区间窄幅震荡；
2018~2019 年快速上升至 52.90。玉溪市的共同富裕指数整体发展趋势为长期
低位徘徊后快速上升。玉溪市共同富裕指数在 2011~2018 年位于 51~53 区间
徘徊，在 2018~2019 年快速上升至 54.89，上升率为 8%。保山市的共同富裕

指数变动呈下降后平稳发展的趋势。其中，2011~2014 年其共同富裕指数呈下降趋势；2014~2019 年其共同富裕指数基本稳定在 47 左右。昭通市的共同富裕指数变动情况与昆明市类似，整体呈先下降后逐步上升的趋势。丽江市的共同富裕指数变动整体呈逐步下降的趋势，2011~2018 年其共同富裕指数由 51.50 下降至 46.50，在 2019 年出现短暂回升。楚雄市、普洱市、文山市、大理州与丽江市的共同富裕指数变动整体趋势类似，整体呈逐步下降的趋势。红河市的共同富裕指数变动整体趋势与玉溪市类似，长期低位徘徊后快速上升。西双版纳州共同富裕指数变动整体呈下降后波动上升的趋势。具体来看，西双版纳州的共同富裕指数在 2011~2014 年为下降趋势，在 2014~2019 年呈缓步上升的趋势。德宏州的共同富裕指数变动呈逐步上升的趋势。其共同富裕指数在 2011 年为 49.27，发展至 2019 年其共同富裕指数上升至 55.86，增长率为 13.38%。其中，2013~2017 年为德宏州共同富裕快速发展时期，其间其共同富裕指数增长率为 21.97%。怒江市的共同富裕指数变动整体呈现"U"形。具体来看 2011~2016 年怒江市的共同富裕指数呈下降趋势，而在 2016~2019 年怒江市共同富裕指数呈上升趋势。迪庆州的共同富裕指数变动整体呈逐步下降趋势，2011~2019 年其共同富裕指数由 51.63 下降至 43.35。

3. 云南省共同富裕指数的分项评价

根据上文所述，将云南省的共同富裕指数分为富裕指数和共享指数，其意义在于具体衡量各指标的影响程度。对富裕程度和共享程度两个二级指标进行重新赋权，赋权方法同上，计算得出各城市的富裕指数和共享指数（见表 9-2 和表 9-3）。

表 9-2　2011~2019 年云南省富裕指数（第一种指标）

年份 地区	2011	2012	2013	2014	2015	2016	2017	2018	2019
昆明市	86.33	88.17	87.35	82.37	85.77	88.61	92.79	92.14	97.12
曲靖市	59.46	60.04	61.16	57.61	60.41	59.04	61.01	58.93	64.67
玉溪市	64.41	64.33	64.82	63.82	63.52	59.76	57.71	56.94	64.92
保山市	57.93	57.71	58.53	54.88	56.76	56.18	55.96	54.41	58.96
昭通市	50.05	49.92	50.22	44.76	48.67	52.29	57.44	58.10	64.17
丽江市	61.23	60.26	62.74	59.86	58.82	53.88	53.74	53.51	63.36

续表

年份 地区	2011	2012	2013	2014	2015	2016	2017	2018	2019
普洱市	60.11	60.34	60.48	56.80	55.36	53.56	51.59	51.26	60.28
临沧市	57.56	57.62	58.70	57.57	61.27	55.09	51.65	50.92	56.80
楚雄市	65.47	66.08	65.83	64.90	60.11	55.52	52.09	52.02	58.13
红河州	59.91	59.74	60.18	56.96	59.09	58.43	59.79	59.13	67.18
文山州	60.29	60.07	61.38	58.84	57.38	53.90	52.86	53.34	60.41
西双版纳州	65.93	64.77	60.26	54.80	55.25	56.84	57.00	58.38	66.74
大理州	61.68	61.98	62.32	59.12	58.89	57.12	58.18	57.42	64.26
德宏州	53.12	52.29	52.45	55.93	66.18	68.88	73.45	67.83	71.92
怒江州	59.57	59.03	59.31	55.18	49.13	49.28	49.81	55.54	57.34
迪庆州	63.96	62.00	64.18	63.19	60.64	56.53	56.73	55.29	46.95
总体	62.96	63.20	63.54	60.27	61.73	60.95	62.06	61.47	67.81

表9-3 2011~2019年云南省共享指数（第一种指标）

年份 地区	2011	2012	2013	2014	2015	2016	2017	2018	2019
昆明市	57.49	57.67	56.61	56.30	57.01	57.39	57.20	57.41	56.25
曲靖市	45.45	46.29	46.03	44.27	43.17	42.14	42.59	42.52	41.13
玉溪市	38.42	38.19	40.42	39.31	41.09	44.19	44.06	45.17	44.86
保山市	38.72	37.92	36.90	36.60	37.01	37.39	37.20	37.41	36.25
昭通市	38.16	38.11	36.61	36.30	37.16	37.80	37.56	37.83	36.73
丽江市	41.77	40.67	39.84	39.49	39.93	39.14	39.36	39.49	38.25
普洱市	41.06	41.43	39.90	39.50	41.08	42.71	42.08	42.54	41.59
临沧市	41.34	40.83	39.50	38.66	40.09	39.79	39.71	39.89	38.71
楚雄市	42.28	41.29	40.24	39.87	41.00	40.28	40.45	40.63	39.44
红河州	41.25	41.82	40.60	41.88	41.81	41.52	42.10	42.45	41.42
文山州	44.56	43.68	42.48	40.20	40.62	39.58	39.55	39.48	38.09
西双版纳州	46.39	41.41	39.74	38.36	38.85	39.15	38.18	38.08	36.66
大理州	40.43	40.80	39.79	39.73	40.93	40.01	40.55	40.83	39.73
德宏州	45.42	44.68	41.49	40.82	42.27	41.40	41.13	41.13	39.80
怒江州	37.49	37.67	37.47	39.26	38.55	37.67	38.42	38.67	37.55

年份 地区	2011	2012	2013	2014	2015	2016	2017	2018	2019
迪庆州	39.31	38.87	37.15	38.39	39.16	40.51	40.20	40.67	39.75
总体	43.87	43.72	42.75	42.21	42.79	42.78	42.82	43.05	41.92

2011~2019年，云南省富裕指数发生了微弱的变化。2019年，云南省总体富裕指数为67.81，与2011年云南省总体富裕指数的62.96相比，增加了4.85。从各个城市的富裕指数增长情况看，2011~2019年共同富裕指数以两位数速度增长的城市分别为昆明市、昭通市和德宏州，分别增加了10.79、14.12和18.80；共同富裕指数以个位数速度增长的城市分别为曲靖市、玉溪市、保山市、丽江市、普洱市、红河市、文山州、西双版纳州和大理州，分别增加了5.21、0.51、1.03、2.13、0.17、7.27、0.12、0.81、2.58；而临沧市、楚雄州、怒江州与迪庆州出现了负增长。到2019年，富裕程度靠前的城市分别为昆明市、德宏州与红河州，其中富裕程度靠前的城市与富裕程度靠后的城市共同富裕指数相比差距较大，说明在富裕维度体现出较大的差异性。因此，经济高质量发展仍为推进云南省共同富裕应解决的首要问题。共享程度靠前的城市分别为昆明市、玉溪市与普洱市。同时，部分富裕程度较高的地区共享程度反而较低，可能原因是城乡差距的拉大导致共享指数的下降。值得注意的是这两个指数为相对指数，不能直接作数值上的绝对比较。总体而言，云南省的富裕程度和共享程度对共同富裕发展的贡献不一，共享指数得分明显偏低。

（二）第二种指标构建下的共同富裕程度评价

1. 同一时间维度不同地区的比较

依照第二种指标构建方法计算得出2011~2019年云南省十六个城市的共同富裕指数（见表9-4）。云南省的总体共同富裕指数范围为54.28~59.77。2011~2019年，云南省总体共同富裕指数增长了2.81。云南省共同富裕水平发展缓慢，同第一种计算方法所得结论一致。2011年，云南省总体共同富裕指数为56.96，有三个城市的共同富裕指数超过云南省的总体水平。到2019年，云南省的总体共同富裕指数为59.77，有两个城市的共同富裕指数超过云南省的总体水平。虽然云南省总体共同富裕指数在上升，但是不可否认云南省大多数城市仍属于共同富裕水平落后地区。

表9-4　2011~2019年云南省共同富裕指数（第二种指标）

年份 地区	2011	2012	2013	2014	2015	2016	2017	2018	2019
昆明市	75.79	77.09	76.06	72.14	75.10	77.25	80.13	80.05	83.67
曲靖市	55.21	55.99	56.37	53.30	55.12	53.53	55.24	53.72	57.38
玉溪市	56.69	56.55	57.50	56.34	56.89	54.97	53.27	52.90	58.36
保山市	52.11	51.77	51.85	49.16	50.80	50.31	50.22	49.15	52.07
昭通市	46.19	46.22	45.81	41.76	45.17	47.98	52.04	52.53	56.40
丽江市	55.34	54.45	55.72	53.75	53.17	49.10	48.95	48.92	55.35
普洱市	54.60	54.88	54.30	51.55	51.11	50.01	48.48	48.42	54.56
临沧市	52.69	52.65	52.97	52.08	55.60	50.56	48.01	47.56	51.46
楚雄市	59.07	59.12	58.55	57.56	54.33	50.27	47.82	47.84	52.33
红河州	54.29	54.41	54.04	52.00	53.72	53.06	54.35	54.01	59.19
文山州	55.64	55.21	55.60	53.05	52.13	48.98	48.25	48.63	53.52
西双版纳州	60.16	57.84	53.62	48.89	49.49	50.77	50.87	51.72	57.08
大理州	55.28	55.52	55.24	52.88	53.15	51.46	52.44	51.98	56.65
德宏州	49.90	49.21	48.24	50.27	59.15	60.62	64.24	59.92	62.11
怒江州	53.61	53.22	53.01	50.50	45.51	45.30	46.07	50.44	52.23
迪庆州	56.78	55.50	55.24	56.07	54.37	51.52	51.50	50.70	44.28
总体	56.96	57.12	56.86	54.28	55.70	54.94	55.85	55.52	59.77

从表9-4中可以发现，云南省的共同富裕水平存在显著差异。以2011年为例，共同富裕程度靠前的城市分别为昆明市、西双版纳州与楚雄市。具体来看，昆明市、西双版纳州与楚雄市其共同富裕指数分别为75.79、60.16与59.07，高于云南省的总体水平，排名靠后的城市其共同富裕水平则与总体水平相差甚远。具体来看，2011年共同富裕程度靠后的地区分别为昭通市、德宏州和保山市，其共同富裕指数与总体水平的差值分别为10.77、7.06与4.85。2011年，云南省受地理条件等的制约，引发其贫困人口规模扩大、贫困发生率提高、贫困程度加深，进而导致地区共同富裕发展水平低。2019年，共同富裕程度靠前的城市分别为昆明市和德宏州，与2011年相比，其共同富裕指数分别增加了7.88和12.21。具体来看，昆明市始终位于共同富裕程度前列，2011~2019年共同富裕指数增长幅度最大的前两个城市是德宏州和昭通

市，分别增长了 12.21 和 10.21，而云南省内其他城市的共同富裕水平处于波动状态且增长缓慢。

2. 不同时间维度下的发展趋势

在第二种指标构建方法下，2011~2019 年云南省各城市的共同富裕发展趋势如图 9-2 所示。在第二种指标构建方法下，2011~2019 年云南省各城市的共同富裕的发展趋势与第一种指标构建方法下的测度结果基本一致。具体来看，昆明市的共同富裕指数变动整体呈先下降后逐步上升的趋势；曲靖市的共同富裕指数变动呈先上升后窄幅震荡的趋势；玉溪市的共同富裕指数整体发展趋势为长期低位徘徊后快速上升；保山市的共富裕指数变动呈先下降后平稳发展的趋势；昭通市的共同富裕指数变动情况与昆明市类似，整体呈先下降后逐步上升的趋势；丽江市的共同富裕指数变动呈逐步下降的趋势；楚雄市、普洱市、文山市、大理州与丽江市的共同富裕指数变动整体趋势类似，整体呈逐步下降的趋势；红河州的共同富裕指数变动整体趋势与玉溪市类似，长期低位徘徊后快速上升；西双版纳州共同富裕指数变动整体呈先下降后波动上升的趋势；德宏州的共同富裕指数变动呈逐步上升的趋势；怒江州的共同富裕指数变动整体呈 "U" 形；迪庆州的共同富裕指数变动整体呈逐步下降的趋势。

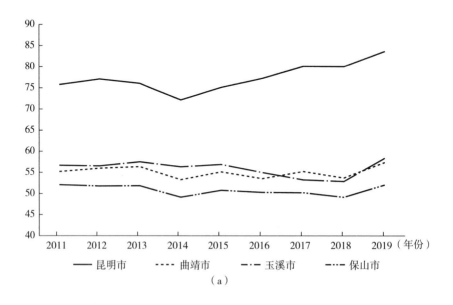

（a）

图 9-2　2011~2019 年云南省共同富裕指数变动趋势（第二种指标）

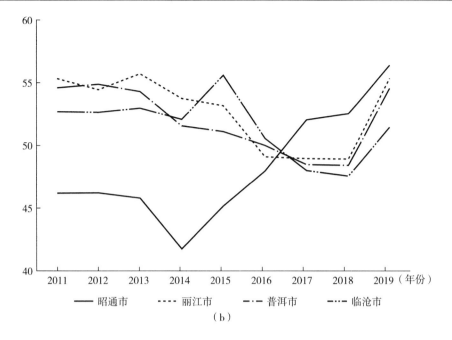

（b）

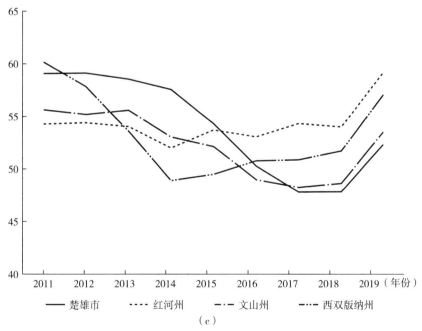

（c）

图 9-2　2011~2019 年云南省共同富裕指数变动趋势（第二种指标）（续）

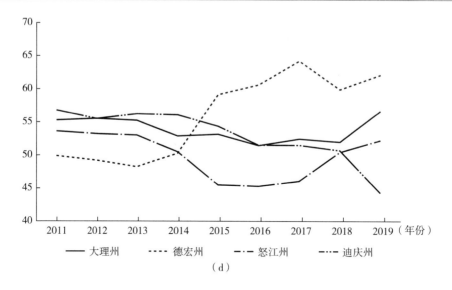

图 9-2　2011~2019 年云南省共同富裕指数变动趋势（第二种指标）（续）

3. 云南省共同富裕指数的分项评价

同第一种计算方法类似，对衡量物质富裕程度、精神富裕程度以及共享程度三个二级指标重新进行赋权，赋权方法同上，计算得出云南省十六个城市的富裕指数、精神富裕指数与共享指数（见表9-5~表9-7）。

表 9-5　2011~2019 年云南省富裕指数（第二种指标）①

年份 地区	2011	2012	2013	2014	2015	2016	2017	2018	2019
昆明市	94.72	96.33	96.81	96.16	95.48	97.18	100.00	96.78	95.58
曲靖市	55.70	55.24	58.87	56.41	56.30	57.88	57.63	56.63	59.65
玉溪市	55.93	55.92	57.48	57.56	55.86	56.17	56.71	58.06	63.74
保山市	52.75	51.81	53.70	51.50	51.19	52.66	51.40	50.76	52.77
昭通市	49.07	47.80	49.12	46.37	45.65	47.68	46.35	47.40	51.76
丽江市	55.95	53.80	57.23	53.73	53.04	52.68	53.70	52.78	60.11
普洱市	52.59	52.67	54.41	52.08	50.81	52.97	51.07	50.64	55.67

---

①　此处的富裕指数综合了物质富裕和精神富裕。

续表

年份 地区	2011	2012	2013	2014	2015	2016	2017	2018	2019
临沧市	52.66	52.00	52.63	50.28	48.80	50.02	48.57	48.04	50.61
楚雄市	53.54	54.41	54.63	55.83	54.77	57.09	55.58	55.51	54.28
红河州	54.50	53.98	56.69	56.38	55.56	56.06	55.73	55.13	61.81
文山州	54.94	54.65	56.76	55.05	54.35	55.27	54.38	54.08	55.39
西双版纳州	59.19	57.08	58.47	58.64	57.86	58.41	55.71	57.42	63.46
大理州	55.56	56.62	58.44	57.14	56.67	56.79	56.89	56.63	59.15
德宏州	59.03	57.19	57.45	61.56	57.71	60.86	59.41	58.96	63.83
怒江州	46.95	47.28	50.48	49.49	49.99	50.23	49.30	50.81	43.96
迪庆州	54.58	51.11	54.53	52.85	52.63	53.54	54.18	52.72	49.35
总体	59.69	59.51	61.28	60.00	59.20	60.52	60.26	59.70	62.51

表9-6　2011~2019年云南省精神富裕指数（第二种指标）

年份 地区	2011	2012	2013	2014	2015	2016	2017	2018	2019
昆明市	75.15	77.27	74.75	63.97	72.83	77.17	83.18	85.96	99.17
曲靖市	64.49	66.44	64.22	59.21	65.88	60.58	65.52	62.01	71.37
玉溪市	75.72	75.55	74.60	72.17	73.73	64.56	59.04	55.46	66.50
保山市	64.85	65.58	64.96	59.38	64.19	60.88	62.04	59.28	67.21
昭通市	51.35	52.75	51.69	42.62	52.70	58.45	72.22	72.37	80.71
丽江市	68.28	68.89	70.08	68.02	66.53	55.48	53.80	54.49	67.70
普洱市	70.14	70.55	68.59	63.08	61.43	54.34	52.29	52.09	66.42
临沧市	64.08	65.11	66.79	67.29	77.90	61.86	55.74	54.75	65.06
楚雄市	81.38	81.65	80.77	76.98	67.22	53.42	47.43	47.37	63.26
红河州	67.12	67.43	64.83	57.73	63.79	61.60	65.21	64.46	74.34
文山州	67.43	67.29	67.56	63.90	61.43	52.08	50.83	52.34	67.09
西双版纳州	74.91	75.02	62.65	49.68	51.76	54.74	58.73	59.65	71.12
大理州	69.84	69.14	67.50	61.76	61.84	57.56	59.90	58.47	71.08
德宏州	45.23	45.75	45.79	48.44	77.47	79.59	92.18	79.67	82.70
怒江州	76.39	74.71	71.09	62.75	47.97	48.02	50.49	61.84	75.17
迪庆州	76.45	76.53	77.04	76.98	71.32	60.51	60.13	58.72	43.74
总体	67.33	68.13	66.55	60.62	65.10	61.52	64.47	63.81	74.87

表 9-7　2011~2019 年云南省共享指数（第二种指标）[①]

年份 地区	2011	2012	2013	2014	2015	2016	2017	2018	2019
昆明市	57.49	57.67	56.61	56.30	57.01	57.39	57.20	57.41	56.25
曲靖市	45.45	46.29	46.03	44.27	43.17	42.14	42.59	42.52	41.13
玉溪市	38.42	38.19	40.42	39.31	41.09	44.19	44.06	45.17	44.86
保山市	38.72	37.92	36.90	36.60	37.01	37.39	37.20	37.41	36.25
昭通市	38.16	38.11	36.61	36.30	37.16	37.80	37.56	37.83	36.73
丽江市	41.77	40.67	39.84	39.49	39.93	39.14	39.36	39.49	38.25
普洱市	41.06	41.43	39.90	39.50	41.08	42.71	42.08	42.54	41.59
临沧市	41.34	40.83	39.50	38.66	40.09	39.79	39.71	39.89	38.71
楚雄市	42.28	41.29	40.24	39.87	41.00	40.28	40.45	40.63	39.44
红河州	41.25	41.82	40.60	41.88	41.81	41.52	42.10	42.45	41.42
文山州	44.56	43.68	42.48	40.20	40.62	39.58	39.55	39.48	38.09
西双版纳州	46.39	41.41	39.74	38.36	38.85	39.15	38.18	38.08	36.66
大理州	40.43	40.80	39.79	39.73	40.93	40.01	40.55	40.83	39.73
德宏州	45.42	44.68	41.49	40.82	42.27	41.40	41.13	41.13	39.80
怒江州	37.49	37.67	37.47	39.26	38.55	37.67	38.42	38.67	37.55
迪庆州	39.31	38.87	37.15	38.39	39.16	40.51	40.20	40.67	39.75
总体	43.87	43.72	42.75	42.21	42.79	42.78	42.82	43.05	41.92

以 2019 年为例，云南省的富裕指数的取值范围在 43.96~95.58，精神富裕指数的取值范围在 43.74~99.17，共享指数的取值范围在 36.25~56.25。云南省总体的富裕指数、精神富裕指数和共享指数分别为 62.51、74.87 和 41.92。从富裕程度来分析，富裕程度位于前三的城市分别为昆明市、德宏州和玉溪市，其中昆明市的富裕指数与德宏州和玉溪市的差距较大，与前文得出的结论基本一致：云南省共同富裕呈向头部集中的趋势。从精神富裕程度来分析，云南省的精神富裕发展程度差异明显，精神富裕程度位于前三的城市分别为昆明市、德宏州与昭通市，可见精神富裕程度较高的城市，其富裕程度也相

---

① 在第一种和第二种指标构建方法中，共享程度权重和衡量指标并未发生改变，因此两种方法中的共享指数数据一样。

应较高。此外，精神富裕程度靠前的昆明市与精神富裕程度靠后的迪庆州相差较大，其差值达到了惊人的 1.27 倍。从共享程度来分析，共享程度位于前三的城市分别为昆明市、玉溪市与普洱市，其中昆明市的共享指数与普洱市差距明显，其差值为 14.66，相当于普洱市共享指数的 35.25%。总体而言，两种指标构建方法得出的结论大体一致。

（三）两种测度方法下的对比分析

1. 同一时间维度下的对比

基于前文两种指标构建方法下的共同富裕指数评价分析发现：首先，两种构建方法均能体现出云南省共同富裕发展水平存在向头部集中的现象；其次，以不同计算方法衡量各城市的共同富裕水平，其共同富裕指数出现小幅度波动，但并不影响对云南省各城市的共同富裕水平判断；最后，在更细致分析物质富裕程度和精神富裕程度的前提下，云南省内各城市的共同富裕指数发生微弱的变换，究其原因可能是共同富裕发展水平既取决于物质富裕程度，也取决于精神富裕程度，权重的变更导致各城市共同富裕指数发生变化。这意味着排名的微小变化并不影响对云南省各城市的共同富裕水平判断。

2. 共同富裕指数的发展趋势对比

从云南省各城市共同富裕指数的发展趋势来看，更换指标构建方法后，云南省的共同富裕整体水平随时间推移的发展趋势与第一种指标体系的趋势保持一致，同时也从侧面印证了本章所构建的共同富裕测度指标体系的科学性和合理性，共同富裕指数的发展态势并未因体系构建的不同而体现出较大差异。虽然两种衡量方法下各地区共同富裕指数整体变动变化不大，但仍然存在部分共同富裕指数发生明显的地区。例如，2011~2019 年昆明市的共同富裕指数在两种方法下核算差值分别为 3.88、4.18、4.08、2.81、3.71、4.25、5.13、5.27 和 6.99。不难看出，两种方法下的核算差值有逐步扩大的趋势，这意味着权重变化可能会导致对同一地区的富裕程度判断出现偏误，但是并不影响地区与地区之间的横向比较。

3. 共同富裕指数的分项评价对比

对云南省共同富裕指数进行分项评价时发现：首先，不同城市的富裕程度以及共享程度体现出明显的区别，并且两种指标构建方法下的富裕指数在小范围内波动；其次，更换指标构建方法后，仍能反映出云南省存在的共享层面的短板问题，云南省富裕指数的总体水平明显高于共享指数的总体水平，并且部分地区富裕程度与共享程度排名出现明显反差，地区内部分项指标对总指标的贡献程度不一；最后，从富裕指数以及共享指数随时间的变动趋势具体来看，两种分析方法得出的分项指数的时间发展趋势前后保持一致。具体来看，以第一种方法为例，2011~2019 年云南省的总体富裕指数与总体共享指数的差值分别为 19.09、19.48、20.79、18.06、18.94、18.17、19.24、18.42 和 25.89；以第二种方法为例，2011~2019 年云南省的总体富裕指数与总体共享指数的差值分别为 15.82、15.79、18.53、17.79、16.41、17.74、17.44、16.65 和 20.59。对比两种不同计算结果发现云南省在共享层面存在明显短板，落后于其富裕层面的发展。总之，无论从哪种角度对共同富裕发展水平进行测度，并不会对云南省共同富裕发展水平的衡量以及发展趋势的判定造成较大影响，同时也从侧面反映出本章指标体系构建的科学性和合理性，对本章的研究具有重要意义。

第二节　云南省共同富裕影响因素分析

改革开放以来，随着我国经济的不断发展和社会生产力的快速提高，我国社会主要矛盾也逐渐开始转化，共同富裕已经成为全体人民的共同愿望。党的十九大报告提出，"我国社会主要矛盾已经转化为人民日益增长的美好生活需要和不平衡不充分的发展之间的矛盾""必须坚持以人民为中心的发展思想，不断促进人的全面发展、全体人民共同富裕"。2021 年 3 月发布的《中华人民共和国国民经济和社会发展第十四个五年规划和 2035 年远景目标纲要》中进一步明确，"坚持共同富裕方向""制定促进共同富裕行动纲要""更加积极有为地促进共同富裕"。2021 年 8 月 17 日，习近平总书记在中央财经委员会第十次会议上重点强调："共同富裕是社会主义的本质要求，是中国式现代化的重要特征，要坚持以人民为中心的发展思想，在高质量发展中促进共同富裕。"云南省作为祖国的边疆地区，部分村县经济发展水平长期落后于全国平均水平。扎实推动云南地区共同富裕，不仅有助于提高云南人民的生活水平，同时也有助于确保国家安全、维护祖国统一和实现民族团结。为此，进一步深入探讨云南省共同富裕程度的影响因素具有重要的现实意义。

一、经济因素

(一) 自然禀赋

云南地区的经济发展受到自然资源分布的影响。首先，虽然云南地区拥有丰富的矿产资源，如锌、铅、锡、铜，但这些资源多分布在偏远山区和边境地区，开采和运输成本较高，同时矿产开采也需要考虑生态环境保护的问题。其次，尽管云南拥有丰富的水资源，包括众多河流、湖泊和水库，但其分布不均，部分地区面临水资源短缺的困境，限制了农业灌溉和工业用水。此外，云南地区的复杂地形包括山地、高原和盆地，导致耕地面积有限，对农业产业发展带来制约。虽然云南生态环境资源丰富，但是也面临着资源开发与生态保护之间的平衡问题，不合理的开发方式可能对生态系统造成破坏，限制了生态旅游等产业的发展。

综上所述，云南地区自然资源分布的特点对经济发展带来了一定的限制。为实现可持续发展，云南省需要在资源开发利用中注重环境保护，克服资源分布不均匀的挑战，促进云南地区经济的可持续发展。

(二) 经济发展环境

经济发展环境将直接影响共同富裕建设。首先，2020 年以前，云南省原贫困县的人均收入低于全国平均水平，这意味着原贫困地区的经济状况相对薄弱。与此同时，由于受到恶劣的生产生活环境的影响，云南省的文化程度普遍偏低，其中文盲人口比全国平均水平高出 46.09%[①]。教育水平的不足限制了人们的知识获取和技能培养，制约了其脱贫致富的机会。其次，在生产经营方面，原贫困地区存在生产落后的情况。由于信息闭塞和与现代先进生产技术脱轨，这些地区的经营方法相对滞后，农业生产科技化水平较低。此外，欠发达地区青壮年人口普遍外出打工，导致劳动力资源流失，人口老龄化程度较高。

综上所述，缺乏教育和技能培养机会、生产落后、劳动力流失以及对扶贫政策的认知不足等因素，使云南省欠发达地区面临更大的挑战。因此，为了实现共同富裕，需要针对这些问题采取有针对性的政策和措施，提升欠发达地区

[①] 《中国人口和就业统计年鉴 2022》。

人员的文化素质、改善生产条件，以推动欠发达地区的经济发展和社会进步。

（三）要素流动

要素自由流动是实现地区共同富裕的重要前提条件。从劳动力流动看，云南省是中国的边陲省份，与周边国家接壤，具有较高的国际劳动力流动性。云南省吸引了大量来自缅甸、老挝和越南等国家的劳动力，他们在农业、建筑业、旅游业等行业中发挥着重要作用。然而，云南省内部的劳动力流动受到户籍制度的限制，农村劳动力向城市的流动仍面临一定的障碍，这可能影响到地区内部的发展差异收敛。从资金流动来看，云南省作为对外开放的重要门户，具有较强的资金流动性。省内外投资和跨境投资都对云南省的经济发展起到推动作用。然而，云南省的经济发展仍面临资金供给的限制。一方面，地区内部存在资金分配不均衡的问题，导致一些欠发达地区资金流动性较弱。另一方面，土地供给限制也可能影响资金的流动，特别是在城区扩张受到限制的情况下。

综上所述，云南省在要素流动方面具有一定的优势和挑战。国际劳动力流动和资金流动对云南省的经济发展起到积极的推动作用，有助于减少地区间的发展差距。然而，劳动力和土地方面的限制仍然存在，这可能对地区内部的收敛效应和人均收入产生一定的影响。在实现地区共同富裕的过程中，需要继续加强要素流动的自由化改革，解决劳动力流动和土地供给方面的问题，促进云南省内部的发展均衡和可持续发展。

二、社会因素

在实现共同富裕的过程中，社会因素起着重要的作用。社会因素主要涵盖了教育程度与公共卫生服务，并对云南省的共同富裕程度产生了深远的影响。云南省是中国西南地区的重要省份，拥有丰富的自然资源和多样的民族文化。然而，云南省的共同富裕程度仍然存在一定的差距，一些社会问题和不均衡现象依然存在。

（一）教育程度

教育程度是人力资本的重要组成部分，它影响着个体的就业机会与收入水平，进而会对地区共同富裕程度产生深远影响。首先，在云南省，教育基础设施的建设取得了显著进展，包括学校建筑、教学设备和图书馆等。然而，与中国的发达地区相比，云南省的教育基础设施仍然存在一定的差距，特别是在一些偏远地区和农村地区。其次，教育质量是评估教育程度的重要指标之一，云南省的教育质量在过去几年取得了一定的进步。其中，教育质量的提高需要综合考虑师资力量、教学质量和学生综合素质培养等方面的因素。在这些方面，云南省需要进一步加强教师培训和提高教学质量，以提升教育水平。最后，云南省在普及义务教育方面取得了显著成就，大部分儿童和青少年都能接受到基础的教育。然而，在高等教育领域，云南省的覆盖率相对较低。相比之下，中国的一些发达地区在高等教育覆盖率上具有明显优势。因此，云南省需要加大对高等教育的投入，提高高等教育的普及率和质量。

综上所述，与中国整体相比，云南省在教育程度方面仍存在一定的差距。尽管云南省在教育基础设施、教育质量和教育覆盖率方面取得了一定进展，但仍需要进一步加大力度改善教育状况。通过加强教育基础设施建设、提高教育质量和扩大教育覆盖范围，云南省可以不断提升教育程度，为共同富裕和可持续发展奠定坚实基础。

（二）公共卫生服务

卫生资源直接关系到居民的健康状况和医疗服务的质量，对于提高人民群众的生活质量具有重要意义。首先，医疗资源配置是评估医疗卫生服务的重要指标之一。在云南省，医疗资源的分布相对不均衡，城市地区相对较好，而农村地区和偏远地区的医疗资源相对较少。相比之下，中国的一些发达地区在医疗资源配置上具有明显优势。这种不均衡的资源分布可能导致云南省部分地区医疗卫生服务的不足。其次，医疗服务质量是评估医疗卫生服务的重要指标之一。云南省在医疗技术水平和医疗服务质量方面有一定的提升，但与中国整体相比仍存在一定差距。医疗服务质量的提高需要综合考虑医务人员的专业水平、医疗设备的先进程度以及医疗管理的科学性。在这方面，云南省需要进一步加强医疗技术培训和提高医疗服务质量，以满足人民群众的健康需求。最后，健康覆盖率是评估医疗卫生服务的重要指标之一。云南省在普及基本医疗卫生服务方面取得了一定成就，大部分居民都能享受到基本的医疗卫生服务。然而，在高级医疗服务方面，云南省的覆盖率相对较低。相比之下，中国的一些发达地区在高级医疗服务覆盖率上具有明显优势。因此，云南省需要加大对高级医疗卫生服务的投入，提高覆盖范围和质量。

综上所述，与中国整体相比，云南省在医疗卫生服务方面仍存在一定的差距。虽然云南省在卫生设施、医疗资源和医疗服务覆盖方面取得了一定进展，但仍需要加大力度改善医疗卫生服务状况。通过加强卫生设施建设、增加医疗资源投入和提高医疗服务的可及性，云南省可以进一步改善医疗卫生服务水平，提高人民群众的健康水平和生活质量。

三、政策因素

政策性因素在影响云南省的共同富裕程度方面起着关键作用，其中包括区域发展政策、教育政策、医疗保障政策和扶贫政策等。从区域发展政策来看，政府制定的区域发展政策对云南省的共同富裕程度具有重要影响。通过制定区域发展规划和政策，政府可以引导和推动云南省的经济增长和社会发展。这些政策包括优惠税收政策、产业扶持政策、投资引导政策等，旨在吸引外部投资、促进产业升级和提升就业机会，从而改善人民生活水平和收入分配。从教育政策来看，教育政策对于共同富裕程度的提升至关重要。政府应制定并实施教育政策，致力于提供公平而优质的教育机会。这包括加大对教育基础设施的投入、提高教师培训质量、提升教学水平和推动教育公平。通过改善教育质量和覆盖范围，政府可以提高人民的教育水平和技能，增加就业机会，从而推动共同富裕的实现。从医疗保障政策来看，健康是人民共同富裕的重要组成部分。政府应制定并实施医疗保障政策，确保人民享有平等、负担得起的基本医疗保健服务。这包括建设医疗基础设施、提高医疗资源配置和覆盖范围、推动基本医保制度建设等。通过改善医疗服务的可及性和质量，政府可以提高人民的健康水平，减轻医疗费用负担，从而促进共同富裕的实现。从扶贫政策来看，2020年以前，云南省存在较大的贫困人口和贫困地区，政府制定并实施了针对扶贫的政策措施。这包括实施精准扶贫政策、发展特色产业、改善基础设施和公共服务等。通过扶贫政策的落实，政府可以帮助贫困地区和贫困人口。

综上所述，政策性因素在云南地区的共同富裕程度中起到关键作用。区域发展政策通过优惠税收政策、产业扶持政策和投资引导政策等手段，吸引外部投资和促进产业升级，进而改善人民生活水平和收入分配。教育政策的实施提供公平且高质量的教育机会，加大教育基础设施投资、提高教师培训质量，提升教学水平，推动教育公平，从而提高人民的教育水平和就业机会。医疗保障政策通过建设医疗基础设施、提升医疗资源配置和覆盖范围，推动基本医保制度建设，确保人民享有平等、负担得起的基本医疗保健服务，提高健康水平，减轻医疗费用负担。扶贫政策的实施通过精准扶贫、发展特色产业和改善基础设施，帮助原贫困地区和原贫困人口改善生活。综合来看，政策性因素在促进云南省的共同富裕发挥着重要作用，为实现区域经济发展、教育公平、医疗保障和减贫目标提供了政策框架和支持。

第三节　本章小结

首先，本章主要从富裕程度和共享程度两大维度综合评价了云南省的共同富裕指数，并通过横向时间对比与纵向地区对比探究云南省的共同富裕的发展水平及其发展趋势。其次，通过物质富裕程度、精神富裕程度与共享程度三个方面对云南省的共同富裕指数作进一步研究。最后，本章探析了制约云南省共同富裕进程的关键变量，旨在为加快西部地区实现全民共同富裕的长期愿景而提供新的路径选择。通过上述研究，本章得出以下结论：①从总体水平来看，云南省共同富裕水平发展缓慢。一方面，云南省少数民族人口规模巨大、相对贫困人口数量多导致共同富裕进程发展缓慢；另一方面，2020 年以前，云南省经济水平长期滞后于全国平均水平，导致部分地区贫困率高企、贫困程度深；②从分项指标测评来看，富裕维度云南省各城市体现出较大的差异性，同时共享维度存在两极分化现象；③从不同指标体系对比来看，云南省的共同富裕整体水平在第二种指标体系下随时间推移的发展趋势与第一种指标体系的趋势保持一致；④从制约云南省共同富裕发展的因素来看，其中包括要素流动限制、自然禀赋差异、人文环境差异、空间均衡关系、语言助力、金融财政专项扶贫资金投入不足，易地搬迁扶贫资金投入收效甚微，风险控制欠缺与金融脱贫监督管理机制不完善等。

第十章　提升共同富裕水平的
路径和对策建议

西部地区的发展是实现现代化进程中不可或缺的一部分，而实现共同富裕又是西部地区发展始终不变的目标。关于如何推进西部地区的共同富裕，应当综合考量资源禀赋特点等实际情况，贯穿新发展理念，在经济高质量发展中扎实推进西部地区共同富裕目标的实现。各民族人民为追求美好生活共同努力，同全国一道在为实现共同富裕的征程上迈出坚实一步。然而，西部地区共同富裕发展水平不一，只有通过对具体地区深入实践探讨，总结西部地区共同富裕进程中存在的问题并探索推进西部地区共同富裕进程具体的实践路径，才能更有效地促进西部地区共同富裕水平的提升。

通过前文对西部地区整体以及分省区的共同富裕指数分析来看，共同富裕发展水平基本呈现平稳上升的趋势，然而，由于资源禀赋以及经济发展状况不一，导致区域内共同富裕发展水平存在明显差距，东部省区的发展速度明显优于西部省区；从富裕程度和共享程度两个层面分析，受城乡差距等因素的影响，共享程度层面的短板问题凸显。西部地区共同富裕道路上存在的主要问题是区域经济高质量发展水平低下、经济结构不合理、分配制度的不完善所体现出的城乡差距和收入差距明显、重点民生保障领域资源配置失衡导致社会保障事业短板问题凸出以及医疗卫生水平的发展不平衡和基本公共服务设施的不完善等。

基于上述西部地区共同富裕发展进程中存在的诸多问题，本章从以下几方面探寻提升西部地区共同富裕发展水平的新路径，具体路径如图 10-1 所示。

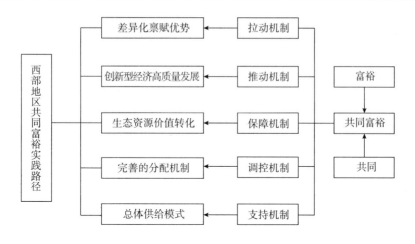

图 10-1　西部地区共同富裕实践路径示意图

第一节　提升西部地区共同富裕水平的路径

一、差异化的禀赋优势驱动

西部地区疆域辽阔、资源丰富，各区域因其独特的地理位置和环境条件，在长久的历史发展进程中积淀了森林、矿产等多种自然资源以及丰厚的民族文化资源，并且形成了各具特色的发展模式。各西部地区的资源禀赋情况为西部地区的经济发展奠定了厚实的物质基础，同时有助于西部地区共同富裕水平的提升。西部地区内部各省区之间的经济发展规模以及发展速度不一，各地区的资源禀赋也存在差异，因此，可从差异化的资源禀赋角度剖析推动西部地区共同富裕进程的实践路径。

以矿产资源为例，内蒙古自治区、广西壮族自治区等是我国煤炭、石油等能源的重要储藏地和原材料供应地，云南省一直享有我国的"有色金属王国"的美称，因此，矿产储备丰富的地区可以着力于对矿产资源的合理利用，加大对矿产开采业和加工业的重点支持，重视矿产资源开采过程中的环境问题，贯彻"生态优先，绿色发展"的生态理念。以民族特色村为例，将少数民族文化资源和人文地理背景融入民族特色村的发展模式，能够发挥西部地区的文化优势，使其具有一定的区位优势以及产业发展优势。在发展民族文化的同时不仅促进西部地区旅游业的发展，带动当地经济社会发展水平的提高，还对西部地区文化资源起到传承与保护作用，更是为打造特色产业提供基础，辐射周边地区的共同发展，缩小了西部地区之间的差距。以政策优势为例，丝绸之路经济带作为"一带一路"建设的核心内容，在经济建设的同时加强与周边地区的交流合作，面向"一带一路"沿线国家深化经济往来，促进人文交流，实现全地区与全国的共谋发展。

总之，从西部地区不同的资源禀赋状况作为切入点，合理利用各地区的自然资源与人文资源，最大化地利用各地区自身的禀赋优势，不仅从根本上为西部地区的产业发展和经济增长做出贡献，还为西部地区共同富裕进程的实现注入新活力，为缩小西部地区之间的贫富差距迈出坚实一步。

二、创新型经济高质量发展驱动

长久以来，西部地区资源配置失衡、发展不充分的问题越发突出，因此，探索出一条平衡发展、协调推进的高质量发展路子成为推进西部地区共同富裕建设的重要内容。迈入新发展历程，习近平主持召开中央财经委员会第十次会议强调"在高质量发展中促进共同富裕"。高质量发展的基本要求是实现区域内有效的经济增长，将新发展理念始终贯穿到共同富裕建设的全过程中。

将创新驱动作为核心推动力，保持经济增速处在合理区间，以促进地区经济与居民收入的同步式增长。创新发展是实现高质量发展的关键一环，重点提高了经济发展质量和发展效能，这种可持续性的经济增长能够为西部地区共同富裕进程的推动筑牢物质基础根底，同时有助于解决区域发展不协调以及收入分配不均等问题，切实从根本上推动西部地区为实现共同富裕取得有效性进展。西部地区内部城乡差距明显、地区间资源配置不均，因此将协调发展作为内生作用力，能够有效推动资源的整合，保持区域内经济增速的协调稳步和平衡发展，同时激发西部地区人民的整体积极性，促进经济效益取得有效提高。西部地区共同富裕的实现是建立在全区全民族人民共享经济发展成果的基础之上的，将共享发展作为实现共同富裕坚持和维护社会公平正义的重要助力，保障共同富裕与经济高质量发展的和谐统一。创新型的经济高质量发展对西部地区提升共同富裕发展能力和发展水平具有内在的推动作用，对区域内协调发展提出了更高的要求，既是促进西部地区经济增长的主推手，也是共同富裕实现过程中的主导力量。推进西部地区高质量发展和共同富裕属于一个问题的两个方面，要树立整体的大局观、细化具体措施，如加大对科技领域的重点支持，强化产业支撑，增强西部地区整体的科技软实力和全面的自我发展能力。通过国家和政府的政策战略支持，破除科学技术难题，构建新型的人才储备机制，打造一支独具特色的人才队伍，达到巩固西部地区共同富裕实现的物质基础的目的。

三、生态资源价值转化驱动

西部地区具有良好的生态系统和丰富的自然资源，这直接关乎西部地区的经济增长效益和共同富裕发展水平。保护生态环境就是提升生产力，挖掘生态资源潜力，将生态资源转化为生态价值，发展生态经济是推进建设生态文明事业的重要内容。发展生态经济涉及生产、流通、分配、消费多个领域的相互联通。因此，如何挖掘生态资源的潜在价值并转化为现实价值对加快促进西部地区共同富裕进程的实现发挥至关重要的作用。西部地区依托其良好的生态资源条件和产业发展基础，为顺应经济发展的需求，将西部地区的传统产业进行重新界定与划分，重点支持能够最大化生态资源价值转化的产业，依靠科学技术的创新推动传统产业的绿色转型。此外，生态产品价值实现的过程中应当建立有效的生态保护补偿机制，通过资金补偿、政策支持等方式为解决西部地区生态修复、治理等问题提供制度保障，以此加快恢复当前被破坏的生态环境，保障生态产品的有效供给。针对西部地区不同类别的生态产品价值进行具体核算，探索价值实现的市场化模式。市场化的发展模式首先需要创造权责明晰的交易市场，加快西部地区生态产品价值的流通以及刺激对生态产品的需求，以市场化的形势盘活资源，推动资源的资本化进程，并且要进一步明确主体责任，通过政府管控、社会参与的形式实现西部地区生态资源的价值化，以此来促进西部地区不流动的碎片式生态资源向着灵活流动的资本形态转化。以西部地区生态资源价值化作为基点，促进西部地区的经济社会发展，既是唤醒西部地区沉睡的生态资源，实现生态产业化和产业生态化，即"两化"理念的践行，促进西部地区经济高质量发展的重要举措，也是全力助推乡村振兴战略实施，加快实现西部地区共同富裕的重要途径。总之，应唤醒西部地区长期沉淀的生态资源，进行合理开发和可持续利用，并据此不断拓展提升西部地区共同富裕水平的路径依赖。

四、完善的分配机制驱动

新的历史发展阶段需要明确的一点是，西部地区共同富裕的实现以扎实的物质基础作为根基、以资源配置中的初次分配与再分配作为核心，考虑的是如何以财富分配带动经济增长，进而促使西部地区同全国一道实现共同富裕的美好愿景。初次分配直接与生产要素相关，追求效率为原则的分配规则能够更好发挥竞争优势，最大限度地提高资源的使用效率，促进生产要素的自由流动。西部地区作为我国的资源富集区，独具特色的产业发展能够在初次分配中把握竞争优势，促使西部地区共同富裕的实现。再分配是建立在初次分配的结果之上进行的要素调节的过程，追求公平为原则的分配规则能够更好维护社会公平正义，保障人民的生活并促进西部地区更快实现共同富裕的目标。第三次分配作为初次分配和再分配的补充形式，能够促进更合理有效的收入分配。因此，分配机制是否完善将直接影响人民群众对社会财富的占有情况以及生产情况，从整个分配过程来看，合理的分配机制体现的是地区间资源的均衡配置以及劳动群众较高的生产积极性。不仅能从根本上解决社会财富的分配问题，而且为破除地区、城乡贫富差距难题提供思考。

建立完善的分配机制的关键环节要提高劳动者报酬，保障国民财富的增加，推动市场经济的平稳运行。西部地区由于整体经济发展水平低于东部发达地区，收入增速较慢，应当根据民族八省区不同的经济发展水平制定不同的最低工资标准，切实提高西部地区劳动人民的生产效率和生产积极性，为低端劳动者提供生活保障。完善的社会保障体系是扎实推动西部地区共同富裕的重要组成部分，加大对医疗、养老等方面重点扶持，提升西部地区人民的整体安全感，保障共同富裕。经济发展的相对落后使西部地区的发展成为国家重点关注的政策倾斜对象，因此，提升西部地区的社会关注度能够有效推动社会发展，缩小地区间的贫富差距，保障西部地区共同富裕进程的稳步推进。

五、总体供给模式驱动

总体供给模式作为中央治藏的一项重要举措，依托中国特色社会主义的制度优势，极大地促进了西藏地区的经济繁荣和社会发展。从总体供给模式推广的具体实践来看，对口支援、东西扶贫协作、重大项目倾斜等制度安排在推动西部地区共同富裕进程中发挥了有效的制度效能。以新疆维吾尔自治区为例，2014~2019 年，中央财政对新疆地区的转移支付超 2 万多亿元，19 个省市对新疆地区实行全面的对口支援，为新疆地区的经济发展提供资金支持[①]。由此可见，总体供给模式在新疆、西藏等地区的成功实践，不仅扎实推动地区经济平稳运行，营造良好的社会氛围以及保障人民的基本生活，还为加快实现西部地区共同富裕进程提供更大的作用效能。

西部地区共同富裕目标的实现建立在扎实的经济基础上，确保地区产业的良性发展能够带动市场经济主体的平稳运行，进而促进地区经济和居民收入的同步增长，有效提高经济高质量发展水平。因此，应当紧抓产业对口援助，依托民族八省区各自的禀赋优势，大力支持援建产业项目，探索更有效的资源共享模式，实现援助方和受助方的互惠互利。同时，构建完善的资金支持机制，吸引社会资本对受援助地区产业发展的资金支持，并在此基础上进一步优化引资机制，带动受援助地区优势产业的发展，以此推动整个地区的共同富裕水平的有效提升。针对中央施行的优惠政策，西部地区应当审时度势，牢牢把握制度优势促进西部地区内部城乡的协调发展，对不同发展水平的省市做好差异化的资源投入和整体的统筹规划，有助于缩小地区、城乡贫富差距，实现要素的自由流动。总之，仅仅依托内部作用的推动仍存在一些不足，因此发挥总体化的供给模式的效能，有助于推动西部地区区域内的协调发展，紧密联系各西部地区的经济、政治、文化建设，加强了各民族之间的交流共享，为实现西部地区的共同发展、共同富裕提供新思考，为铸牢中华民族共同体意识，提升人民精神共同富裕提供重要策略。

第二节 提升西部地区共同富裕水平的政策建议

对于西部地区而言，与全国一道奋斗，共同为实现建设社会主义现代化强

---

① 侯祎岚. 中央财政援疆 六年逾两万亿［EB/OL］. 紫荆财智. ［2020-09-27］. http：//cj. takungpao. com/news/text/2020/0927/202242. html.

国、为实现各民族共同富裕的目标是一致的。由于资源环境、交通状况、历史延续、市场发育水平等因素的不同，西部地区的经济社会发展水平虽然已有所提升，但是当前社会发展基础薄弱、自身综合能力不强等问题仍较为突出，仍然是实现全体人民共同富裕的重点和难点。西部地区实现共同富裕的过程并不是一蹴而就的，在实现进程中要尊重其发展现状，正视其在实现共同富裕的道路中所面临的各种风险挑战。提升西部地区共同富裕水平既有助于解决新时代社会主要矛盾，又有助于提升群众的生活水平，还有助于物质精神双富裕的实现，从而为实现中国式现代化营造良好的社会环境、奠定坚实的群众基础。本节主要针对提升西部地区共同富裕水平提出以下有针对性的对策建议，为探索推进西部地区共同富裕进程提供一定的参考依据。

一、内生性促进措施

在党和政府的领导及全国人民的共同努力之下，新时代的西部地区发展迅速，消除了绝对贫困。当前，在全面建成小康社会的基础上，促进区域协调发展，推动共同富裕是一项长期且艰巨的历史任务。西部地区共同富裕的实现，不仅仅是一个经济问题，同样也是一个政治问题，应紧扣当前西部地区的发展现状及面临的问题，采取具体的措施加以解决。

（一）促进西部地区经济高质量发展

发展是解决西部地区各种问题的核心要义，而西部地区作为经济不发达地区，经济发展规模与发展水平始终落后于东部地区，高质量发展水平差异明显。为此，要以居民可支配收入为抓手，巩固脱贫攻坚成果，增强西部地区自身全面发展的能力，促进西部地区"富裕度"的提升。西部地区的资金状况会受到市场经济发展的影响，落后地区较低的投资回报率和较为匮乏的资金来源相互拉扯，不利于经济高质量发展的实现。同时，在地缘环境和文化观念的双重挤压下，西部地区在引进和利用外来资金上存在许多漏洞，能力偏弱。虽近几年在招商引资上有所突破，但仍存在外资比例低、地方财政扶持力度有限等突出问题，资金短板较为明显。为应对上述问题，应提高非公有制经济在民族经济发展中的地位，使非公有制经济和地方经济间的纽带更加强韧，使两者利用优势互补原则，激活民族市场经济。此外，作为我国重要地理单元的西部地区可以利用"一带一路"的优势，同周边国家达成经贸合作，加强交流沟通，输送先进工业产品和优秀文化产品，推动经济高质量发展。除了提升西部地区资金保障能力外，西部地区还应着重关注自身的资源禀赋，并且基于此更好发挥比较优势。比如，新疆的天然气产业、广西的食糖和蚕茧产业、内蒙古的乳业制品和羊毛产业以及青海最大的钾肥生产基地等，都可以助力西部地区拓展特色产业优势，发展循环经济，从而促进经济高质量发展。此外，当前西部地区八省区的固定资产投资对经济的拉动作用不断弱化，需要尽快培育新的动力因素，使过去过多依靠固定投资拉动经济的状况得以改善。

（二）建立分层的差别化发展机制

对于西部地区而言，要根据不同层次的条件实施建设，结合自身的优势及特色，寻找自身的发展抓手，提升经济发展的质量效益，筑牢共同富裕的物质基础的根基。根据本书所构建的西部地区的相关经济指标及共同富裕指标体系，建立分层的差别化机制。具体地，综观第一种指标构建下 2020 年西部地区的富裕指数和共享指数现状，内蒙古自治区、宁夏回族自治区、广西壮族自治区三个省区的富裕程度高于总体水平，但是在共享程度上低于总体水平，属于"优先富裕型"，需要兼顾效率和公平，一方面要关注居民收入水平的提升，另一方面也不能忽视公共服务的供给水平，要拓宽基本公共服务的覆盖率和普及率，有效缩小城乡间及区域间的差距。云南省和贵州省的富裕指数位于总体水平以下，而其共享指数位于总体水平以上，可以归为"共同发展型"，要重点提升其富裕度水平，特别是提升居民可支配收入以及可支配收入在GDP 中所占的比重。青海省衡量"共同富裕"的富裕指数和共享指数较落后，属于"相对滞后型"，要充分了解自身现状，发挥自身的区域优势，促进区域间更好地分工合作及更充分地协调发展，努力将国家的各项倾斜政策用好用足，将发展的重点放在提高居民可支配收入和缩小城乡、区域差距这两项工作之上，更好地实现共同富裕这一目标。

（三）促进西部地区人才支撑体系建设

共同富裕目标的实现离不开两个重要因素：一是社会生产力的发展水平；二是当前的经济制度及社会制度。其中，生产力发展起到基础性作用，而只有依托于好的经济制度及社会制度，才能凸显"共同富裕"中的"共同"二字。在社会生产力的发展中，人是最具有决定性的力量，因此必须调动一切积极因素使劳动者更好地释放自身的潜能，贡献于生产力的发展，进而推动共同富裕的实现。但当前西部地区科技效率低下、人口受教育程度较低、高技术人才匮乏，人力资本现状从客观上制约着经济的发展，进而制约着西部地区共同富裕目标的实现。因此，应从以下几方面促进西部地区人才支撑体系的建设：一是政府需要不断强化其自身的调控职能，保证西部地区人力资源开发工作的持续推进。要保证所建立的竞争机制的公平性、人才流动体系的合理性及人才服务体系的良好性，为的是为西部地区培养输送更多青年人才，保障西部地区人力资源开发与经济增长的一致性。二是在人才体系建设过程中，要依托产业发展重点，合理调整西部地区的人力资源结构。要结合西部地区的产业结构的不同特点，做出相关的切合实际的开发规划。除了人力资源结构适应产业结构外，所营造的产业体系也要使物力资本和人力资本得以有效且高效地结合。既不能脱离产业环境开发人力资源，也不能脱离人力资本推动产业发展。三是在用人机制方面，当地政府可以通过相关优惠政策的出台，充分、高效利用统一战线资源，积极创新人才引进环境，做好宣传和服务人才的工作，通过引进高技术人才和管理人才的战略促进西部地区共同富裕目标的实现。新时代要进一步加大对西部地区青年人才的建设支持力度，夯实他们的工作基础，使其才智和能力得以最大限度的展现。在进行人力资本引进时，要注重利用市场化手段，建立人力资本市场。要在发挥西部地区现有人力资本的前提下采取提高用人管理机制的灵活性，以产业项目吸引人，健全工资体制等各种制度，形成一种良性的人力资源使用结构。

二、兜底性保障措施

衡量共同富裕的重要指标除了包括经济发展水平和居民可支配收入水平外，也包含基本公共服务的均等化程度。但受限于经济发展能力薄弱、资源禀赋分配不均、财政收入水平较低、社会保障体系存在短板等因素，西部地区普遍面临基本公共服务均等化程度不高、区域不均衡、城乡不均衡等问题。在促进西部地区基本公共服务均等化方面，应该着力完善基本公共服务体系，着力缩小各省区之间的差距。

（一）促进西部地区教育现代化

要促进西部地区教育现代化，提升其可持续发展能力。教育本身的经济属性可以使共同富裕的可能性得以提升，教育可以在一定程度上提升贫困群体收入，缩小相对差距。因此，要针对西部地区较为薄弱的教育资源配置问题，利用现有政策和资金渠道，充分保障少数民族受教育的权利。一是要提高西部地区基础教育水平，中央政府对西部地区教育财政转移支付的力度应不断提高，提高小学及中学的标准化建设，改善西部地区人民的受教育环境，在硬件环境和软件环境上都要进行不同程度的完善。同时，中央政府需要从西部地区与其他地区的差距出发，为西部地区提供特殊的优惠政策，比如提高西部地区的高考招生比例等。二是地方政府要大力发展职业高中等技术培训学校，大力发展边疆少数民族成人教育，增加当地人民的受教育机会，减少因基础教育缺失而导致的人力资本供给短缺给当地带来的负面影响，不断提高西部地区人力资本存量。三是鼓励更多的高校学生加入西部地区支教的行列中，同时大力发展远程网络教育，扩大优质资源的覆盖率，提升西部地区的义务教育普及度。

（二）推动西部地区实现更充分更高质量的就业

要推动西部地区实现更充分更高质量的就业。当前西部地区返乡创业的扩就业效应明显，但较非西部地区而言仍有一定差距。西部地区女性农民工自身返乡创业意愿较低、对创业的关注度不够等导致其创业认知及创业行动不足。上述西部地区在创业方面的现存问题可能会阻碍其共同富裕的实现。充分就业的实现对于保障西部地区人民获得稳定且可预期的收入并在此基础上推动共同富裕的实现具有积极意义。首先，西部地区应不断推动其就业公共服务体系的建立健全，对就业困难的群体进行有针对性的兜底帮扶。在信息技术上，要搭建基层公共就业创业服务平台，及时收集并及时发布企业的用工招工信息，加强帮扶就业政策的解读和宣传。其次，要立足于特色产业发展形势和少数西部地区人口的就业需求，大力培养契合市场需求的劳动者（Liu and Han et al.，2023），从而化解西部地区的就业矛盾，助力各族群众迈向共同富裕。最后，要继续大力支持返乡创业活动，可通过相关支持政策的不断完善，优化返乡创业的营商环境，不断增加自身筹码，吸引更多有志之士返乡创业，不断提高高质量的创业企业的数量，促使西部地区扩就业这一目标变成可能。同时，由于西部地区的不同产业在扩就业能力上存在差异，政府在制定相关扶持政策的时候，应该有侧重地向扩就业效果明显的产业倾斜，最大化政策效应。

（三）助推西部地区卫生健康事业发展

要坚持医疗为本，助推西部地区卫生健康事业的发展。卫生健康事业现代化既是促进个体全面发展的现实诉求，也是经济社会高质量发展的基础条件。共同富裕强调社会公平、正义与全面协调发展，被视为人力资本核心要素的健康在个体层面有助于个人全面发展，在社会层面有助于推动社会全面进步。对于西部地区而言，卫生健康事业高质量发展对于共同富裕的实现具有积极意义。因此，中央政府应充分考虑西部地区的现实条件，在扶持政策上予以必要倾斜，加大卫生健康经费的投入力度。在此基础上，西部地区要优化医疗设施布局，积极推动各级医疗卫生机构建设，加快西部地区卫生技术人才队伍建设，提升其专业素养和应急处理能力，及时发现并补齐医疗卫生短板，为各族群众提供公平性更高、可及性更高、水平更高的医疗卫生服务。还可以在数字化背景下，利用互联网这一平台，发展远程会诊、在线问诊等医疗服务，促进优质医疗资源向西部地区延伸。

参考文献

［1］ Abdullah A, Doucouliagos H, Manning E. Does Education Reduce Income Inequality? A Meta-Regression Analysis ［J］. Journal of Economic Surveys, 2015, 29（2）: 301-316.

［2］ Acs G, Elliott D, Kalish E C. What Would Substantially Increased Mobility from Poverty Look Like? ［EB/OL］. The US Partnership on Mobility from Poverty. ［2016-07-20］. https: //www. mobilitypartnership. org/publications/what-would-substantially-increased-mobility-poverty-look.

［3］ Aghion P, Akcigit U, Bergeaud A, et al. Innovation and Top Income Inequality ［J］. The Review of Economic Studies, 2019, 86（1）: 1-45.

［4］ Ali I, Son H H. Measuring Inclusive Growth ［J］. Asian Development Review, 2007, 24（1）: 11-31.

［5］ Anand R, Mishra M S, Peiris M S J. Inclusive Growth: Measurement and Determinants ［R］. IMF Working Paper, 2013.

［6］ Barro R J. Inequality and Growth in a Panel of Countries ［J］. Journal of Economic Growth, 2000, 5（1）: 5-32.

［7］ Basu K. On the Goals of Development ［M］// Meier G, Stiglitz J E. Frontiers of Development Economics: The Future in Perspective. New York: Oxford University Press, 2000: 61-86.

［8］ Bosch J R. ¿Cómo Salir de la Trampa del Lento Crecimiento y Alta Desigualdad? ［M］. Ciudad de México: El Colegio de México, 2015.

［9］ Brueckner M, Dabla-Norris E, Gradstein M, et al. The Rise of the Middle

Class and Economic Growth in ASEAN [J]. Journal of Asian Economics, 2018 (56): 48-58.

[10] Buttrick N R, Heintzelman S J, Oishi S. Inequality and Well-being [J]. Current Opinion in Psychology, 2017 (18): 15-20.

[11] Chetty R, Grusky D, Hell M, et al. The Fading American Dream: Trends in Absolute Income Mobility Since 1940 [J]. Science, 2017, 356 (6336): 398-406.

[12] Cingano F. Trends in Income Inequality and its Impact on Economic Growth [Z]. Paris: OECD Social, 2014.

[13] Cortés F. Medio Siglo de Desigualdad en el Ingreso en México [J]. Economía UNAM, 2013, 10 (29): 12-34.

[14] Ferreira F H G, Galasso E, Negre M. Shared Prosperity: Concepts, Data, and Some Policy Examples [Z]. Washington DC: World Bank Group, 2018.

[15] Iniguez-Montiel A J, Kurosaki T. Growth, Inequality and Poverty Dynamics in Mexico [J]. Latin American Economic Review, 2018 (27): 12.

[16] Iniguez-Montiel A J. Growth with Equity for the Development of Mexico: Poverty, Inequality, and Economic Growth (1992-2008) [J]. World Development, 2014 (59): 313-326.

[17] Khandker S R. Microfinance and Poverty: Evidence Using Panel Data from Bangladesh [J]. The World Bank Economic Review, 2005, 19 (2): 263-286.

[18] Klugman J, Rodríguez F, Choi H J. The HDI 2010: New Controversies, Old Critiques [J]. The Journal of Economic Inequality, 2011, 9 (2): 249-288.

[19] Lakner C, Negre M, Prydz E B. Twinning the Goals : How Can Promoting Shared Prosperity Help to Reduce Global Poverty? [Z]. Washington DC: World Bank Group, 2014.

[20] Lustig N, Lopez-Calva L F, Ortiz-Juarez E. Declining Inequality in Latin America in the 2000s: The Cases of Argentina, Brazil, and Mexico [J]. World Development, 2013 (44): 129-141.

[21] Liu X, Han C, Xia Y, Liu X. Different Concerns, Different Choices: How

does COVID-19-Induced Work Uncertainty Influence Employees' Impression Management? [J] . Current Psychology, 2023：1-14.

［22］Liu X, Qi C, Liu Y, Xia Y, Wu H. High-Quality Growth in Rural China：Systems-Based Analysis of Digital Entrepreneurial Ecosystems ［J］. Journal of Organizational and End User Computing, 2023, 35（1）：1-23.

［23］Millán H. Los Efectos Crecimiento y Redistribución：Una Propuesta Metodológica. Ciclo Económico y Pobreza en México ［J］. El Trimestre Económico, 2014, 81（323）：655-685.

［24］Panizza U. Income Inequality and Economic Growth：Evidence from American Data ［J］. Journal of Economic Growth, 2002（7）：25-41.

［25］Ravallion M. Good and Bad Growth：The Human Development Reports ［J］. World Development, 1997, 25（5）：631-638.

［26］Ravallion M. Income Inequality in the Developing World ［J］. Science, 2014, 344（6186）：851-855.

［27］Ravallion M. The Human Development Index：A Response to Klugman, Rodriguez and Choi ［J］. The Journal of Economic Inequality, 2011, 9（3）：475-478.

［28］Ravallion M. Troubling Tradeoffs in the Human Development Index ［J］. Journal of Development Economics, 2012, 99（2）：201-209.

［29］Rosenblatt D, McGavock T J. A Note on the Simple Algebra of the Shared Prosperity Indicator ［R］ . Washington DC：The World Bank, 2013.

［30］Shin I. Income Inequality and Economic Growth ［J］. Economic Modelling, 2012, 29（5）：2049-2057.

［31］Solt F. The Standardized World Income Inequality Database ［J］. Social Science Quarterly, 2016, 97（5）：1267-1281.

［32］UNDP（United Nations Development Programme）. Human Development Report 1990 ［M］. New York：Oxford University Press, 1990.

［33］蔡昉. 共同富裕三途 ［J］. 中国经济评论, 2021（9）：14-16.

［34］曹京燕, 卢忠萍. 新形势下推进共同富裕的历史逻辑、现实基础与实践路径 ［J］. 江西社会科学, 2021, 41（12）：189-196+256.

[35] 曹亚雄, 刘雨萌. 新时代视域下的共同富裕及其实现路径 [J]. 理论学刊, 2019 (4): 14-21.

[36] 陈丽君, 郁建兴, 徐铱娜. 共同富裕指数模型的构建 [J]. 治理研究, 2021, 37 (4): 2+5-16.

[37] 陈朴, 张丽丽, 曹丽. 西部边疆民族地区推动共同富裕: 理论逻辑、制度诉求与路径选择——基于总体供给模式的视角 [J]. 中国西部, 2022 (6): 8-18.

[38] 陈炜. 边疆民族地区共同富裕示范区建设的驱动机制与战略构想 [J]. 社会科学家, 2023 (1): 99-107.

[39] 陈文烈, 查妍. 民族地区发展悖论的破解与发展要素的时代赋值 [J]. 湖北民族大学学报 (哲学社会科学版), 2021, 39 (6): 114-125.

[40] 陈子曦, 青梅, 杨玉琴. 中国共同富裕逻辑、测度、时空动态及收敛研究 [J]. 四川轻化工大学学报 (社会科学版), 2022, 37 (3): 1-20.

[41] 程承坪, 孙佩雯. 共同富裕的涵义与测度方法 [J]. 江汉论坛, 2023 (1): 46-53.

[42] 程厚思, 邱文达, 赵德文. 边缘与"孤岛"——关于云南少数民族地区贫困成因的一种解释 [J]. 中国农村观察, 1999 (6): 45-51.

[43] 邓小平. 邓小平文选 (第三卷) [M]. 北京: 人民出版社, 1993.

[44] 董全瑞. 共同富裕: 分歧、标准与着力点 [J]. 经济学家, 2001 (4): 13-18.

[45] 董志勇, 秦范. 实现共同富裕的基本问题和实践路径探究 [J]. 西北大学学报 (哲学社会科学版), 2022, 52 (2): 41-51.

[46] 杜建华, 刘家旗. 西部地区共同富裕面临的挑战与实现路径 [J]. 西部学刊, 2022 (17): 5-9.

[47] 段娟. 我国共同富裕进程中破解贫富差距难题的路径探索 [J]. 教学与研究, 2017 (8): 13-20.

[48] 范从来. 探索中国特色社会主义共同富裕道路 [J]. 经济研究, 2017, 52 (5): 23-25.

[49] 范微, 许艳丽, 赵志刚. 收入分配差距较大与共同富裕矛盾的解决 [J]. 经济研究导刊, 2018 (25): 2-3.

［50］付文军．中国特色社会主义共同富裕论纲［J］．社会科学辑刊，2021（6）：159-167.

［51］付文军，姚莉．新时代共同富裕的学理阐释与实践路径［J］．内蒙古社会科学，2021，42（5）：1-8.

［52］甘立勇，王永康．"共同富裕"是社会主义的本质属性和中国共产党人的不懈追求［J］．学术探索，2012（4）：27-31.

［53］高质量发展研究课题组．中国经济共享发展评价指数研究［J］．行政管理改革，2020（7）：14-26.

［54］葛宣冲．欠发达地区乡村生态资源价值化的发展路径探究［J］．现代经济探讨，2022（11）：116-122.

［55］谷亚光，谷亚华．论共同富裕的内涵、道路及重点［J］．中州学刊，2012（5）：34-37.

［56］顾光青．共同富裕：中国特色社会主义的理论和实践探索［J］．毛泽东邓小平理论研究，2008（6）：5-11+84.

［57］郭景福，解柠羽．生态视角下民族地区特色产业发展路径研究［J］．云南民族大学学报（哲学社会科学版），2016，33（1）：151-154.

［58］国家统计局．中华人民共和国2021年国民经济和社会发展统计公报［A/OL］．国家统计局网．［2022-02-28］．http：//www.stats.gov.cn/sj/zxfb/202302/t20230203_1901393.html.

［59］韩建雨，葛汉琪．我国共同富裕水平测度、地区差异和动态演进［J］．统计与决策，2022，38（23）：57-62.

［60］韩文龙，袁艺清．以经济高质量发展促进共同富裕研究［J］．中国西部，2022（1）：89-97+2.

［61］韩喜平，杨威．马克思主义简明读本共同富裕理论［M］．长春：吉林出版集团股份有限公司，2014.

［62］何爱爱．新中国70年走共同富裕道路：历程、成就与经验［J］．大连干部学刊，2019，35（12）：19-23.

［63］胡鞍钢，周绍杰．2035中国：迈向共同富裕［J］．北京工业大学学报（社会科学版），2022，22（1）：1-22.

［64］胡志平．基本公共服务促进农民农村共同富裕的逻辑与机制［J］．

求索，2022（5）：117-123.

[65] 黄益平．金融科技创新变革与普惠金融发展［J］．现代金融导刊，2021（4）：9.

[66] 黄祖辉，叶海键，胡伟斌．推进共同富裕：重点、难题与破解［J］．中国人口科学，2021（6）：2-11+126.

[67] 贾若祥．围绕"两高三均衡"推进共同富裕［J］．瞭望，2021（35）：20-22.

[68] 贾喜环．正确认识和把握共同富裕的重大理论与实践问题［J］．河北青年管理干部学院学报，2022，34（4）：30-35.

[69] 贾则琴，龚晓莺．新时代共同富裕的时代内涵、长效困境与实现路径［J］．新疆社会科学，2022（4）：20-29+188.

[70] 简新华．正确理解共同富裕的内涵和实现途径［J］．群言，2022（12）：1.

[71] 江涛，苏德．扎实推动共同富裕的教育之为［J］．国家教育行政学院学报，2022（4）：35-42.

[72] 蒋永穆，谢强．扎实推动共同富裕：逻辑理路与实现路径［J］．经济纵横，2021（4）：2+15-24.

[73] 金观平．尊重经济社会发展规律循序渐进——二论实现全体人民共同富裕［N］．经济日报，2021-10-09（1）.

[74] 赖德胜．在高质量发展中促进共同富裕［J］．北京工商大学学报（社会科学版），2021，36（6）：10-16.

[75] 黎丽萍．新时期对共同富裕内涵的再解读［J］．管理学刊，2013，26（2）：17-20.

[76] 李炳炎，杨善奇．中国特色社会主义共同富裕理论及其践行价值［J］．中共天津市委党校学报，2014（2）：20-28.

[77] 李晟，任昊．乡村振兴背景下民族地区促进共同富裕研究——以广西为例［J］．南方农机，2023，54（3）：93-95.

[78] 李金昌，余卫．共同富裕统计监测评价探讨［J］．统计研究，2022，39（2）：3-17.

[79] 李平．促进新疆乡村振兴推动共同富裕的财政政策建议［J］．中国

财政，2022（16）：68-69.

［80］李清彬．迈向共同富裕的分配行动探究［M］.北京：人民出版社，2021.

［81］李诗白．提高我国西部人力资本质量的路径选择［J］.山西财经大学学报，2002（3）：17-20.

［82］李实．从全面小康走向共同富裕的着力点［J］.中国党政干部论坛，2020a（2）：16-19.

［83］李实．进一步完善收入分配制度，实现共同富裕［J］.经济研究参考，2020b（24）：110-113.

［84］李实．缩小收入差距促进共同富裕［J］.中共杭州市委党校学报，2022（5）：2+4-9.

［85］李实，朱梦冰．中国经济转型40年中居民收入差距的变动［J］.管理世界，2018，34（12）：19-28.

［86］李贤．实现共同富裕的青海思考［J］.青海金融，2022（8）：31-36.

［87］李毅．理解共同富裕的丰富内涵和目标任务［N］.人民日报，2021-11-11（12）.

［88］厉以宁，黄奇帆，刘世锦，等．共同富裕：科学内涵与实现路径［M］.北京：中信出版社，2021.

［89］廖杨．民族地区贫困村寨参与式发展的人类学考察——以广西龙胜龙脊壮寨旅游开发中的社区参与为个案［J］.广西民族研究，2010（1）：45-50.

［90］刘培林，钱滔，黄先海，等．共同富裕的内涵、实现路径与测度方法［J］.管理世界，2021，37（8）：117-129.

［91］刘尚希．论促进共同富裕的社会体制基础［J］.行政管理改革，2021，12（12）：4-8.

［92］刘世锦．以提升人力资本来扩大中等收入群体［N］.北京日报，2021-12-06（16）.

［93］刘文祥．中国共产党共同富裕思想研究综述［J］.实事求是，2021（5）：38-44.

[94] 刘先春，宋立文．邓小平共同富裕思想的概念界定及其引申 [J]．重庆社会科学，2010a（6）：12-16．

[95] 刘先春，宋立文．马克思主义共同富裕思想的历史发展研究 [J]．郑州轻工业学院学报（社会科学版），2010b，11（1）：11-15．

[96] 刘旭雯．新时代共同富裕的科学意蕴 [J]．北京工业大学学报（社会科学版），2022，22（3）：40-50．

[97] 刘璇，杜方朝．新时代实现全体人民共同富裕的主要障碍及创新路径 [J]．河北学刊，2022，42（5）：218-224．

[98] 楼继伟．面向 2035 的财政改革与发展 [J]．财政研究，2021（1）：3-9．

[99] 马建堂．在高质量发展中促进共同富裕 [N]．人民日报，2021-11-10（13）．

[100] 马金晓．新阶段共同富裕的现实挑战与实践路径 [J]．南方论刊，2022（12）：10-11+33．

[101] 马丽，吴钧，秉浩．各民族为全面建设社会主义现代化国家共同奋斗是新时代党的民族工作的重要任务 [J]．黑龙江民族丛刊，2021（5）：8-14．

[102] 梅军，李宁阳．精准扶贫：铸牢中华民族共同体意识的强力抓手 [J]．广西社会科学，2020（9）：33-38．

[103] 莫炳坤，李资源．十八大以来党对共同富裕的新探索及十九大的新要求 [J]．探索，2017（6）：15-22．

[104] 潘婧．共同富裕的理论渊源、阶段发展及其精神富裕的关系 [J]．经济研究导刊，2022（22）：10-12．

[105] 潘文轩．构建扎实推动共同富裕的有效机制 [N]．学习时报，2020-12-30（A3）．

[106] 逄锦聚．中国共产党带领人民为共同富裕百年奋斗的理论与实践 [J]．当代中国史研究，2021，28（4）：154．

[107] 彭迪云，王玉洁，陶艳萍．中国地区基本公共服务均等化的测度与对策建议 [J]．南昌大学学报（人文社会科学版），2021，52（4）：51-61．

[108] 彭凌．试论共同富裕思想的理论遗产——空想社会主义的共同富

裕思想 [J].新西部（下半月），2007（9）：97.

[109] 齐莹.新时代统一战线助推民族地区经济发展战略研究 [J].广西社会科学，2020（8）：26-31.

[110] 青连斌.扎实推动共同富裕取得更为明显的实质性进展 [J].中国党政干部论坛，2021（2）：46-49.

[111] 邱海平.共同富裕的科学内涵与实现途径 [J].政治经济学评论，2016，7（4）：21-26.

[112] 任源.马克思主义财富观下的共同富裕实践路径 [J].财富时代，2021（12）：213-214.

[113] 沈梦颖，雷良海.民生性财政支出对城镇居民消费的影响——基于泛珠三角地区面板数据的分析 [J].经济研究导刊，2020（34）：58-60.

[114] 沈万根.习近平关于共同富裕重要论述与在民族地区的实践 [J].理论视野，2022（2）：39-45.

[115] 石燕.论共同富裕是当代中国人民群众诉求的现实幸福 [J].湖北经济学院学报（人文社会科学版），2016，13（2）：5-7.

[116] 宋立文.马克思主义境域中"共同富裕"思想的历史发展脉络 [J].甘肃理论学刊，2010（1）：60-64.

[117] 宋群.我国共同富裕的内涵、特征及评价指标初探 [J].全球化，2014（1）：35-47+124.

[118] 宋善文，苏伟贤.共同富裕的前提：共生与共赢 [J].安徽理工大学学报（社会科学版），2014，16（6）：14-16.

[119] 宋雅兵，朱进东.中国式现代化视域下民族地区共同富裕的现实阻碍与行动路向 [J].新疆社会科学，2023（2）：41-51.

[120] 孙豪，曹肖烨.中国省域共同富裕的测度与评价 [J].浙江社会科学，2022（6）：4-18+155.

[121] 覃成林，杨霞.先富地区带动了其他地区共同富裕吗——基于空间外溢效应的分析 [J].中国工业经济，2017（10）：44-61.

[122] 覃凌燕.以普惠金融为抓手助力实现共同富裕 [J].青海党的生活，2022（9）：19-21.

[123] 唐任伍，孟娜，叶天希.共同富裕思想演进、现实价值与实现路

径 [J]. 改革，2022（1）：16-27.

[124] 唐鑫. 正确理解共同富裕理论内涵的四维审视 [J]. 社会主义研究，2022（2）：1-8.

[125] 童玉芬，王海霞. 中国西部少数民族地区人口的贫困原因及其政策启示 [J]. 人口与经济，2006（1）：7-12.

[126] 涂圣伟，杨祥雪. 要素市场化配置、城乡收入差距与农民共同富裕 [J]. 贵州社会科学，2022（9）：148-159.

[127] 万海远. 新发展阶段推进共同富裕的若干理论问题 [J]. 东南学术，2022（1）：45-56.

[128] 万海远，陈基平. 共同富裕的理论内涵与量化方法 [J]. 财贸经济，2021，42（12）：18-33.

[129] 汪仕凯. 走向共同富裕：全面深化改革的政治内涵 [J]. 探索，2019（3）：21-27.

[130] 王静，丁春福. 精准扶贫经验对我国实现共同富裕的启示 [J]. 法制与社会，2019（32）：118+120.

[131] 王来喜. 西部民族地区"富饶的贫困"之经济学解说 [J]. 社会科学战线，2007（5）：71-79.

[132] 王蕾. 坚持新视角新高度扎实推动青海共同富裕 [J]. 青海党的生活，2022（9）：22-24.

[133] 王立帅. 关于城乡收入差距的研究 [J]. 乡村论丛，2022（3）：11-17.

[134] 王晓燕. 分配机制视域下西南少数民族地区实现共同富裕的路径思考 [J]. 西部学刊，2022（15）：5-8.

[135] 王兴顺. 经济欠发达地区城乡共同富裕与金融支持研究——以青海海东地区为例 [J]. 西部金融，2010（8）：52-53.

[136] 王秀峰，吴华章，甘戈. 卫生健康在共同富裕中的地位作用与主要任务 [J]. 卫生经济研究，2022，39（2）：1-5+9.

[137] 王与君. 析共同富裕的两个基本条件 [J]. 经济学家，1999（2）：75-79.

[138] 卫兴华. 论社会主义共同富裕 [J]. 经济纵横，2013（1）：1-7.

［139］魏杰．对当前经济形势的通盘思考［J］．企业观察家，2022（7）：76-81.

［140］吴贵春．"共同富裕"理论与"友善"核心价值观［J］．江苏大学学报（社会科学版），2016，18（5）：54-57+85.

［141］习近平．把握新发展阶段，贯彻新发展理念，构建新发展格局［J］．求是，2021a（9）：4-18.

［142］习近平．扎实推动共同富裕［J］．求是，2021b（20）：4-8.

［143］向颖锴．新时代推进共同富裕面临的挑战及实践路径［J］．经济研究导刊，2022（29）：4-7.

［144］肖锋．民族共同体构建背景下民族地区经济发展的机遇与挑战［J］．贵州民族研究，2017，38（6）：175-178.

［145］肖金成，洪晗．共同富裕的概念辨析、面临挑战及路径探索［J］．企业经济，2022，41（4）：5-15+2.

［146］徐传谌，何彬，艾德洲．逐步实现共同富裕必须发展和壮大国有经济［J］．马克思主义研究，2014（9）：51-61+160.

［147］徐传谌，王艺璇．国有经济比重、贫富差距与共同富裕［J］．江汉论坛，2018（7）：15-20.

［148］徐江虹．共享发展是引领民族地区科学发展的决定性因素［J］．广西民族研究，2016（3）：72-78.

［149］许宪春，郑正喜，张钟文．中国平衡发展状况及对策研究——基于"清华大学中国平衡发展指数"的综合分析［J］．管理世界，2019，35（5）：15-28.

［150］许永兵．扩大中等收入群体：实现共同富裕的重要路径［J］．河北经贸大学学报，2022，43（3）：34-41.

［151］薛红焰．深刻把握习近平总书记视察青海讲话的政治内涵［J］．青海党的生活，2022（9）：9.

［152］薛书彦．民族地区女性农民工返乡创业问题研究［J］．农业经济，2021（11）：98-99.

［153］杨文圣，朱叶．新发展阶段促进全体人民共同富裕路径探究［J］．理论探索，2022（2）：97-104.

[154] 杨正位. 论全面推进共同富裕 [J]. 中国延安干部学院学报, 2010 (5)：63-76.

[155] 于成文, 王敏. 共同富裕内涵及其实现路径新探 [J]. 中国矿业大学学报（社会科学版）, 2015, 17（3）：7-13.

[156] 于成文, 项晓栋. 论社会主义共同富裕的"度" [J]. 中国矿业大学学报（社会科学版）, 2014, 16（4）：22-28.

[157] 于法稳, 林珊. 实现民族地区共同富裕：特征、问题及路径 [J]. 中州学刊, 2022（9）：31-39.

[158] 于晓文, 高雨晨. 共同富裕在我国的新发展阶段和新使命 [J]. 农村经济与科技, 2021, 32（23）：139-140+146.

[159] 余丽生, 宋莹莹, 楼蕾. 共同富裕视角下缩小城乡差距的公共服务体系研究 [J]. 经济研究参考, 2022（7）：14-26.

[160] 袁艺, 张文彬. 共同富裕视角下中国经济高质量发展：指标测度、跨区比较与结构分解 [J]. 宏观质量研究, 2022, 10（4）：95-106.

[161] 张嘉友, 徐云峰. 试论邓小平共同富裕思想及其意义 [J]. 思想理论教育导刊, 2011（1）：26-28.

[162] 张俊浦. 西北民族地区农村贫困原因的社会学分析——以甘肃省东乡族自治县为例 [J]. 内蒙古社会科学（汉文版）, 2008（3）：90-93.

[163] 张维迎. 市场的逻辑 [M]. 上海：上海人民出版社, 2010.

[164] 张秀萍, 刘常兰. 民族地区经济增长引擎及演化研究 [J]. 中央民族大学学报（哲学社会科学版）, 2022, 49（2）：110-123.

[165] 张玉良. 习近平关于共同富裕重要论述的三重逻辑 [J]. 青海党的生活, 2022（7）：8-10.

[166] 赵丽琴, 李琳, 王天娇. 我国新型城镇化对共同富裕的政策效应研究 [J]. 经济问题, 2023（2）：120-128.

[167] 赵昕东, 沈承放. 收入不平等影响经济增长研究综述 [J]. 经济评论, 2022（5）：117-128.

[168] 赵学清, 傅林奇. 当代中国共同富裕的阶段性目标及其实现机制 [J]. 学习论坛, 2015, 31（5）：23-28.

[169] 郑功成. 共同富裕的理论认识与实践路径 [J]. 前线, 2022

（12）：17-21.

［170］郑晓云．对云南民族地区贫困问题的思考［J］．学术探索，1989
（2）：19-21.

［171］周文，施炫伶．共同富裕的内涵特征与实践路径［J］．政治经济学
评论，2022，13（3）：3-23.

［172］周文，肖玉飞．共同富裕：基于中国式现代化道路与基本经济制
度视角［J］．兰州大学学报（社会科学版），2021，49（6）：10-20.

［173］朱豪．以党的共同富裕思想指导新疆发展的路径选择［J］．中共伊
犁州委党校学报，2008（4）：9-11.

［174］朱晓燕．民生财政视角下低收入群体实现共同富裕的指标体系构
建与路径探析［J］．中州学刊，2023（1）：79-86.

［175］左伟．新时代共同富裕的实现障碍及其路径探索［J］．理论月刊，
2019（5）：25-30.

后　记

　　我国是一个多民族国家，西部地区的稳定发展是我国现代化建设事业中的重要组成部分，也是实现各民族共同富裕目标的有效途径。在 2021 年召开的中央民族工作会议上，习近平总书记指出，探索西部地区实现共同富裕的路径首先要处理好共同性与差异性的关系。新中国成立以来，在党中央的亲切关怀及全国各族人民的大力支持下，西部地区经济社会迅速发展，共同富裕的发展也取得了一定的成效，但由于历史、地理、自然环境等因素的制约，西部地区共同富裕建设的起点较低，共同富裕水平较国内发达地区仍存在较大差距。因此，促进西部地区共同富裕的发展，对于推动全国共同富裕的实现进程具有重要意义。

　　本书共分为十章，涵盖了西部地区共同富裕衡量体系的构建、共同富裕指数的测度以及对西部地区共同富裕影响因素的分析。具体分工如下：第一章由薛继亮、鲍欣欣编写；第二章由薛继亮、鲍欣欣、薄婧和杨晓霞编写；第四、第五章由薛继亮、暴文博编写；第六、第七章由薛继亮、杨羽佳编写；第八章由薛继亮、张丰哲编写；第九章由薛继亮、涂坤鹏编写；第三、第十章由薛继亮、杨晓霞和薄婧编写。

　　需要说明的是，以上作者名单仅为每一章内容的主要贡献者，本书中大量引用了国内外学者的文献，对此表示感谢，也对每一位认真参与撰写的作者予以感谢。本书受到国家自然科学基金地区基金项目"生育意愿到生育行为的微观传导机理和宏观政策响应研究"（71864024）、国家社会科学基金"铸牢中华民族共同体意识研究专项""铸牢中华民族共同体意识视域下北部边疆安全建设机制研究"（22VMZ013）、2021 年度哲学社会科学研究专项团队项目

（ZSZXTD2106）等的资助，同时受到内蒙古自治区第十二批"草原英才"、2022年度高校青年科技人才发展计划（NJYT22096）以及内蒙古自治区人口战略研究创新平台和内蒙古自治区人口战略研究智库联盟的支持。

　　值此本书付梓之际，笔者真诚感谢为本书编辑和出版提供过帮助的每一位参与者。同时，不足之处敬请各位读者不吝赐教指正，以便笔者学习和修订。

薛继亮

2023 年 8 月